青铜时代晚期的东地中海世界

以赫梯国家的引渡为中心

王欢 著

上海書店出版社
SHANGHAI BOOKSTORE PUBLISHING HOUSE

本书出版获
中央高校基本科研业务费以及
上海外国语大学学术著作
出版资助

目录

绪 论

第一节 赫梯文明的再现[1]

古代文献中的赫梯人

公元前两千纪中后期的赫梯国家是当时近东区域最重要的政治实体之一，在相当长的时间内与埃及、亚述和巴比伦等大国既通过和平往来，也通过战争手段保持自己的强国地位。直到19世纪，人们关于古代两河流域和埃及的了解都只是来自古典作家和《圣经》的记载。希腊和拉丁文本提供了关于亚述人、巴比伦人和埃及人的丰富信息，但他们没有明确提到赫梯人，关于赫梯人及其语言的记忆几乎完全消失。虽然荷马笔下的一些特洛伊人及其盟友的人名可能是对赫梯帝国时期安纳托利亚西部边缘鲁维统治者名字的变形读法，但希腊吟游诗人对赫梯国王或他们的首都哈吐沙（Hattuša）、塔尔浑塔沙（Tarhuntašša）一无所知。赫梯人的纪念物被张冠李戴到其他文明头上。这在希腊历史学家和地理学家对西部安纳托利亚的纪念物的描写上非常明显。被称作西方“史学之父”的希腊历史学家希罗多德虽是安纳托利亚哈利卡纳索斯人，但基本上不了解吕底亚以东的小亚细亚，认为赫梯人的故乡——南俄草原、黑海北岸区域曾定居着阿玛宗的女战士（《历史》IV：110—116）。小亚细亚半岛西部港口城市士麦那附近山上有两处古代岩刻，其中一处是在以弗所以北、萨迪斯和士麦那之间的卡拉贝尔，另一处在阿克皮纳尔的西皮洛斯山上。希罗多德在《历史》第二卷中描绘了这两处岩刻，他认为岩刻上的铭文是埃及僧侣体象形文字，所刻人物是埃及法老塞索斯特里斯（Sesostris），并提到有人猜测岩刻石像是黎明女神厄

[1] Dağan-Alparslan 2017：13—84.

俄斯和埃塞俄比亚国王提诺托斯（Tithonus）之子、特洛伊战争中特洛伊的盟友、几可与阿喀琉斯匹敌的英雄门农（《历史》II:106）。但实际上，岩刻上的铭文是鲁维语象形文字，根据铭文内容，其上人物应当是公元前13世纪末赫梯的附属国米拉（Mira）的一位国王塔卡斯那瓦（Tarkasnawa），他与赫梯国王图塔里亚四世是同时代人。该岩刻下方浮雕在2017年和2019年遭到探险寻宝者的严重破坏。罗马帝国时期的希腊地理学家和旅行家鲍萨尼阿斯（Pausanias）则在他的著作《希腊志》中提到阿克皮纳尔的岩刻，把其上的赫梯女神像误认为希腊神话中石化的尼俄伯[1]。

《希伯来圣经》中对“赫人”的描述在很长一段时间中都是文字资料中关于赫梯文明信息的唯一来源。《旧约》中多次提到了“赫人”，如果包括他们的祖先“赫”在内，共计超过60次。他们比亚伯拉罕更早定居于迦南地区，是以色列进入应许之地时发现已经在此定居的族群之一。赫人和阿摩利人是迦南最大的族群，上帝将二者视为迦南各族群的代表，他们经常与其他族群一同出现。约书亚在世的日子，赫人的地界“从旷野和这座黎巴嫩山起，直到幼发拉底大河”，且直到以色列王约兰在位时（约公元前917—前905年），还有君主国家。

根据《旧约》所载，一些赫人曾与以色列人有过交往。赫人以弗仑（Ephron）出售给亚伯拉罕一个希伯伦附近的洞穴用来作为萨拉（Sarah）的埋葬之处。大卫王的属下、忠心的战士乌利亚（Uriah）也是一名赫人，他的妻子拔士巴（Bathsheba）因姿色美丽被大卫看上，与之通奸。大卫为隐藏丑事，令约押派乌利亚到阵前最危险的地方，然后全军忽然退后，乌利亚即刻被杀。约押遵照吩咐，致使乌利亚于战场上命丧敌人之手。大卫终可如愿以偿，纳拔士巴为妃嫔，后来生下著名的

---

[1] *Descr. Greece* 1.21.在希腊神话中，尼俄伯是坦塔罗斯（Tantalus）和忒拜国王安菲翁（Amphion）的妻子所生的女儿，育有七子七女，十分自豪，并因此不敬泰坦女神勒托，因其只育有阿波罗和阿尔忒弥斯一儿一女。在一次人们祭拜勒托的仪式中，尼俄伯宣称应受到崇拜的是自己而非勒托，激怒了后者。勒托派阿波罗和阿尔忒弥斯分别杀死了尼俄伯绝大部分的儿子和女儿，只有一或两个幸免于难。尼俄伯逃至故乡弗里吉亚的西皮洛斯山，因悲伤过度化为石像，眼中仍在不断流出泪水。

所罗门王。所罗门征召一些赫人做奴隶、服劳役，在他迎纳入后宫的许多外邦女子中，有些是赫人。在巴比伦之囚后，返回迦南的一些以色列人将自己的女儿嫁给迦南男人，其中包括赫人男子。

尽管也曾出现一些品质忠勇的个体，但赫人与其他不信“上帝”的迦南各族群一道，整体上是“堕落”和“腐败”的，应当受到惩罚，并从上帝的应许之地退离。如果与他们结合，以色列人也会受到责备。亚伯拉罕的孙子以扫曾娶赫人女子为妻，以扫的父母就“心里愁烦，以致连性命都厌倦了”。从这个意义上说，继承安纳托利亚赫梯文化的迦南地区的赫人与埃及人类似，都是作为以色列民族和宗教认同的对立面而永远留在了犹太—基督教的经典文本中。

根据之后赫梯学的研究成果可知，赫梯帝国在“海上民”的冲击和一系列复杂原因的共同影响下于公元前1200年前后崩溃。随后，一部分赫梯人南下，与帝国时期已迁居于叙利亚地区的赫梯人混合，他们的后代于公元前一千纪在叙利亚和巴勒斯坦一带建立一系列“新赫梯”邦国，保留赫梯帝国时期的某些文化传统，使用帝国后期日益重要的鲁维语象形文字书写系统。在这一过程中，赫梯人与生活在当地的各族通婚在所难免。因此，《旧约》中的赫人是与安纳托利亚的赫梯人相关，但又不能完全等同的族群。新亚述国王提格拉特帕拉撒尔三世（Tiglath-Pileser III）时期的文献曾多次提到强大的赫梯及其国王的名字。鼎盛时期的亚述帝国于公元前8世纪完成了对叙利亚和巴勒斯坦地区各政治实体的征服，包括最后的新赫梯诸邦。

近代以来赫梯文明的再发现

直到19世纪前期，大部分学者都认为《旧约》中的赫人只是巴勒斯坦山区的一个小部落。因古典作家从未明确提到赫梯人，一些学者怀疑《旧约》中相关记载的真实性，质疑赫梯人是否真的曾在历史上存在过。商博良于1822年破译埃及象形文字后，对古代埃及文献的研究随即展开，其中包括对刻写在卡尔纳克神庙墙壁上象形文字版本的埃及法老拉美西斯二世和赫梯“伟大的统治者”哈吐什里三世和平条约的研究。埃及象形文字文献提到了“ḫt”，巴比伦楔形文字文献提到叫“*ḫˤtti*”的国家，很可能这两个术语和《圣经》中的 Hittîm 同义。

到了 1850 年代，有学者读出发现于阿舒尔城的亚述国王提格拉特帕拉撒尔一世的一份棱柱铭文（断代于约公元前 1100 年），该文献提到这位亚述国王与赫梯的一场战争：跨过幼发拉底河后，亚述国王征服了伟大的城市卡尔开美什，抵达地中海。因为卡尔开美什是赫梯的城市，《圣经》中记载它在幼发拉底河畔，这就确定了赫梯人的活动区域应当是叙利亚北部地区，因此前述和平条约中与埃及缔约的“赫梯”的大致位置也应当是在叙利亚北部区域。

19 世纪的安纳托利亚和叙利亚地区有一系列零散的考古探险和发现，包括北叙利亚地区哈马城（Hama）和其他地区的象形文字铭文，在博阿兹柯伊（Boğazköy）和雅兹里卡亚（Yazılıkaya）发现的大型纪念物的遗存，以及确定杰拉布卢斯（Jerablus）是卡尔开美什遗址所在地，并在对此地的初步发掘中发现了更多刻有铭文的石块等。从 1876 年至 1880 年，英国亚述学先驱塞斯（Archibald Henry Sayce）将小亚细亚和叙利亚地区的诸多考古发现关联起来，提出在这些地方发现的象形文字铭文应属于赫梯人的观点，这也是将其称为象形文字赫梯语的缘故。爱尔兰传教士莱特（William Wright）之前也独立提出过这一观点，但影响不大。学术界对于这一观点的态度两极分化，支持和否定的声音都很强烈。但就整体而言，在这一时期的古代东方研究中，赫梯人仍是次要角色。

1880 年代，在英国、德国和法国，赫梯人吸引了越来越多的关注。1884 年，莱特的《赫梯人的帝国》在伦敦出版，这是第一部关于赫梯人的专著。三年后，他在维多利亚学院（Victoria Institute）宣读了同名论文。维多利亚学院或大英哲学学会（Philosophical Society of Great Britain），是在 1865 年为应对达尔文《物种起源》的出版而成立的。尽管它并没有直接宣称反对进化论，但吸引了很多质疑达尔文主义的科学家，成为一个讨论科学和古代文本的平台。这一研究机构因此成为辩论新发现的赫梯人和相关话题的理想渠道。数年后，塞斯出版了自己的专著《赫梯人：一个被遗忘帝国的故事》(1888年)。这两部著作大受欢迎，评论众多。

莱特和塞斯的著作展示了作为宗教经典的《旧约》文本对于解答历史问题的价值。塞斯对《圣经》涉及的历史问题并不盲信，而是采用最新的考古和语文材料作为证据，使用学术的分析方法进行论证，证明了《圣经》文本的学术价值。同时，这种结果在客观上捍卫了正统宗教观念，19世纪晚期受到达尔文进化论严重挑战的英国宗教界因此稍稍挽回了颜面。

19世纪末和20世纪初，西方文明在世界范围内已经占据绝对优势，欧洲殖民者在诸多地理区域的争夺愈演愈烈，世界作为一个整体日益成为一种事实。这种观念反映在历史研究领域就是将古代东方文明涵括在内的通史写作的兴起。德国历史学家迈耶（Eduard Meyer）早年在德国东方研究的中心莱比锡接受教育，关于东方世界、古代近东的知识奠定了他撰写普遍历史/通史的基础。这种整体史和通史观念甚至在政治领域产生回响，随着德意志帝国当局政治视野的扩大，对两河流域的科学远征早在1886年即已经开始计划，显然是为之后在这一区域的殖民活动做准备。作为历史学家，迈耶早在塞斯提出小亚细亚和叙利亚地区发现的象形文字铭文应当归属赫梯人时即已态度鲜明地支持这一判断。他制定了一个宏大的古代通史写作计划，恰逢莱特的著作于1884年出版，便在同年将其收入这一通史框架，使其成为五卷本的系列著作《古代史》(*Geschichte des Alterthums*）的第一卷。在这部著作中，赫梯人被置于一个更大的东方历史的背景中。迈耶在德意志帝国的某些政治活动中相当活跃，尤其是在旨在将德意志文化推广至全世界的项目中。该项目通过与美国诸大学签订协议，进行专业领域的交流访问。迈耶本人即在1904年和1909—1910年，分别以访问学者的身份在芝加哥和哈佛大学工作。

莱特、塞斯和迈耶的著作整理并评价了约十年间关于赫梯文明的考古和语言方面的学术研究成果，尤其是英国的研究，这一研究被称作“赫梯问题”，是19世纪末最重要的学术论题之一，与十年前即已出现的“苏美尔问题”并列。这一研究也在英德法之外的学术界得到重视，如意大利。

关于赫梯人活动的中心区域，之前一度被确认在叙利亚北部地区，但随着1861年对博阿兹柯伊废墟的考察，法国考古学家佩罗（Georges Perrot）首次提出赫梯帝国的首都可能是在安纳托利亚的博阿兹柯伊而非叙利亚北部的卡尔开美什。但这一点的确认需要在博阿兹柯伊展开全面发掘。博阿兹柯伊是这座城镇早先的名字（意为“峡谷村”），在引入当代土耳其语的标准化正字法之前，它在20世纪的考古学和语言学文献中拼写为“Boghazköy”“Boghazköi”或“Boghaz Keui”。尽管今天该镇的官方名称是博阿兹卡莱（Boğazkale，意为“峡谷城堡”），但在学术文献中通常继续沿用旧名博阿兹柯伊（Boğazköy），只是有时拼写时不写土耳其语的“ğ”，而是写成“Boghazköy”[1]。

1882年，塞斯鼓励刚刚结束特洛伊发掘工作的施里曼在博阿兹柯伊展开发掘，这一工作是从整体上研究小亚细亚的一个更大计划的一部分。同年，正在帕加玛发掘的德国工程师胡曼（Carl Humann）首次绘制了一份博阿兹柯伊的建筑遗存地图，也拓印了一些雅兹里卡亚的浮雕送给柏林的王家博物馆。但令人意外的是，不是在安纳托利亚的发掘工作，而是自埃及中部阿玛尔那出土的楔形文字泥板文书档案首先确认了赫梯帝国的中心位置。

由于缺少良好木材，而尼罗河每年都从上游带来大量富含腐殖质的淤泥，泥砖和沙漠中的石材是古代埃及主要的建筑材料。古代泥砖在漫长的岁月中分解，形成的物质在阿拉伯语中被称作塞巴赫（Sebakh）。这是一种富含氮的土壤，而氮是农作物肥料的基本成分，除此之外，塞巴赫也可用作燃料。19—20世纪之交，埃及常有农民从政府获得许

[1] Hoffner 2008：2.

可，将大量塞巴赫挖走再利用，这种农民被称作塞巴欣（Sebakhin）。许多具有潜在价值的考古遗址被农民以这种方式摧毁，但同时也有不少考古遗存是以这种方式被发现的，阿玛尔那遗址就是其中的著名例子。

1887 年，埃及中部阿玛尔那地区的一位妇女在挖掘塞巴赫时，偶然发现了刻有楔形文字的泥板，后经确认，这里是现存 300 余块泥板的古代埃及第十八王朝埃赫那吞法老在位时期的王家档案库。这些泥板上的文书基本以当时近东地区的通用语阿卡德语写成，是近东地区的大国小邦与埃及法老之间的通信，断代于公元前 14 世纪，主要包括埃及国王阿蒙霍特普三世及其子埃赫那吞在位时期。这些泥板通过文物市场，迅速到达柏林、伦敦和牛津的博物馆。由于阿卡德语已经破译，书信的内容很快就被读出。一些书信提到“伟大的赫梯国王”及其军队活动的情况，其中一封是赫梯国王苏皮鲁流马一世发给埃及法老埃赫那吞的贺信。但其中有两封书信，即编号为 EA 31 和 EA 32 的书信，虽然使用的也是楔形文字，却并非阿卡德语，而是当时一种尚未破译的语言。根据其中一封书信开头楔形文字称谓部分的音节判断，这是阿尔扎瓦国（位于安纳托利亚西南部地区）的国王塔浑达拉都（Tarhundaradu）和埃及法老阿蒙霍特普三世的通信。学者们便将这种语言称作阿尔扎瓦语。德国考古学家和历史学家温克勒（Hugo Winckler）根据 EA 32，塞斯根据 EA 31，各自独立得出结论，认为这种语言可能是赫梯语。1889 年 1 月 3 日，塞斯发表一封书信，通过 EA 31 中人称代词的形式“我的”（mi）、“你的”（ti 和 tu），认为之前的一种猜想——赫梯语是印欧语系的一支——是正确的。此后他多次通过不同途径阐述了这一观点。1902 年，挪威奥斯陆大学闪语教授、亚述学家克努特松（Jørgen Alexander Knudtzon）在深入研究了这两篇文本后，认为所谓的“阿尔扎瓦语”与印欧语有明显的姻亲关系。此外，阿玛尔那文书的另一重要作用是证明了赫梯帝国的政治中心在安纳托利亚而非叙利亚。在叙利亚地区也会发现大量赫梯人活动的遗迹，是赫梯人从安纳托利亚南下，征服了北叙利亚地区的缘故。

在 1892 年举办的第九次国际东方学家学术会议上，关于赫梯人的各项话题首次在亚述学分会场被广泛讨论。但是，关于赫梯文化的研究处境并没有在主流学术界获得真正意义的改善，反而是在大众层面首先获得了更多的关注，这取决于大众对赫梯人的宗教和种族产生了相当大的兴趣，如对考古和《圣经》的关系有兴趣的学会和期刊会频繁提到塞斯关于赫梯人的著作。另外，部分由于照相技术的广泛应用，考古学和人类学的照片通过公共讲座中幻灯片放映的形式在大众中扩散开来。塞斯写于 1890 年代和 19—20 世纪之交的许多文章被印在便宜的日报上，这让他和赫梯人获得了广泛的读者群。

既然赫梯国家的政治中心在安纳托利亚已经得到文献的证实，下一步自然就是找到相应的考古证据，以求一窥赫梯人创造的文明的全貌。但考古发掘并不是纯粹的书斋中的学术活动，需要在现场实地作业，因而需要当地政府允许，且投入相应的财力和人力支持。这就决定了考古发掘需要以相关国家在奥斯曼帝国境内的政治和经济利益的博弈为根基。19 世纪末至 20 世纪初，维多利亚时代的英国、威廉二世治下的德国和第三共和国时期的法国针对在小亚细亚建立铁路网展开竞争，同时也在获得古物以充实各自国家博物馆的近东馆藏方面展开竞争。不仅各国大使均参与了这一进程，德皇威廉二世本人甚至作为德国的代表，于 1898 年 10 月访问了黎凡特，亲自过问考古事宜。奥斯曼帝国当局敏锐地意识到各国对于土耳其境内遗址的兴趣。时任帝国博物馆馆长的哈姆迪（Osman Hamdi Bey）曾因父亲任驻法大使而在巴黎生活了十二年，在当地学习艺术和法律。根据他的提议，奥斯曼于 1883—1884 年制定了严格的文物管理办法，原则上禁止考古发掘出的器物出口至奥斯曼帝国境外。但他本人以一种非常现实的方式来执行这一政策，通过达成分割部分出土器物协议的方式，吸引列强对发掘工作展开竞争和资助。

在这一背景下，1890 年代安纳托利亚的发掘多仰赖于贝伊的决策，但同时受到奥斯曼帝国不确定的政治和社会局势的影响，土耳其人和亚美尼亚人的流血冲突等难题困扰着奥斯曼帝国当局，使其与外国进行考古合作的谈判经常被迫中断。但在这种情况下，法国人仍然拔得头筹，法国考古学家和人类学家、里昂自然史博物馆副馆长尚特（Ernest Chantre）受法国文化部委托，于1893年和1894年首次在博阿兹柯伊进行发掘。这一考古项目与这一时期法国希望与德国争夺在安纳托利亚地区的影响力密不可分。法国不仅发起了多个考古学和人类学项目，同时希望在君士坦丁堡博物馆永久施加法国的影响力，并计划建立相关学术机构。但法国考古队的真正兴趣仍然是希腊化和罗马时代的遗址，他们在博阿兹柯伊最重要的发现是几块泥板残片。这些泥板按照法规，送交君士坦丁堡博物馆保存。经过最初的保密工作后，关于泥板的发现情况于1894年8月在巴黎公布。刚刚对阿玛尔那泥板进行研究的博伊西（Alfred Boissier）发现，这几块博阿兹柯伊新泥板中有两种语言并存，一种是阿卡德语，另一种正是被称作“阿尔扎瓦语”的语言。之后，尚特考古队中的碑铭学家谢尔（Jean-Vincent Scheil）在研究了相关泥板后提出一种假设：泥板上书写的是赫梯语，赫梯语是用楔文书写，而不是象形文字书写。历史将证明他的猜想颇具洞见。但是，法国人对博阿兹柯伊的发掘整体上并不成功，不久就因在安纳托利亚中部地区暴发的一次瘟疫（霍乱）而中断，此外，他们还被指责偏向亚美尼亚人，这对土耳其人来说是不可接受的。

因此，直到20世纪最初的几年，对博阿兹柯伊这一最为重要的遗址的发掘仍没有系统展开。德国化学家和业余考古学家贝尔克（Waldemar Belck）曾在这一时期前往博阿兹柯伊时发现了大量泥板，令德国和英国的东方学家大感兴趣，他们同时竞争发掘许可权，最终德国获胜。1905年，温克勒在哈姆迪的继任者马克里迪（Theodore Makridi Bey）的陪同下，前往博阿兹柯伊进行短期考察和发掘，发现了35块泥板残片。1906年，温克勒获得资助，代表德国古代近东学会和古代东方学会开始对博阿兹柯伊进行首次正式发掘。当年即有2 500件楔文泥板出土于一个斜坡处，这里曾是赫梯的王室档案库，这些泥板绝大部分是以当时仍未破译的赫梯语，即所谓的“阿尔扎瓦语”书写，也有一些文本是以阿卡德语书写，主要是书信和条约。当年 8 月 20 日，温克勒发现一篇阿卡德语的条约文本与埃及卡尔纳克神庙墙壁上的埃及法老拉美西斯二世与赫梯国王哈吐什里三世的和平条约可以对应，这是该条约由赫梯一方所保留的文本。该文本中与埃及缔约的“哈梯”表明，博阿兹柯伊并不是阿尔扎瓦的国都，而是《圣经》中的“赫人”在青铜时代的先辈所建立的赫梯国家的都城，古名哈吐沙。

温克勒和马克里迪之后于 1907 年、1911 年和 1912 年又对博阿兹柯伊进行了三次发掘。从往来通信中可知，他发掘的主要目标就是寻找大量的楔形文字泥板文书。由于他并没有从任何博物馆获得资助，所以不需要满足这一时期通行的将出土器物送交“金主”博物馆的要求，而是遵守奥斯曼帝国的法律，将所获器物送交伊斯坦布尔的博物馆，只有很少例外。马克里迪作为奥斯曼帝国官方的代表，确保对哈吐沙发掘和相关器物的管理并将相关情况定期上报。

在温克勒的发掘中，古亚述时期的泥板和一件被他确认为古巴比伦时期雕像的发现尤为重要。温克勒将古亚述泥板与在卡拉霍虞克（Karahöyük）发现的楔文泥板进行对照，不仅辨认出这些泥板是博阿兹柯伊前赫梯时代文化层的指征，同时指出，在博阿兹柯伊和小亚细亚大部分中心区域之间已经形成影响深远的交换网络。这些器物表明，两河流域的居民至少约在公元前 20 世纪即与小亚细亚来往不断，文化交流在古巴比伦时期继续发展。

在温克勒和马克里迪发掘的同时，另一支队伍由德国考古学家普奇斯坦（Otto Puchstein）率领，考察发掘了博阿兹柯伊废墟的防御工事和神庙，确认了废墟的大致范围及城墙主体部分的长度和宽度。

如果将普奇斯坦和温克勒的发掘进行对比，可以发现，前者的发掘表现出相对更高的水准，反映了 20 世纪早期考古学的科学和技术水平。但是，如果与同时代特洛伊、巴比伦和乌鲁克等地德国考古学家的工作相对照，一些更具远见的考古方法，如系统分层观察、使用考古语境之间的关联和使用陶器进行断代等方面，在博阿兹柯伊这一阶段的发掘中并没有得到充分体现，一个非常明显的缺憾是对考古发掘信息的记录和出版不足。但这一问题并不是只在博阿兹柯伊出现，许多其他地区的发掘工作在进入真正意义上科学的考古发掘阶段之前，都是由野心勃勃的探险寻宝人或业余爱好者的工作开始的。尽管普奇斯坦和温克勒并非这两类人，而且温克勒已经意识到缺少专业的工作人员进行考古工作，但这一问题始终未得到解决。同时，他们的发掘工作带有明确而强烈的目的，即通过各自更为看重的方面，尽快从整体上勾勒出这一新确认的古代文明的全貌。因此，温克勒大力搜寻泥板文书，通过可以释读的阿卡德语文本试图重构部分赫梯国王的统治次序；普奇斯坦则聚焦于防御工事和大型纪念性建筑物，在 1907 年发掘季中完成了对大量此类建筑物的发掘工作，没有发掘私人房屋，对陶器和其他小型器物也有意无意地忽略了，这在之后的出版物中有明显体现。通过照片可知，这些大型建筑物中的至少一部分遗存上方只覆盖了少量一层泥土，如大神庙，这表明在发掘之前肉眼即可辨认出哪里会有所发现，然后再顺藤摸瓜往周边区域扩展。在这一阶段的发掘中同样受到忽视的还有雅兹里卡亚的岩刻。除马克里迪曾对其进行过简单的测量外，它并未被列入任何系统的发掘计划。这也能看出早期发掘工作希望通过聚焦博阿兹柯伊本身，尽快重建赫梯文明整体面貌的强烈目的。因此，对博阿兹柯伊早期发掘工作如何进行评价，取决于采用何种标准。从积极的方面来看，大量纪念性建筑物被发现并得到清理、数量巨大的泥板被出土，一个湮没已久的文明被重新发现；从消极的方面来说，发掘工作在方法上仍较为粗糙，对相关器物考古信息的记录和出版情况都不尽如人意，在考古语境遭到破坏后，这种缺憾已经永远无法弥补。

至此，赫梯人及其文明的物质遗存在时隔三千余年后，已经初步向世人展露容颜，但对赫梯文明样貌的具体解读尚在等待她的语言的真正破译者。所幸，这一天将很快到来。

第二节　赫罗兹尼与赫梯语的“破译”：赫梯学的诞生[1]

赫罗兹尼生平及其成就

捷克东方学家赫罗兹尼（Bedřich Hrozný）是成功破译赫梯语的最为重要的学者。他毕生致力于古代近东语言和文化的研究，在破译赫梯语之前，已经在亚述学研究领域著述颇丰。

赫罗兹尼在奥匈帝国位于布拉格以北、易北河畔的一个村庄中长大。他的父亲是福音派牧师，在布拉格的一所中学教授宗教。赫罗兹尼从小跟随父亲学习捷克历史和文学，并在父亲从教的中学读书。在父亲突然离世后，迫于生计，他们全家搬到了布拉格以东约 60 公里、易北河畔的一个小镇居住，他最后一年的中学时光在这里度过。在这所福音派中学的学习经历为他打下了之后就读维也纳大学神学院的必要基础。他在中学的最后一年不仅结交了好友西梅克（Otokar Simek），而且获得了历史与地理老师普拉塞克（Justin Vaclav Prasek）的欣赏，被准许使用普拉塞克藏书丰富的历史图书馆。中学时期的赫罗兹尼不仅学习了希腊语和拉丁语，而且已经开始自学希伯来语和阿拉伯语。

在进入维也纳大学学习神学后，赫罗兹尼决定同时学习古代东方研究专业。因此，他不仅要上神学课程，也计划去哲学系上东方研究的课程。他的老师普拉塞克在历史学领域出版过著作，与一些著名的东方学家保持联系，将赫罗兹尼推荐给维也纳大学的闪语教授穆勒（David Heinrich Müller）。从赫罗兹尼本人写给好友西梅克的信中可知，他在去维也纳之前，曾就选修东方学课程以及应当聚焦的具体领域等问题，征询过老师普拉塞克的意见。

[1] Dağan-Alparslan 2017：87—100；Hoffner 2008：1—8.

在赫罗兹尼开始他在维也纳大学的学业（1897 年秋）不久，为抗议新任首相巴德尼（Casimir Badeni）的语言政令，学生进行示威，多个城市出现骚乱，大学暂时关闭。赫罗兹尼和神学院的其他一些捷克学生积极参与抗议活动。不久之后，他放弃了神学，转到哲学系。维也纳大学的东方研究在当时已经享有盛誉，赫罗兹尼在读期间受教于多位重要的东方学教授。他的主要兴趣是学习阿拉伯、希伯来、巴比伦和埃塞俄比亚诸语言，在大学图书馆的工作是他在维也纳期间的主要收入来源之一。

接下来的十余年间，赫罗兹尼不仅完成了学业，还参与了在巴勒斯坦地区的考古发掘。在这一时期的论著中，尤为值得一提的是，他比较了古代巴比伦和埃及的酿酒技术，出版了《古代巴比伦和埃及的啤酒》（1910 年）和《古代巴比伦的谷物》（1913 年）两部专著，指出了两河流域和埃及有关农作物的术语的基本一致性。

1914 年，基于赫罗兹尼在亚述学领域楔形文字文献研究方面的知名度，德国东方学会委托他与费古拉（Hugo H.Figulla）博士破译温克勒和马克里迪于 1906—1907 年和 1911—1912 年在博阿兹柯伊发现的楔文泥板。就在他们前往君士坦丁堡誊抄文献不久，第一次世界大战爆发，他们只得返回维也纳，继续破译工作。1915 年秋，赫罗兹尼在写给好友西梅克的信中表明他的破译十分顺利。尽管温克勒发现了这些泥板，但否认赫梯语是印欧语。赫罗兹尼确信赫梯语是一种新发现的、在约公元前 1500 年已经在小亚细亚地区使用的印欧语，它与拉丁语有亲缘关系，比荷马的时代还要早很多。1915 年 11 月 24 日，赫罗兹尼在柏林近东研究会公开了他的研究成果，随即发表在德国东方学会通讯（*MDOG*）第五十六期。他在极短的时间内破译了一门古代语言，其结论在相关学术领域引起强烈关注，主要原因是他证明了赫梯语是一种印欧语。印欧语系包括梵语、希腊语、拉丁语和大多数现代欧洲语言，赫梯语则体现了原始印欧语言的典型特征：它既是合成语言，表现为大量使用派生后缀来构成单词，又是屈折变化，通过一个词尾系统（单词的最终后缀）来标记句子中大多数单词的作用。学术界在震惊之余，批评的声音随之而来，尤其是比较语言学家对他的结论表示怀疑。赫罗兹尼则通过自己对赫梯语言的理解，大量翻译并发表新的赫梯语文献，其中包括对《赫梯法典》进行翻译和注释。在这一过程中，他建立的赫梯语法理论不断得到完善，回应了来自学术界的质疑。

奥匈帝国解体后，捷克斯洛伐克共和国成立，赫罗兹尼前往布拉格居住，于1919年任布拉格大学楔文和古代东方史研究教授，在时任总统的支持下前往土耳其和叙利亚地区进行考古发掘工作。

1930年代，赫罗兹尼的兴趣转向研究“赫梯”象形文字铭文，整理出版了三卷本铭文集。但后来的研究表明，这种铭文书写的并非赫梯语，而是鲁维语，他的破译本身并不成功，功劳主要在于收集和保存这些铭文。此外，他尝试破译克里特语和原始印度语言的书写系统也未获成功。

第二次世界大战爆发前，赫罗兹尼被选为布拉格查理大学校长，但在他就任前夕，纳粹关闭了大学，他被迫中止相关工作计划。战后，他的健康状况已经不允许他重返学术活动，其学术生涯宣告结束。

赫罗兹尼生前已经是一位声名卓著的学者。他的学术兴趣不仅在于语言分析和精确把握文本内容，也强调将文本与其历史语境相结合，对文本进行历史分析，这正是他终生致力于研究古代近东史和不同文化互动的原因。他的许多文化和历史著作在当时都极具开创性，特别是对赫梯语的破译，为之后阅读和理解数量丰富的赫梯楔文文献铺平了道路，深刻影响了人们对古代东方文明史和东西方文明互动历史进程的认识。

赫罗兹尼破译赫梯语的方法

作为迁至安纳托利亚高原的后起之秀，赫梯文明在很长一段时间深受两河流域文化的影响。贝克曼（Gary Beckman）认为，赫梯人很可能在古王国时期，通过叙利亚北部地区作为中转，间接吸收了两河流域文化的许多方面。其中包括约公元前17世纪，赫梯人在这一地区的一个楔文档案抄写中心学习、掌握了楔文书写系统，随后开始用楔形文字书写本族群的语言——赫梯语。在赫罗兹尼的时代，楔文书写系统已经破译，这就意味着“破译”赫梯语的工作不必完全从头开始，对赫梯语的“破译”与之前对两河流域楔形文字或埃及象形文字的破译的起点并非完全相同。理论上，接受过相关语言和书写系统训练的亚述学家可以在不理解赫梯语的语法和词汇的情况下，为赫梯语楔形文字的很多标示发音的“声符”赋予正确的音素值。除“声符”外，赫梯语楔形文字还有不与发音对应，只表达含义的“意符”，以及可以标识词汇归属类别的“限定符”，如表示木制品、衣物等类别即有专门的符号。意符和限定符可以帮助读者在不了解具体含义的情况下，大致猜测文本的语境。

赫罗兹尼不是最早试图破译赫梯楔文的人，但除克努特松外，其他人并未取得突破性进展。克努特松的发现始于他对埃及阿玛尔那外交文书的研究。如前文所述，1902 年，克努特松在深入研究其中的两封书信后指出，它们使用的语言与印欧语有明显的姻亲关系。但这一发现遭到来自学术界，尤其是印欧语言学界的巨大质疑。作为博阿兹柯伊泥板的发掘者，温克勒认为他所发掘出的泥板的大部分是以阿尔扎瓦语写成。在《阿玛尔那泥板》第二卷中，O.韦伯坚持认为，克努特松在一封写给他的书信中对自己的发现失去了信心，导致其他人不准确地断言克努特松撤回了他的主张。在 1913 年，主流观点是博阿兹柯伊泥板使用的语言是一种非印欧语方言，有可能是一种高加索语言。

赫罗兹尼没有被主流观点束缚，很快发现克努特松是正确的。最早提醒他将需要破译的语言与印欧语相关联的是分词标记-ant-，这是他所熟悉的印欧语族中一种典型的现在分词形式：-ent-，-ont-和-ant-。这些分词既在苏美尔—阿卡德—赫梯语三语词表中出现，也在献祭仪式的用品清单文本中出现。在仪式清单文献中的词汇屈折变化形式中，如主格单数以-an 和-anza 结尾，主格复数词尾则变化为-antes 和其他形式。

在有了这些线索之后，赫罗兹尼使用限定符和意符作为起点，辨认出文本的基本语境。在破译一门语言时，对照不同语言写成的内容相同的文本是一种常用手段，且音译的人名常常是破译最容易着手的切入点，古埃及象形文字和两河流域楔形文字书写系统的破译都离不开这种多语文献（罗塞塔石碑和贝希斯敦铭文）作为最初的钥匙。在破译赫梯语的过程中，这种文本的使用十分自然：就同一个词汇而言，在一个文本中使用了意符，但在另一文本中可能使用了音符，将其逐字母拼写出来。借助这种方式，可以通过已知语言文本中的某些词汇来推断未知语言文本中相对应符号的含义。

对一个词汇的含义或书写形式获得初步判断后，需要将其放在其他语境的文本材料中进行验证，如果语义和文法同样能够通顺，则可以确认这一推断的正确性。如在一篇文献中，赫梯国王讲述他的父亲收到一封来自埃及王后的信，埃及方面要求赫梯国王送一个儿子过去与埃及王后结婚。该文本包含大量意符，其他词汇的含义是清楚的。在大致背景已知的情况下，赫罗兹尼只需要确认剩下的不确定的词汇的含义，继而再将这些推断出的含义放于其他语境的文本中检验。这种从多个不同语境的文本中将信息进行关联并进行再验证的方法，被称作“组合分析”。

赫罗兹尼在判定赫梯语的印欧语起源时，使用了词源学的方法。他找到一些看似含有清晰的印欧语词源的词汇并尝试根据相应印欧语词源来确定其含义。这种方法使他遭到德国印欧语言学家索莫（Ferdinand Sommer）和其他学者的严厉批评，因为它违背了词源研究的一种普遍共识，即在进行任何合理的词源分析之前，必须首先阐明一个词的形式和意义，而不是相反。如果进行词源学判定之前对词汇的含义一无所知，仅根据推定的词源来为词汇分配含义，这种词源重构就极具猜测性，它的风险是巨大的。赫罗兹尼利用词源学方法进行词义重构所出现的一些错误，证实了索莫的担心。如动词 da-在赫梯语中是“拿取”的意思，但赫罗兹尼根据原始印欧语的屈折变形，误将此词的含义定为“给予”。

1915 年，赫罗兹尼将他于 1914 年夏发现的成果发表，这标志着赫梯语的破译成功，并确认将它归于印欧语系。从抵达伊斯坦布尔开始对博阿兹柯伊发现的泥板进行抄写整理算起，赫罗兹尼对赫梯语的成功破译一共只花了五个月时间，这无疑是一个惊人的成就。1917 年，赫罗兹尼出版了《赫梯人的语言》一书，首次系统地分析阐释了赫梯语语法。

赫梯语的破译对印欧语研究的影响

在《赫梯人的语言》出版后，很多学者仍然对这一破译结果持怀疑态度，理由有二：第一，赫罗兹尼进行解读的基础是未发表过的文献，无法验证其准确性；第二，当时几乎没有印欧语学者懂楔形文字书写系统，这就无法公允地评判赫罗兹尼的工作。索莫首先尝试学习楔文书写，之后通过阅读文本，检验赫罗兹尼的猜想和理论，进行了一系列必要的修正工作。其他学者很快也采用同样的办法开始检验，其中就有日后著名的赫梯学家格策（Albrecht Gotze）和弗雷德里希（Johannes Friedrich）。赫罗兹尼本人则持续进行文献的整理和发表工作，如《赫梯法典》的翻译和注疏。通过这些工作，他验证并完善了自己的赫梯语法理论，回应了来自同行的批评。赫罗兹尼还发现了赫梯人称呼自己的语言为奈什语（Neshili），而非赫梯语，“奈什”一词源于奈沙城（Nesha），这是赫梯人进入安纳托利亚之后的第一个定居中心。

尽管随着时间的流逝，学术界已经承认赫梯语文献是现存世界上最古老的印欧语文献，但赫梯语对印欧语言学研究的影响有一定的滞后性，最为重要的一点可能是 1927 年由波兰语言学家库里洛维奇（Jerzy Kurylowicz）提出的赫梯语具有的“喉音”特征。这证实了半个世纪之前一些学者为原始印欧语重建的一种辅音确实存在。对这一语言现象的发现和确认深刻影响了之后学者对原始印欧语语音和形态的理解。

赫梯语对原始印欧语研究产生的另一个影响在于它与原始印欧语的关系问题。早期观点认为赫梯语是原始印欧语的一个分支，即它与梵语、希腊语、拉丁语等语言是姻亲语言。但美国语言学家斯图尔芬特（Edgar H. Sturtevant）于 1933 年提出，赫梯语与原始印欧语是姻亲关系，二者共同的溯源应当是一种可以称作“印度—赫梯语”的更古老的语言，这意味着梵语和希腊语、拉丁语等语言相对赫梯语来说“矮”了一辈。这一观点在 1970 年代赢得一席之地，但直到今天仍然未能在学术界形成共识。目前最广为接受的观点是：赫梯语和其他安纳托利亚诸语言从原始语言中最先分离，但梵语和希腊语等其他诸语言也在紧随其后的数百年内产生分离。在从原始语言中分离时，某些语言现象消失，某些新的语言现象出现，找出这些语言现象变化的原因以及具体表现，是进一步研究的任务所在，赫梯语和安纳托利亚语族将在未来的这一讨论中扮演至关重要的角色。

赫梯文献的整理情况

赫梯楔形文字泥板和泥板残片现在发现的总数超过 30 000 块，大部分是从首都哈吐沙城（博阿兹柯伊附近）的王家档案库中出土。如今，绝大多数泥板保存在安卡拉、伊斯坦布尔、博阿兹柯伊和乔鲁姆（Çorum）等地的土耳其博物馆中，柏林帕加蒙博物馆、伦敦大英博物馆和巴黎卢浮宫也有大量藏品，美国、欧洲其他国家和中东的各种学术机构和博物馆的藏品则少得多，私人收藏也比较少。

大多数赫梯楔形文字文本都是在土耳其中部的遗址发现的，如博阿兹柯伊、阿拉贾・修虞克（Alaca Höyük）、马沙特・修虞克（Maşat Höyük）、奥塔柯伊（Ortaköy，即乔鲁姆）、库沙克勒（Kuşaklı）、卡亚勒皮纳（Kayalıpınar）等地，在东地中海沿岸（叙利亚和埃及）与赫梯人建立外交往来的古代文明区域发现的数量相对很少。

哈吐沙发现的泥板和泥板残片总数约在 28 000 块，其中较为完整的泥板数量是 23 559 块。与近东地区其他集中出土楔文泥板的地点相比，如西帕尔（Sippar）约 30 000 块，尼尼微亚述巴尼拔图书馆 25 000 余块，卡奈什（Kaneš，即 Kültepe）20 000 余块，玛里（Mari）档案约 20 000 块，埃卜拉（Ebla）文书约 15 000 块，哈吐沙足可跻身于数量最为丰富的近东文献出土地之列，发现的泥板数量远超安纳托利亚其他遗址，在重构赫梯历史、社会和文化发展样态中占据举足轻重的地位。

哈吐沙泥板档案的另一突出特征是文献种类繁多，但种类分布极不均衡。法国著名赫梯学家拉劳什（Emmanuel Laroche）整理的赫梯文献目录（Catalogue des textes Hittites，缩写为 CTH）是赫梯学界援引文献时最常用的文献编号系统，该系统把赫梯文献分为如下大类（包括在线索引数据库 https://www.hethport.uni-wuerzburg.de/hetkonk/hetkonk_abfrageF.php 的增补）：

赫梯文献种类表

节日训文	6 735	崇拜清单	638
杂项	5 211	神话	522
仪式训文	3 972	苏美尔/阿卡德文学	326
哈梯/鲁维/帕莱克/胡里语文书	1 770	颂歌/祷文	233
占卜	1 587	专业学术	161
历史	1 572	法律	135
管理	697	总数	23 599

从该表统计可知，赫梯泥板中数量最为丰富的可明确归类的文献是节日和仪式训文，再加上占卜文书，这意味着半数以上的赫梯文献是宗教类文献，或者至少与宗教密切相关。法律、管理类和经济文献的数量相当有限，书信文献也很罕见，可以用来研究经济和法律诸多相关问题的私人契约则几乎完全缺失。形成这种状况的原因之一是这些文献是赫梯王家档案库所藏，并非私人档案。即使是哈吐沙出土的泥板，其具体发现的位置也相对集中于三个区域，并非散落于该城各处。

与其他近东地区的多处文献档案类似，哈吐沙泥板的保存也并非集中于一地，而是散落于世界几大博物馆以及众多小型收藏机构甚至是私人收藏机构。保存状况最好、最重要的泥板在伊斯坦布尔和柏林，但数量最大的泥板（约 25 000 块）保存在土耳其安卡拉的安纳托利亚文明博物馆。另外，有伊斯坦布尔考古博物馆的 2 957 件，柏林近东博物馆的 377 件，巴黎卢浮宫的 247 件，伦敦大英博物馆的 122 件，博阿兹柯伊和乔鲁姆博物馆的数百件馆藏。其中，共有不少于 598 件泥板的残片分别属于两个甚至更多收藏机构。这导致如想看到不少文献原件的全貌，需要大费周章。

哈吐沙文献的整理出版情况已经取得相当进展，相对于近东其他地区大型泥板档案的整理情况来说亦不逊色。在第二批发掘中从宫殿建筑群、斜坡上的房屋和神庙Ⅰ三大集中区域，以及其他一些小型出土地发现的泥板已经整理出版完毕，但第一批发掘的泥板和残片的整理情况相对落后。哈吐沙泥板文献有一类信息几乎无法确认，即具体出土位置。半数泥板和残片甚至无法确认是出土于三大集中发现区域中的哪一处，也无法知道是在哪一年发现的。这导致约有半数，即11 000余件泥板和残片只能笼统地被称为“博阿兹柯伊文本”(Bo-texts)。造成这种情况的原因已经非常清楚。如前文所述，在温克勒和马克里迪主导的早期发掘中，他们最迫切的任务和最大的兴趣是尽快勾勒这样一个“全新”的古老文明的全貌。普奇斯坦则将注意力集中于建筑，在有关建筑的发现信息方面整理和记录得相当精细，这也与发掘团队中有建筑师有关。但硬币的另一面就是：对于哈吐沙城早期发掘来说，小型器物所受到的重视远远不够，包括数量庞大的泥板。因此，从文献信息保存和整理的角度来说，即使以当时的考古发掘标准来衡量，1905—1912年的发掘也称得上是一场灾难。

尽管经过约一个世纪的发现和文献整理，已经出版了大量赫梯文本，但在土耳其的博物馆中，仍有相当数量的泥板等待整理、出版。从1990年代开始，位于土耳其乔鲁姆省东南约53公里的城镇奥塔柯伊（即古代撒皮努瓦，Šapinuwa）出土了超过3 000块泥板。这批档案可以追溯至赫梯中王国时期。此前，赫梯历史上的这一时期材料相对较少，而在赫梯语言的发展阶段上，中王国时期至关重要。因此，撒皮努瓦档案的整理和出版意义重大。2005年，锡瓦斯（Sivas）附近的卡亚勒皮纳发现了一些赫梯语、胡里语和阿卡德语的泥板。未来，赫梯其他的地方中心城镇可能会发现更多的小型档案库，可以补充哈吐沙发现的泥板，继续丰富我们对赫梯历史、语言和文化的认识。

文献中赫梯国家的文明化进程

赫梯人属印欧人种，其故乡很可能在南俄大草原，约公元前三千纪后期迁移到安纳托利亚，在征服土著哈梯人之后建国。赫梯控制的核心区域是安纳托利亚高原，它西接爱琴海区域，东与两河流域毗邻，便利的地理位置使其成为文化传播的桥梁，也有利于赫梯人充分吸收其他地区的先进文化，迅速完成文明化进程。这一进程主要体现出三个特征：赫梯文明的开放性、复杂的政治文明、以大量签订双边条约作为常规外交手段。

到达小亚细亚之初，赫梯人尚处于半游牧状态。在与土著哈梯人融合的过程中，赫梯人吸收后者的先进文化（如冶铁术），逐渐进入定居农业社会，借用楔形文字体系书写本民族的语言赫梯语。在赫梯都城哈吐沙的王室档案库中，发现了多达八种不同语言的文献，一部分是双语甚至是三语对照文献。赫梯人常在宗教活动中使用哈梯语吟诵祷文；历史文献和经济文书、诅咒词的格式深受两河流域阿卡德语文献的影响；从中王国时期开始，赫梯人逐渐借用印欧鲁维人的象形文字，最初可能仅用于印章，到了新王国时期则出现了象形文字碑铭。在宗教领域，不同时期的赫梯万神殿中遍布周边各族群信奉的神明。帝国晚期，赫梯宗教已经完全胡里化，胡里女神海帕特和雷雨神泰苏普成为众神之首。

赫梯文明的另一特征是发达的政治文明。古王国铁列平王在世界史上首次书面确立了嫡长子继承王位原则，同时规定了若无王子，可由国王长女之夫继承王位，仍保留了王室母系成员及其后裔获得王权的可能性，而铁列平本人即是前任国王的女婿，这一规定确认了其王位的合法性。这种王位继承制为新王国中后期的王位争端埋下了隐患。图塔利亚四世在文献中提到“赫梯大地上到处都是王权的种子”，正是当时许多前代国王的旁支或母系后裔觊觎王权的写照。赫梯国王采用“封侯”的方式管理附属国，将王子派往重要封国担任总督，附属国君主需定期前往哈吐沙朝觐、缴纳贡赋、与赫梯建立攻守同盟和引渡协议。通过这些方式，赫梯国王建立了较为完善的附属国管理体系。

上古时代，各国采用多种方式进行外交往来，如王室赠礼、联姻等，通常以个案处理，不具有长期效力。赫梯人则大量运用双边条约的方式巩固国与国之间的关系，留下了古代近东历史上数量最为丰富的条约文献。其中，哈吐什里三世与拉美西斯二世在卡叠什战后签署的和平条约最为引人注目。它是现存最早的两大区域强国之间的平等条约，内容主要包括互不侵犯、攻守同盟、互相引渡逃亡者等，首次出现了保护被引渡者人身安全的条款，这是人类引渡史上划时代的进步。

赫梯文明以其开放性和包容性，努力吸收周边文明的养分，迅速实现文明化；通过确立王位继承制和附属国管理体系，巩固了内政；以武力为基础，通过签订条约的方式建立与各国合作的长效机制，成为“大国俱乐部”的主要成员之一。但是，赫梯从最初就缺少形成稳定文明内核的独立发展阶段，这使其在整体上相对脆弱。公元前13世纪末，帝国在“海上民”和其他各种因素的综合冲击下崩溃，安纳托利亚赫梯国家的历史就此终结。之后，一批赫梯人向小亚东南部和叙利亚巴勒斯坦地区迁徙，与当地居民融合，于公元前11—前9世纪建立了一些小邦，在旧约中被称作“赫人”。他们不再使用赫梯语，而是使用鲁维语和象形文字，与公元前两千纪的赫梯人有很大区别。

第三节　关于引渡问题的研究现状

“引渡”作为一种重要的历史现象曾广泛存在于公元前两千纪的古代近东世界。在赫梯文献中，它不仅出现于大量条约和部分书信等涉外文献，而且出现于年代记、行政管理等类别的文献。具体的引渡规定可能在赫梯古王国晚期或中王国早期即已出现。此后，赫梯国家[1]的引渡规定和引渡活动涉及古代近东众多国家和地区，受到国内外学者一定程

[1] 古代与现代在“国家”概念的使用上有很大区别，笔者不在此讨论古代“国家”的具体定义，只对于本书将使用的“国家”一词做出如下说明：本书中的“国家”可对译为英文中叙述古代世界政治实体时所使用的“kingdom”或“empire”等词，它有明确的政权组织，控制着一定规模的人口和大致的疆域。具体到赫梯国家，大体可以认为是指以赫梯国王为代表的赫梯王室、其他贵族建立的政权及其相对稳定、有效控制的疆域。书中其他古代“国家”的界定依此类推。根据具体情况不同，本书中的古代“国家”有时指某一政权，有时指该政权的统治区域。

度的关注。

“引渡”在当代主要是国际法学研究的领域。近代德国著名法学家、被誉为“现代国际法之父”的奥本海在其经典之作《奥本海国际法》(初版于1905—1906年)中，将这一概念解释为“一个被控诉或被判罪的人由他当时所在的国家交给对他控告犯了罪或判了罪的国家”[1]。现代学者根据引渡实践的实际情况，将这一概念细化解释为“国家根据条约或基于其他理由把在其管辖范围内而被别国指控或已被判定犯罪的人，应该国的请求，移交该国起诉或执行刑罚的活动”[2]。

根据引渡的现代概念可知，引渡合作涉及国际司法协助、一国或多国的对外交往、国内政治和行政管理等诸多方面，是国际法、国际刑法和刑事诉讼等多学科交叉的领域，既是理论又是实务问题。引渡合作经常耗时长久且成功率不高，受到相关学界的持续关注。西方学术界对引渡的研究由来已久。早在1625年，荷兰法学家格劳秀斯在其名著《战争与和平法》中，提出对国际犯罪应实行“或引渡或惩罚”的司法原则，意思是如果有人在一国犯罪而逃至他国，犯罪发生国虽不能武装前往罪犯的现居留国执行强制抓捕，但后者如被请求引渡该罪犯，则要么同意引渡，要么自行对其进行惩罚。这一表述基于自然法理论，相对于所有使另一个国家受到损害的犯罪来说，受害国享有要求对其进行惩罚的自然权利，罪犯的现居留国不应妨碍这一权利的行使，但它予以配合的方式不唯一，可在或引渡或惩罚中任选其一。当代美国国际刑法学家巴西奥尼（M. Cherif Bassiouni）考虑到现代刑法的目的是起诉被确信为犯罪的人，而不是惩处他们，除非这些人被证明有罪，因此，将格劳秀斯的“或引渡或惩罚”表述修改为“或引渡或起诉”，确立了国际刑法的重要原则。各国的国内刑法和刑事司法系统将通过这一基石性原则，实现对国际犯罪的国际制裁。

国内对引渡的研究相对较晚，和中国与外国之间的引渡需求密切相

[1] 奥本海2017。
[2] 王铁涯1996:633；钱其琛2005:2282。

关，但由于这是一个高度国际化的实务和理论领域，中国学者在这方面的研究不必从头开始，可以直接吸收西方学者既有的研究成果，为中国的引渡立法和学术研究服务。1993年，中国开始与外国签订引渡条约。1997年，黄风在专著《引渡制度》（增订本，该书初版于1990年）和《中国引渡制度研究》中详细介绍并系统研究了截至当时国际引渡制度的发展和中国引渡制度建立过程中遇到的问题，提出推动中外引渡合作机制发展的一些建议。外交部条约法律司于1998年出版了《引渡法资料汇编》，选择了一些有代表性的外国立法、双边条约、多边条约，一些有较大影响的国际公约和文件以及中国已对外签署的双边引渡条约，为相关立法和研究进行了资料整理方面的准备工作。2000年12月28日，中国颁布《中华人民共和国引渡法》。刘亚军于2004年出版《引渡新论——以国际法为视角》，综合探讨了引渡中的主权、人权和国际公共秩序协调等问题，并对中国进一步完善引渡法律制度提出建议。2019年，邹江江出版《附条件引渡研究》，梳理了附条件引渡的发展脉络和形成机理，对国际现行附条件引渡情况进行了全面剖析，认为附条件引渡是一种对双方利益的平衡或协调，是一种化解现实法律差异或冲突的国际刑事司法合作高级形态和高超策略。除专著外，一些重要的学术专题论文和学位论文讨论了西方主要国家的引渡制度、中国与外国建立引渡条约的个案，以及国际和涉及中国的重大引渡案件的回顾与分析等[1]。

由于引渡问题自身强烈的实务性质，学术界对相关问题的研究几乎均围绕国际引渡合作过程中发生的实际问题而展开，主要集中于以下几个方面：

首先，关于引渡的起源。“引渡”一词对应于英语中的“extradition”，其词源直接来源于18世纪的法语，很可能是伏尔泰根据拉丁语造出的词汇：“*trans-*”＋“*dare*”（给）形成的“*tradere*”（交付、移交）加上前缀

[1] 参见黄风2007；樊文2016；黄芳2019；胡城军2019；黄风、陶琳琳2020；李永胜2020；冀莹2021。

“ex-”（向外）。罗马法中的术语“*noxae deditio*”则是一种“赎罪奉献物”，指罗马时代（之后的中世纪欧洲与此类似）要求交出对受害者造成损失的人或物，以完全赔偿其损失的一种权利。如父亲将犯罪的儿子移交给受害者所属的社群任其处罚，以免使自己所处的社群遭到更为严重的报复[1]。

但是，在追溯现代引渡活动及引渡制度的起源时，国内相关领域的学者一般均会同意国外学者的追溯，将这一现象溯及古代埃及与赫梯之间的引渡条约和引渡实践，这比使用拉丁语的罗马时代要早得多。黄风指出，“早在公元前1280年，埃及的拉美西斯二世和赫梯族国王哈吐什里三世在结束叙利亚战争时就签订过一项‘和平条约’，其中载有相互遣返逃到对方境内的罪犯的规定”[2]。王铁崖提到，《银板条约》是“历史上第一个有证可查的关系到引渡内容的和约”[3]。学者们同时意识到，由于古代社会的引渡是近代以来成熟引渡制度的雏形与前身，在对其概念进行界定时，不能拘泥于现代的观念，而是应当抓住其基本含义展开讨论。黄风认为，“如果把引渡理解为一国向另一国遣返罪犯的话，可以说引渡是自古就有的”[4]。“庆父不死，鲁难不已”的典故即反映了中国古代春秋时期诸侯国之间存在的引渡现象。据《左传·闵公元年》记载，鲁国国君鲁庄公有三个兄弟，分别是庆父、叔牙和季友。其中，庆父为了夺位，在短短两年内先后杀了鲁庄公之后的两任国君（姬斑和鲁闵公姬启），之后迫于压力，逃至莒国避难。当季友助鲁庄公的另一个儿子姬申即位为鲁僖公后，以财物贿赂莒国国君，遣送庆父回鲁，庆父自缢于途中。

关于引渡对象，学者们认为，早期的引渡对象是以政治犯为主[5]，

---

[1] 邹江江 2019:7，注 2。

[2] 黄风 1997:1—2；刘代华 2004:233。另外，希勒（Shearer）认为“引渡的历史可以追溯到三千多年以前。根据文献记载，公元前1280年，埃及的罗摩西斯（Rameses）二世和赫梯的皇太子哈特西利（Hattusili）三世缔结的和平条约，就规定了有关引渡的条款”。参见 Shearer 1971:5。

[3] 王铁崖 1998:256—257。

[4] 黄风 1997:1。

[5] 参见黄风 1997:2；刘代华 2004:233；秦一禾 2007:2。

原因在于“请求国镇压政治犯罪的迫切需要提高了被请求国统治者手中犯有政治罪的逃犯的交换价值。对于作为君主们政治交易手段的早期引渡活动来说，交易对象的这种交换价值无疑是重要的”[1]。因此，“这种早期的引渡活动具有与现代引渡制度完全不同的特性，它实质上是掌握在统治者手中的一件政治工具，带有明显的政治性色彩”[2]。上述古代埃及和赫梯之间，以及鲁国与莒国间的案例都明显反映了这一特征。

关于古代引渡产生的原因、引渡的作用及引渡的其他方面，秦一禾认为，“君主之间为了保证彼此之间的王位统治而引渡叛逆者，一方面，它能够取得同盟者之间的信赖，另一方面也给已国的潜在的反叛者以警戒”。“在古代的引渡中，虽然存在条约性和约，但是引渡并不是完全按照和约所规定的程序进行的，甚至可能和约本身也没有规定详细的引渡程序。和约之所以规定引渡，不过是为了君主之间的合作更加明确化。在某种意义上我们可以说，古代的引渡可能只是一种外交礼仪。这种情况下，引渡既不需要完善引渡制度自身，也不需要加深理论研究。可以说，在古代既没有引渡制度，也没有引渡理论。”[3]

其次，关于“引渡”的特征。引渡的特征与引渡的概念密切相关。一般认为，引渡是主权国家的一种国家行为，其主体为引渡请求国与被请求国。这就意味着被引渡对象是引渡行为的客体，作为引渡活动主体的国家对引渡请求一旦做出决定，被引渡人很难对此进行有效质疑；如被请求国不经引渡程序，直接将被引渡者移交给第三国，被引渡人同样无法抗辩。但随着人权观念和国际刑事司法合作的发展，被引渡人的利益保护日益受到关注，国际刑事法院和国际特别刑事法庭作为主权国家

[1] 黄风 1997:4。与此类似，秦一禾认为，早期引渡“只是为了保护各国之间的内在秩序，并没有把引渡看作为一种进行国际刑事合作的手段，最多只是一种政治合作的表现形式，这是 17 世纪以前的引渡……一般不涉及普通犯罪的原因”。参见秦一禾 2007:2。持“古代引渡一般不涉及普通犯罪”这种观点的还有詹宁斯·瓦茨，他认为，“18 世纪以前……引渡普通罪犯的情形几乎没有发生过”。参见瓦茨 1998:339。

[2] 黄风 1997:2。类似观点还有：这种早期的引渡活动……实质是掌握在统治者手中的一种政治工具和政治交易的手段……特点是表现为“政治协助”或“外交协助”。参见刘代华 2004:233。

[3] 秦一禾 2007:1—2。

通过公约的形式授予刑事管辖权的机构，也可要求引渡罪犯，但这种权限的来源仍是主权国家授予，引渡的主体始终是主权国家。

引渡的对象是被指控犯有可引渡之罪的被请求国境内的犯罪人员，引渡的请求国必须有对该罪犯的刑事管辖权。引渡的对象可能是请求国的公民、被请求国公民和第三国公民，但要求引渡被请求国公民通常会遭到拒绝。被请求予以引渡者可能是被通缉的犯罪嫌疑人、被指控的刑事被告人，或已被判刑的人。引渡的请求国必须有对这些人员的刑事管辖权，方可向被请求国提请引渡处于后者管辖下的人员。在实际引渡合作中，经常涉及对财物的引渡问题，这是指犯罪人在犯罪过程中使用的工具、所获财物以及其他用于犯罪的物品。对物的引渡是以对人的引渡达成协议为前提的，如对相关人员的引渡不符合条件，则不存在物的引渡问题。但如果已经确定要进行引渡，但因犯罪人逃脱、死亡等无法执行，则物的引渡可以继续进行[1]。

引渡的表现形式是根据引渡规则，一方将犯罪人移交给另一方。这一点涉及的主要是引渡合作的具体执行程序，即引渡的规则，一般表现为国际和国内法律，包括国际引渡公约或国际公约中关于引渡的规定、双边或多边引渡条约的规定、国内相关法律（如引渡法）的规定等。在决定是否引渡的国内流程中，一般有行政和司法的双重审查，体现了被请求国在相关领域的国家主权[2]。

最后，可以拒绝引渡的情况及相关新趋势。引渡合作之所以长期以来困难重重，具体体现为引渡请求经常被被请求国拒绝，这是因为国家之间在利益诉求、司法体系或文化传统中表现的价值观等各个方面存在巨大差异。一般来说，导致引渡请求被拒绝的原因主要有以下四个方面。

第一，条约前置原则弱化。这一原则是指一国将是否与他国签订引渡条约或协议视为接受引渡请求的前提条件。实行大陆法系的国家一般

---

[1] 《中华人民共和国引渡法》第二章第五节第三十九条。
[2] 邹江江 2019：9—11。

并不严格遵守这一原则，更多遵循的是互惠互利原则。但海洋法系的国家一般要求严格遵守这一原则，以美国为代表。这一原则的理论依据是三权分立原则。条约是具有法律效力的国与国之间的协定，由国会审定通过。如果没有条约为引渡的前提，则是否引渡的决定权就掌握在了国家行政部门手中。因此，这些国家“不愿意让行政部门有自由引渡罪犯的权能，而要通过立法授权并加以限制”[1]。同时，条约前置原则可以确保引渡者的人权受到相关法律保护，不受变动不居的行政权力的可能威胁。但这一原则经常面临实践中的挑战，理论上，如果需要有效扼制罪犯的跨国逃亡，每个国家都应与世界上其他所有国家签订引渡协议，这在事实上是不可能的。因此，这一原则在实践中出现了一些变通措施：第一种情况是明确允许在无双边条约前提下进行引渡，实际上放弃了条约前置原则，主要有英国、印度、南非、新西兰等国家；第二种情况是扩大适用条约的范围，将多边引渡条约或相关国际公约均视为已经有了可以作为引渡前提的条约，在这一国际法共同体中的成员均可成为引渡的请求国和被请求国，澳大利亚、尼泊尔和加拿大均采用了这种方案；第三种情况是允许极个别情况下的例外，如美国 1996 年《合众国法典》修正了第三千一百八十一条，规定即使在没有缔结任何关于引渡的协定或条约的情况下，如果在外国受到指控的罪犯属于针对海外美国国民的暴力罪犯，在符合一定条件下，美国也可以向该国引渡犯罪嫌疑人。

第二，本国国民不引渡原则弱化。这一原则再次体现出大陆法系与海洋法系在法理方面的区别。大陆法系的国家普遍采用这一原则，中国的《引渡法》和与他国签订的引渡条约也坚持这一原则，原因是该法系对于刑法的适用范围是属人主义，他国刑事管辖权无权管辖本国国民。但海洋法系的美国、英国、加拿大等国则允许在一定条件下向他国引渡本国国民，理由是属地主义，如果本国公民在境外犯罪，其犯罪发生时的居留国则有权对其进行刑事管辖，所以法理上支持本国国民可以引

[1] 周鲠生 2007:263。

渡。美国甚至允许向国际刑事法庭引渡本国国民[1]。

第三，政治犯不引渡原则弱化。国际法学界普遍认为，直到18世纪末，引渡的对象与其说是普通的刑事罪犯，不如说是政治犯。受法国大革命和欧洲反对专制主义斗争的影响，法国1793年宪法第一百二十条规定，法国给予为了争取自由而从本国流亡到法国的外国人以庇护。因此，政治犯不引渡原则在最初有其特定的历史语境，引渡从此至少不能继续以一种合法的手段来迫害政治犯。这一原则在法理上是对个人基本自由的关切，尤其是个人反抗暴政的自由不应当被不适当地侵犯。但它在实际操作过程中经常会因各国对“政治犯罪”的理解不同而陷入困境。政治犯罪经常牵涉政权更迭，是国际关系中极其敏感的事件，且经常可能与暴力、暗杀等可归为刑事犯罪的行为有交集，也可能无涉政治目标（如经济犯罪），但故意宣称属于政治犯罪而申请居留国的庇护。为了解决这一难题，各国和相关国际机构采用签订国际公约的方式，将一系列国际犯罪非政治化，明确列出不得再以政治犯罪为由不予引渡的罪行清单。这类公约通过必要的程序，或自动成为之后可被援引的法律依据，或被吸纳进各缔约国的国内法予以认可，政治犯罪对引渡合作的阻碍得以减小，但其真正解决仍有待时日。

第四，死刑不引渡日益成为刚性原则。这一原则的出现是从人道主义的角度考虑，受到第二次世界大战之后废除死刑运动的影响。目前全世界废除死刑的国家已经超过半数，且发达国家大多属于此列，这就必然带来在废除死刑与保留死刑的国家之间开展引渡合作的障碍，而在都废除死刑或都保留死刑的国家之间自然没有这一问题。这一障碍不仅涉及法律问题和人道主义，同时涉及保留与废除死刑的国家间的文化传统，而不同传统的调和不可能是一蹴而就的事情。以中国为例，“欠债还钱，杀人偿命”，甚至“父债子还”是古老的法则和道德观念，如果法律支持这样的做法，才是真正的人道主义，否则就是不公平不公正的

[1] 美国第五巡回上诉法院第98-41597号判决。

“冤案”。在这种情况下，保留死刑的国家如作为请求国提出引渡请求，则要做出不对被引渡人判处死刑，或即使判处死刑，也不执行死刑的承诺，以此换取被请求国同意引渡。这已经成为处理此类问题的通例，写入《联合国引渡示范条约》中。

以中国引渡赖昌星一案为例，上述四条中的三条都可从此案中找到相对应的处理方式。首先，加拿大难民委员会裁判庭裁定有严重理由考虑赖昌星犯下严重的非政治性犯罪，赖昌星把经济犯罪包装成政治犯罪的企图破灭；第二，由于中国和加拿大之间没有引渡协定，赖昌星是通过被“遣返”这一引渡的替代方式押回中国，既没有破坏加拿大的条约前置原则，又实现了中加引渡合作；最后，中国向加拿大保证不会判处赖昌星死刑，即使判处死刑，也不会执行，以个案承诺的形式既确保了加拿大坚持的死刑不引渡刚性原则的实现，又能在最大程度上将罪犯缉拿归案。

第四节　赫梯国家引渡现象研究概述

综合赫梯文献中对引渡记载的具体情况和国际法学的研究成果，可以得出对赫梯文献中“引渡”这一历史现象的理解：赫梯国家的引渡是指以国王为代表的赫梯国家与其他各国通过条约等方式确定的，在一定的条件下，一方向另一方移交由前者指定的逃亡或其他身份的人员，并归还逃亡人员所携财物的行为。本书将在这一界定范围内来讨论赫梯国家的引渡。

国内至今尚无研究赫梯国家引渡问题的专著或专题论文出版和发表，世界史学界对这一问题很少涉足，一般只出现于有关教材中的古代埃及史部分。1970 年代以来，中国的世界史学者运用马克思主义史学分析方法对这一问题展开了初步探讨。

刘文鹏在林志纯主编的《世界上古史纲》中提到赫梯与埃及签订的

《银板条约》“商定了双方互不接纳和引渡对方的‘亡命者’”，认为这“表明称霸的两大国之间，尽管存在着根本利益的冲突，但为了共同掠夺弱小国家，却可以相互勾结起来”。作者指出，“埃及从拉美西斯二世以后奴隶反抗奴隶主、平民反抗贵族的阶级斗争越来越激化。逃亡是阶级斗争的形式之一，《银板条约》中的‘亡命者’显然包括了奴隶”[1]。由此可以得出，阶级斗争日益激化导致的包括奴隶在内的亡命者日益增多，是《银板条约》中出现引渡条款的原因之一，即是两国间引渡出现的原因之一。与此类似的观点有：在历史上，《银板条约》是“流传至今的最早一份和平条约，……规定若遇第三国侵扰或人民起义叛乱将互相援助，特别是双方承诺不收容对方逃亡者（主要指奴隶），并将之交还原主等，表明了缔约双方的奴隶主阶级立场”[2]。这种以马克思主义阶级斗争理论分析世界史上重大历史事件的史学方法被许多老一代学者采用，深深打上了时代的烙印。2005 年，刘文鹏在其《古代埃及史》一书中对《银板条约》中涉及“亡命者”的部分去掉了“阶级斗争”的相关评论，改从其他角度给这一问题重新定性，认为“‘亡命者’不论是贵族或平民，对于国家来说都是一种威慑力量。所以，双方在对待亡命者的态度上达成了协议，绝不允许他们逃跑，说明了国家机器的本质都是一样的”[3]。

随着以斯塔夫里阿诺斯的《全球通史》为代表的全球史观在中国史学界的影响日益深入，国内学者纷纷以全球史观重写世界史，在世界古代史的论述上日益重视各古代文明之间的相互联系与影响。周启迪在 2006 年版的《世界史·古代卷》中指出《银板条约》“包括……亡命者的引渡等”，“和约本身变成了一个军事同盟条约”，卡迭什战役及其后《银板条约》的签订“标志着在公元前 2000 年代后半期，东地中海一带的几个文明古国之间关系已经日益密切，开始打破孤立、闭塞、隔绝

[1] 刘文鹏 2007:232。该书第一版为 1979 年版。
[2] 朱龙华 1991:136。
[3] 刘文鹏 2005:485。

的状态，逐渐有机地连接起来”[1]。

国内其他著作述及赫梯国家引渡问题的方式在整体上并未超出上述框架，如《银板条约》“规定两国永久友好、互不侵犯、攻守同盟、相互引渡逃亡者等等，是人类历史上第一个真正体现平等原则的和约”[2]；“和平条约规定：……当一个国家的犯人逃往对方领土的时候，后者应当把犯人引渡给前者”[3]等等。

国内赫梯学学者对赫梯国家引渡的关注更为具体。引渡是赫梯条约的组成部分之一，李政在《赫梯条约研究》一书中的许多章节述及此现象，并认为封侯条约中没有引渡逃犯的条款是因为“也许在赫梯国王看来封王所统治的地区和国家本身就是赫梯王国的一部分，这是本国内部的事情”[4]。

可以看出，由于目前国际法学界并不了解世界上古史研究领域的一些学科及其史料，关于古代社会的引渡问题给出的是一般性分析；国内历史学界对于这一问题的有限讨论集中于教材中的古代埃及史部分中《银板条约》的签订，更多的只是在列举条约的内容时说明其中含有引渡条款；国内赫梯学学者关于赫梯条约的研究涉及部分条约中没有引渡条款的原因。国内学者目前对于赫梯国家的引渡问题尚无专门讨论。

相对而言，国外学者对于包括赫梯学和埃及学在内的古代东方学的许多领域研究更为深入，在赫梯国家引渡问题的研究方面亦已取得一定成果。

科恩（Yoram Cohen）以数份（组）不同时期的条约或书信文献为例，在广泛利用其他学者研究成果的基础上，分析了赫梯国家引渡发生和演变的原因、可被引渡人员的身份、被成功引渡的人的命运、引渡与赫梯国家的对外政策等问题。他认为赫梯国家引渡产生的原因与古代近

[1] 周启迪 2006：72。
[2] 颜海英 2004：88。
[3] 黄洋 2005：63。与此类似的还有令狐若明 2007：95。
[4] 李政 2006a：123。

东其他地区的情况类似，是出于缉拿逃亡奴隶和政治犯的需要；引渡的规定发生变化与赫梯国家疆域的扩大、国际交往形势的发展有关；可被引渡的人员包括奴隶、工匠、平民和贵族；在与附属国签订的条约中，引渡的规定是单方面有利于赫梯的，但在与平等国签订的条约中，引渡条款是互惠对等的；被引渡人员不得处以死刑；在对等国家间有“禁止敌意”的原则，基于此，必须满足对方的引渡要求[1]。

布赖斯（Trevor Bryce）指出，赫梯国王们极为重视关于政治流亡者的事宜，他们时常面对的局势是持不同政见者从赫梯国家逃亡后，寻求他国的政治庇护，这些被请求国一般不在赫梯国王的控制之下，逃亡者请求当地的统治者允许其在那里定居。在这种情况下，赫梯国王经常直接、强硬地要求引渡流亡者，一旦当地统治者拒绝，赫梯将诉诸武力以达到目的[2]。

利维拉尼（Mario Liverani）从上古近东国际关系的视角出发，分析了引渡出现的原因，认为引渡一般有重要的经济目的和政治目的。来自国外的逃亡者如果有经济上的利用价值，可以带来资源，则通常格外受到逃亡对象国的欢迎。但在一个多极政治的世界里，一些妥协是必要的，因为每个国家都希望接收逃亡者而不愿将这些人赶到邻国以致失去他们。从纯粹统计学的意义上讲，在一个较长的历史时期内，“得”（提供避难的国家所获得的流亡者）与“失”（从避难国离开的逃亡者）是大致平衡的。双向拒绝接纳流亡者的协议意味着国家在社会—政治控制上没有真正的“失去”和明显的“获得”。根据利益优先的原则，强国一般不乐意承担主动引渡的义务，在签订引渡协议时根据需要执行双重标准。利维拉尼还指出，被引渡人由于身份地位的不同，命运也有区别，其命运的决定权在其所有者手中，根据所有者利益的需要而定。另外，他认为《银板条约》中没有提及对乌尔黑-泰苏普（Urhi-Tesub）的

[1] Cohen 2002:97—130.
[2] Bryce 1998:52—53.

引渡正是哈吐什里三世的本意[1]。

拉肯巴赫（Sylvie Lackenbacher）认为，乌伽里特国王没有选择同盟的自由，亦没有处置臣属和乌伽里特境内国外逃亡者的自由[2]。言外之意是，作为附属国，乌伽里特境内的逃亡者的处置问题，比如是否引渡，是由其宗主国赫梯决定的。但辛格（Itamar Singer）根据乌伽里特与赫梯之间的条约指出，在赫梯国王苏皮鲁流马（一世）时代，很可能赫梯满足于从乌伽里特获取数额庞大的岁贡，因而得以让乌伽里特拥有自由处置从邻近地区逃亡而来的亡命者的权利[3]。

威斯布鲁克（Raymond Westbrook）以《银板条约》为例，认为在包括阿玛尔那时代在内的青铜时代晚期的古代近东，大国之间除非有条约约定，否则相互之间并无引渡义务。另外，在宗主国与附属国的引渡问题上，前者不承担向后者引渡的义务，但赫梯在这一方面在有些情况下向附属国做出了有限的让步[4]。埃尔加维什（David Elgavish）同样讨论了赫梯国家两类引渡情况的不同，并把《圣经》中的引渡现象同样纳入讨论，将其与古代赫梯和两河流域的情况进行对照，研究对不同身份的逃亡者的引渡现象[5]。

更多的学者则只是在叙述赫梯和古代近东历史时涉及赫梯国家的引渡规定，对此并无分析[6]。

从对赫梯国家引渡问题研究史的回顾来看，在很多方面仍有继续讨论的必要。

关于赫梯引渡的起始时间，除个别学者采用模糊的提法（如“三千年前”）之外，国内历史学界、国际法学界一般认为，引渡的记载最早出现于赫梯与埃及之间签订的《银板条约》[7]。然而，科恩认为，在现

---

[1] Liverani 2001：66—70.
[2] Lackenbacher 2000：194.
[3] Singer 1999：635.
[4] Westbrook 2000：36.
[5] 参见 Elgavish 2003。
[6] 如 Faulkner 1975：229；Van De Mieroop 2004：130 等。
[7] 也有学者认为最早的引渡起源于中世纪，如聂国梅 2004：12。

存最早的赫梯语文献——《基祖瓦特那条约》中，已包含关于逃犯引渡的国际规则，但他没有给出具体分析。笔者认同这一看法，《基祖瓦特那条约》中关于人员遣返的规定应当属于引渡条款。因此，世界上现存最早引渡的记载至少应追溯至赫梯中王国前期（公元前 15 世纪初），而不是签订《银板条约》的新王国中后期（公元前 13 世纪中叶）。

在引渡产生的原因方面，国内学者没有深入讨论，国外学者的观点则基本一致，认为在古代近东，奴隶逃亡的现实是导致引渡条款出台最重要的原因。笔者认为这种分析可能过于简单，赫梯文献中奴隶逃亡的记载与引渡产生之间并无直接、必然的联系，适用于古代近东其他地区引渡产生的原因也未必完全适用于赫梯国家的情况，应当根据现存文献，具体分析赫梯国家引渡产生的原因。

在引渡的演变方面，科恩简略地进行了分时段分析，并指出了演变的原因。但他的目的是分析“*natta āra*”（“……是不被允许的”）这一表达法的使用情况，主旨不在于分析引渡，且使用的文献只有少数条约与书信，没有训文、年代记等文献的佐证，因此，无论是在分析的深入程度还是在所使用材料的种类与数量方面，对于赫梯国家引渡的演变及其原因，均有进一步展开讨论的必要。

赫梯国家的引渡是一个复杂的历史现象，这种复杂性在引渡协议的种类、引渡对象的身份、引渡纠纷的结果、引渡的性质等方面均有体现，但学术界目前只在古代引渡的性质方面有一般性的讨论，认为古代世界的引渡均是国家间出于利益考虑的合作，是统治者手中的政治工具，是国家间的政治协助。但根据现存文献可初步判断，即使是早期的引渡活动，也不应当被想当然地过分简单化认识。通过对赫梯国家引渡规定和实践的各个方面的进一步考察，目前应当对关于这一问题的理解予以补充，并将其作为赫梯国家引渡复杂性的一个方面加以认识。

文明史的演进一般兼具动态嬗变与相对平稳发展的双重特点，这种特点是具体体现在每一种历史现象之中的，一定历史时期的历史现象往往是其所属文明史特定阶段的缩影。具体到赫梯国家来说，随着历史阶段的不断变化，引渡的内容与形式在赫梯史的不同阶段一般有明显的发展，而在每一段相对平稳的历史时期之内，“引渡”一般不会有大幅度的变动。全面研究引渡的起源与演变过程有助于从一个角度认识赫梯文明从古王国至中王国、帝国在政治、经济等层面发展过程的动态连续性。进一步讲，在赫梯国家延续数个世纪之久的历史上，引渡活动始终不同程度地存在，因此，这一有具体、长期规定的国家行为，这一处理对外关系机制的组成部分，是否已经可以在某种程度上视为赫梯国家的“引渡制度”？ 这是值得关注的问题。

关于引渡与赫梯国家的对外关系问题，国内外学者均给予充分重视。国内学者认为它反映了古代近东世界日益密切的国际交往，而国外学者更多地从赫梯与两类不同的国家（平等国和附属国）分别制定不同的引渡条款来分析两种不同的国与国间的关系。笔者认为，应当充分认识到赫梯国家的引渡在古代近东国际关系发展方面的积极作用，这种作用体现在促进引渡活动的规范化和普遍使用这种手段推进对外交往等方面。作为对照，在赫梯文明诞生之前，古代近东尤其是两河流域已经经历了诸如苏美尔城邦时代这样各独立邦国密切交往的阶段，引渡现象实则拥有更为久远的历史背景。在青铜时代晚期，引渡现象也不会只存在于赫梯和有关国家之间，同时代赫梯以外的其他各国之间，也必然有类似现象。将相关材料合并整理，把赫梯国家的引渡置于更广阔的时空背景中考察，将其与其他区域的类似现象进行纵向和横向的时空对比，不仅可以丰富国际法领域对于早期文明引渡现象的认识，对于研究赫梯政治史、外交史和古代近东国际关系史等诸多领域均有重要意义。

数十年来，古代近东国际关系领域相关原始文献的译注和汇编相继整理和出版[1]，为此问题提供了史料方面的支持，现阶段已经具备对这一问题进行更为深入、系统研究的可行性。

---

[1] 较为有代表性的史料集如 Hallo and Younger：1997—2017；Bryce 2003；Kitchen and Lawrence 2012。

第一章

赫梯文献中关于引渡现象的记载

第一节　引渡与逃亡者相关术语

一、关于引渡的术语

在赫梯文献中，“引渡”有两种表达方式，均由动词 pai-（本义为“给”“交付”）加前动词构成。一是 pai-加前动词 āppa（表“返回”），构成 āppa pai-，这一短语在不同的上下文背景中可以表示“归还”或“委托”，当其用于条约和其他外交背景的文献，且意为人与物的“归还”时，可以表示“引渡”。第二种表达方式是 pai-加前动词 parā（表“向前”），构成 parā pai-，这一词组除了有普通的“归还”“交付”的含义外，也有“归还、引渡逃亡者和罪犯”的含义。换言之，赫梯语中没有一个专门的表示引渡的术语。在外交背景的文献中，当需要表示“引渡”的含义时，赫梯人借用了表示“归还”之义的词组。

1. parā pai-

在芝加哥赫梯语词典（CHD）中，给出了赫梯语“引渡”的表达方式，即 pai-加前动词 parā（表示“向前”），构成 parā pai-。这一词组除了具有普通的“归还”“交付”含义之外，也有“归还、引渡逃亡者和罪犯”的含义（CHD，Vol. P:41），通常在两种情况下使用：

(1) 附属国向赫梯引渡

这类引渡纠纷和规定是赫梯文献的引渡记载中比较常见的类型，中王国时期已有记载。随着苏皮鲁流马一世（约公元前 1345—前 1320 年）的即位，赫梯进入了帝国时期，国力日盛，控制的区域不断向周边扩展。在赫梯国家核心区域的周边地区，阿尔扎瓦地区、米坦尼东部、叙利亚北部地区诸邦和阿拉什亚均逐渐成为赫梯新的附属国。随着一系列不平等条约的签订，这些国家一般应当单方面向赫梯国王履行包括引渡逃亡者在内的各项臣属义务。

穆尔什里二世的年代记[1]记载了他西征的业绩。在苏皮鲁流马一世西征阿尔扎瓦地区之后，新王穆尔什里二世投入了大量精力对这一地区再次征伐。征服战争告一段落之后，“为了削弱阿尔扎瓦作为一个整体国家的力量，他将这一地区分割成几块较小的区域，包括哈帕拉、米拉-库瓦里亚、塞哈河-阿帕维亚、维鲁沙和残存的阿尔扎瓦国，与每一区域的统治者分别签订相似的附属国条约”，实行“分而治之”的统治策略[2]。在这些条约中，关于逃犯的引渡是重要内容。例如，在与哈帕拉国塔尔伽什那里的条约（CTH 67）中，穆尔什里二世这样要求塔尔伽什那里：

> （如果一个逃犯从赫梯逃亡）
>
> n = an šarā dā n = an = mu **parā pa-a-i**[3]
>
> “抓住他并将他引渡给我！
>
> （如果……一个贵族作为逃犯从哈帕拉逃至赫梯，我将不把他引渡给你）”。（KBo 5.4 正面 36）

[1] 即赫梯大王穆尔什里二世的《十年记》（CTH 70）。

[2] 布赖斯（Bryce，1998:52）指出，赫梯与众多附属国签订条约的主要目的之一就是分而治之。

[3] 关于本章中的拉丁转写，说明如下：赫梯语用小写正体表示，苏美尔语用大写正体表示，阿卡德语用大写斜体表示。

(2) 赫梯向附属国引渡

赫梯与其附属国之间的关系是不平等的，赫梯作为宗主国，为了最大限度地维护自身利益并控制附属国，一般不主动承担向附属国引渡逃亡者的义务；但在某些情况下，赫梯也准予向附属国引渡特定身份的逃亡者。例如，穆瓦塔里二世在位时期，赫梯国力强大而稳定，他与安纳托利亚半岛西部维鲁沙的统治者阿拉克桑杜所签订条约（CTH 76）中的引渡条款与其他附属国条约中的引渡条款大体相同：维鲁沙必须向赫梯引渡逃犯，但穆瓦塔里二世只承诺在如下情况下手工业者将被引渡回维鲁沙：

（如果某个手工艺人在没有完成分配的工作的情况下逃亡，他将被抓获）

n = an = ta **parā pí-ia-an-zi**

“并且，他们将把他引渡给你”。(KUB 21.1 iii 67)(CHD, Vol. P:53—54)

2. āppa pai-

在赫梯语中，动词 pai-加前动词 āppa（表示“返回”），构成 āppa pai-短语，含义为“归还”或“委托”（CHD，Vol. P:41）。但是，根据上文对于赫梯国家“引渡”概念的界定，我们发现，当这一短语用于条约和其他外交背景的文献，且意为“人与物的归还”时，有“引渡”的含义，通常在五种情况下使用：

(1) 赫梯向附属国引渡

中王国时期，安纳托利亚半岛北部的卡什卡部落对赫梯形成巨大威胁。这些部落缺乏统一的中央组织机构，因此，尽管他们很容易在战场上被打败，但不太可能被彻底征服（Beal，2000:82）。直到帝国时期的穆尔什里二世时期，他们仍然是赫梯极为棘手的敌人。阿尔努旺达一世在位期间，为了稳定北部边疆局势，在赫梯与卡什卡部落的战争中占据优势之后，与其签订赫梯占据主导地位的附属国条约（赫梯国王阿尔努旺达一世与卡什卡人的条约，CTH 138），其中有引渡方面的规定：

（如果某人带着他的主人或同伴的工具来到赫梯）

nu *UNŪTE*^{MEŠ} **EGIR-pa pí-i-ú-e-ni** pitteandann = a = šmaš **EGIR-pa** *UL* **pí-i-ú-e-ni**

“我们将把工具还给你们，但是，我们将不归还逃亡者”。（KUB 23.77：56）

另外，在上文已涉及的赫梯国王穆尔什里二世与安纳托利亚西部地区哈帕拉国王塔尔伽什那里的条约中有这样的例子：

（如果……某个自由人以逃亡者的身份来到赫梯）

n = an = ta **EGIR-pa** *UL* **pé-eh-hi** *IŠTU* KUR [URU]KÙ.BABBAR-ti [LÚ]*MUNNABTUM* **EGIR-pa pí-ia-an-na** *UL* āra

“我将不把他归还给你。从赫梯引渡逃亡者是不被允许的。”

（但是，如果一个农夫或工匠逃至赫梯）

n = an = ta **EGIR-pa pé-eh-hi**

“我将把他归还给你”。（KBo 5.4 正面 38—40）

(2) 附属国向附属国引渡

一般来说，为了贯彻分而治之的附属国统治策略，赫梯国家并不倾向于支持附属国之间的合作，因此，附属国之间的引渡记载也极为稀少。赫梯国王穆瓦塔里二世与维鲁沙国阿拉克桑杜的条约所记载的情况即是一例。在这篇条约中，和一般性的引渡规定不同的是，在涉及同为赫梯附属国国王的库潘达-库伦达时，穆瓦塔里二世要求阿拉克桑杜向其提供引渡援助：

（如果库潘达-库伦达的叛军中的某个臣民反叛库潘达-库伦达，并且他来到你这里，抓住他）

n = an *ANA* ᵐKupanta-ᵈLAMMA-ya **EGIR-pa pa-a-i**

“把他交还给库潘达-库伦达！”（KUB 21.5 iii 58）

(3) 附属国与中立国家之间的引渡

中王国时期，赫梯已在很多方面对附属国加以控制，当引渡涉及逃亡者从附属国逃至赫梯和附属国之外且与二者并无冲突的第三方政治实体时，逃亡者应被送至赫梯，而不是引渡回附属国。例如，同样在阿尔努旺达一世与卡什卡人的条约（CTH 138）中，有如下规定：

（如果一个人以逃亡的方式从卡什卡离开，来到一个友好的城，你必须使他回到通往哈吐沙的路上！你不许抓捕他）

n = an **EGIR-pa** *INA* KUR ᵁᴿᵁQasqa **pa-it-ti**

“（也不许）将他送回卡什卡”。（KUB 23.77：63—64）

(4) 独立国家之间的引渡

古王国末期和中王国时期，赫梯与他国的引渡规定大多为独立国家之间平等的双向引渡，出现这种情况很可能是由于赫梯当时国力仍然相对较弱，在对外交往中不得不采取守势。例如：在赫梯语文本的图塔里亚二世与基祖瓦特那国苏那苏拉的条约（CTH 41.2 + 131）中，有这样的条款：

（如果一名逃犯从赫梯进入基祖瓦特那，苏那苏拉要抓住他）

n = an *ANA* ᵈUTU-*ŠI* **āppa pa-a-ú**

“让他（苏那苏拉）把他（逃亡者）交还给他的主（赫梯国王）”。（KUB 8.81 ii 12—13）

帝国时期，在穆尔什里二世的《十年记》中，这位国王在陈述他向敌国宣战的理由时指出：

(敌国国王轻视我)

nu = mu ÌR.MEŠ **EGIR-pa** *UL* **pí-i-e-er**

“他们没有向我归还我的臣民”。(KUB 19.29 iv 22)

同样是这篇年代记，在第七年的记录中，穆尔什里二世引用了卡什卡国王皮胡尼亚给他的回信和双方对于移民引渡问题交涉的结果：

(皮胡尼亚回信给我)

UL = wa = tta kuitki **EGIR-pa pé-eh-hi**……nu = mu ÌR.MEŠ = *YA* **EGIR-pa** *UL* **pí-iš-ta**

“‘我不会交还给你任何东西’……他没有引渡我的臣民”。(KBo 3.4 iii 80,84—85)

(5) 附属国向赫梯引渡

在阿尔努旺达一世统治时期，赫梯对安纳托利亚半岛西部阿尔扎瓦地区展开了一系列征服战争，玛都瓦塔文献表明征服战争进行得并不顺利。在这篇文献[1]中，阿尔努旺达一世回顾了其先王图塔里亚一世/二世曾令玛都瓦塔立下引渡誓言，玛都瓦塔承诺将向赫梯引渡各种身份的逃亡者、敌国信使和敌视国王与王子的人。另外，赫梯国王还特别提到在引渡“我主的猎人”尼瓦拉一事中，玛都瓦塔阻挠国王的特使穆利亚拉执行引渡任务的情况。但无论如何，玛都瓦塔最终以这种方式向赫梯国王表示忠诚：

[1] 即赫梯国王阿尔努旺达一世对玛都瓦塔的指控（CTH 147）。这篇文献曾被认为成文于约公元前 13 世纪，现在被认为属于公元前 15 世纪晚期。相关讨论参见 Otten，1969；Heinhold-Krahmer，1977:260—275；转引自 Beckman，1999:153。

（如果他的主现在确实要求索回被俘的阿拉什亚人）

nu = war = an = ši **āppa pé-eh-hi**

“我将把他们引渡给他”。（KUB 14.1 背面 89）

另外，在穆尔什里二世的《十年记》中，有这样的记载：

（阿兹人说：“‘赫梯的俘虏在这里’”）

nu = war = an parā pí-i-ia-u-e-ni nu = mu NAM.RA ^{URU}Hatti 1 *LIM* NAM.RA **EGIR-pa pí-i-e-er**

“‘我们将派出他们’。他们将赫梯的囚犯交还给了我，有一千人”。（KBo 4.4 iv 48—49）

在赫梯国王穆尔什里二世与阿穆鲁国杜比-泰苏普的条约（CTH 62）中，穆尔什里二世这样要求杜比-泰苏普：

（如果一个平民俘虏逃向你，你没有抓住他）

n = an *ANA* LUGAL KUR ^{URU}Hatti **EGIR-pa** *UL* **pé-eš-ti**

“你没有将他引渡给赫梯国王”，（你将违背誓言）。（KBo 5.9 ii 41—42）

此外，在赫梯国王穆尔什里二世关于叙利亚争端的裁决（CTH 63）中，穆尔什里二世追溯了苏皮鲁流马一世在位时《阿兹鲁条约》关于平民俘虏的规定：

（如果我主兵临某敌国，你要抓住该敌国的居民）

nu = war = aš parā pa-a-i kinuna mān apūš NAM.RA.MEŠ^{m} Aziras *ANA* ^{d}UTU-*ŠI* **EGIR-pa** *UL* **pa-iš**

“并将他们交回。即使阿兹鲁现在没有把那些平民俘虏引渡给

我主（……我主将亲自带走他们）”。（KBo 3.3 iii 19—22）

综上，从目前掌握的赫梯文献来看，赫梯人不仅使用 parā pai-表示“引渡”的含义，也在不同的历史时期使用 āppa pai-表示“引渡”，而 parā pai-则可能晚至帝国时期才出现；文献中对不同的引渡对象（贵族、自由人、手工艺人、逃犯等）所使用的表示“引渡”含义的术语并无特定规律；帝国时期，āppa pai-和 parā pai-有时会在同一篇文献中交错使用。换言之，赫梯语中表示引渡的术语是在外交背景的文献中，由表示“归还”之义的词组来充当的。

二、关于“逃亡者”的术语

正是因为有了逃亡者在国家之间逃亡，引渡才应运而生，因此，引渡与“逃亡”及逃亡者密切相关。在赫梯文献中，“逃亡者”这一术语一般有赫梯语和阿卡德语的两种表达方式，分别是(LÚ) pitteyant-和 LÚ *MUN*(*N*) *ABTU*（RlA, Vol.3：88）。(LÚ) pitteyant-是由动词 piddai-（逃亡）的变化形式（pittiya/e-，pitte-）得来，而动词 piddai-在词源上则可能与名词 pēd-，pōd-（脚）和动词 pádyate（倒下）有关（Tischler，2001：625）。此外，LÚhuyant-是(LÚ)pitteyant-的近义词（CHD，Vol. P：363），二者均可指流亡者、逃亡者、逃难者。

赫梯语中用(LÚ)pitteyant-来表示“逃亡者”，例如，中王国时期关于帕胡瓦的米塔的指控和与几个安纳托利亚政治组织长老的条约（CTH 146）中有这样的规定：

> LÚ**huyanzašš** = a = šmaš LÚ **pít-te-ia-an-za-aš-**ša kuiš anda iyatt?ari
>
> “任何逃亡并进入了你的国家的逃难者或流亡者，（无论他是自由人或一个男奴或女奴，抓住他并将他引渡给我主，你不得把他卖给敌国或任何其他国家）”。（KUB 23.72 背面 56—57）

另外，当阿尔努旺达一世在对玛都瓦塔的指控中追溯图塔里亚一世/二世与玛都瓦塔签订的条约时，他指出当年图塔里亚一世/二世这样约束玛都瓦塔：

LÚ**pít-te-ia-an-ta-aš**-wa-at-ta uttar *ŠAPAL NĪŠ* DINGIR-*LIM* kiššan kittat kuiš = wa = ta = kkan *ŠA* KUR URUHatti ... uiškittari

“关于逃亡者的事这样为你置于誓言下：无论赫梯的任何（逃亡者）投奔你，（将他交还给他的主的父亲）”。（KUB 14.1 背面 63）

中王国时期，赫梯语文本的图塔里亚一世/二世和基祖瓦特那国王苏那苏拉的条约中有这样的条款：

mān = ašta LÚ**pít-te-an-za** URUHattusaz URUKizzuatni paizzi mSunassuras = an ēptu n = an *ANA* dUTU-*ŠI* āppa pāu mān LÚ**pít-te-an-ta-an**-ma kuiški munnaizzi

“如果一个逃亡者从哈吐沙逃向基祖瓦特那，苏那苏拉必须逮捕他并将他交还给他的主。但是如果某人隐藏了一个逃亡者，（且他们在藏匿者的房屋里发现了逃亡者……）”。（KUB 8.81 ii 11—14）

在阿尔努旺达一世与卡什卡人的条约（CTH 138）中也有“逃亡者”的赫梯语形式：

mān *IŠTU* KUR URUHatti **pít-te-ia-an-za** *INA* KUR URUKasga takšulaš URU-ya uizzi

“如果一个逃亡者从赫梯逃至卡什卡，进入一个友好城市。（如果他是一个奴隶，并携带了他主人的财产，或者如果他是一个小市民，带走了他同伴的财产，你要把财产交回，但逃亡者归你所有）”。（KUB 23.77：52）

“逃亡者”的阿卡德语形式在中王国时期出现于阿卡德语文本的《苏那苏拉条约》（CTH 41.1）中，在帝国时期则出现较多，如穆尔什里二世与叙利亚中部阿穆鲁国杜比-泰苏普的条约：

> mān KUR-*TUM* kuitki našma ^{LÚ}***MU-UN-NA-AB-TUM*** šarā tīēzzi n = at *INA* KUR ^{URU}Hatti iyattari n = at = kan tuel KUR = *KA* ištarna arha uizzi
>
> “如果某国或一个逃亡者反叛，来到赫梯，并经过你的国家”。（KBo 5.9 iii 12—15）

同样在这篇条约文献中还有：

> namma = kan mān ^{LÚ}***MU-UN-NA-AB-TUM*** … uizzi n = an ēp
>
> “另外，如果一个逃亡者来到……抓住他”。（KBo 5.9 iii 30—31）

穆尔什里二世与哈帕拉国塔尔伽什那里的条约中有：

> *Š A*^{LÚ}***MU-NAB-TI*** = ma *Š APAL NĪŠ* DINGIR-*LIM QĀTAMMA* kittaru mān = kan ^{LÚ}***MU-NAB-TUM*** *IŠ TU* KUR ^{URU}Hatti ^{LÚ}**pít-ti-ia-an-ti-li** uizzi
>
> “但是，关于逃亡者的情况同样应被置于誓言之下：如果一个逃犯作为逃亡者从赫梯离开，（抓住并引渡他）”。（KBo 5.4 正面 35—36）

在这一例句中，出现了^{LÚ}píttiyantili 一词，这是^{LÚ}pitteyant-的副词形式（有时也写作^{LÚ}pitteyantili），意为“作为逃亡者”。当^{LÚ}píttiyantili 的限定符号“LÚ”去掉之后，此词意为“以逃亡的方式”，如在阿尔努旺达一世与卡什卡人的条约（CTH 138）中有这样的例子：

mān = kan *IŠ TU* KUR [URU]Kasga LÚ [URU]Hatti **pít-te-an-ti-li** uizzi

“如果一个赫梯人以逃亡的方式从卡什卡离开，（来到一个友好城市，你必须使他回到通往哈吐沙的路上！你不许抓捕他，不许将他送回卡什卡，或者将他卖到赫梯）”。（KUB 23.77：62）（CHD，Vol. P：362—363）

总之，根据赫梯条约等类型的文献的相关记载，可以重新界定赫梯国家的“引渡”大致是一种由国家出面交涉，遣返指定逃亡人员及其所携物品的行为。在这一前提下，赫梯语文献中表示引渡的术语有 āppa pai-和 parā pai-两种形式；表示作为引渡对象的“逃亡者”的术语有赫梯语和阿卡德语的两种形式，分别是[(LÚ)] pitteyant-和[LÚ]*MUN*(*N*) *ABTU*。明确赫梯国家的引渡概念和引渡相关的术语是系统研究赫梯国家引渡历史的基础。

第二节　条约文献中的引渡

一、中王国时期条约中的引渡

1. 赫梯国王塔胡尔瓦伊里与基祖瓦特那国埃海亚国王的条约（CTH 29，阿卡德语文本）

文献的出版：KBo 28.107—109，KBo 28.109 + KUB 3.13

文献的翻译：Otten 1971：66—67

§1 如果大王们的一个仆人（寻求）（他的）主，（进入基祖瓦特那国，大王派人要求送回逃犯，并且，这样说：“他追踪我，我将把他扣留”，如果这句话是真的，那么人们将把逃犯送回。）但是，如果逃犯否（认：“我没有追踪他”，这句话是骗人的，并且他们是）赫梯的可靠的人，正是这些人要求埃海亚国王向神灵们去发誓，并且他们已经在诸神灵的面前发誓，那么，人们将把逃犯送回。

§2 如果，但是，埃海亚的一个仆人(……)，派遣，他这样说道：……如果，但是，逃犯，……，基祖(瓦特那)的可靠的人……

2. 一位赫梯国王与基祖瓦特那国帕达提苏国王的条约（CTH 26，阿卡德语文本）

文献的出版：KUB 34.1＋KBo 28.105a＋105b

文献的翻译：Beckman 1999：12—13

§1 如果大王的一个臣民蓄谋反对他的主并进入基祖瓦特那国界，大王派人追寻逃犯，这样说："他反叛我。我派人将他带回！"——如果这指控(的情况)是真实的，逃犯必须送回。但如果逃犯拒绝，声称："我没有反抗他"——他的话是假的。无论赫梯人怎样可以信赖，帕达提苏可以要求起誓，(赫梯人)将对此起誓，逃犯必须送回。

§2 若帕达提苏的一个臣民蓄谋反对他的主并进入赫梯，帕达提苏派人追击逃犯，这样说："他反叛我。我将把他带回！"——如果这指控(的情况)是真实的，逃犯必须送回。但是，如果逃犯拒绝，声称："我自己没有反对他"——他的话是假的。无论基祖瓦特那国的人多么可以信赖，大王可以要求起誓，(基祖瓦特那国的人)将对此起誓，逃犯必须送回。

§5 如果大王的一个居民点的人，包括妇女、物品、大牛、小牛离走并进入基祖瓦特那国，帕达提苏必须抓住他们并交还给大王。如果帕达提苏的一个居民点的人，包括妇女、物品、大牛、小牛离走并进入赫梯，大王必须抓住他们并交还给帕达提苏。

§6 如果某个赫梯人错误地报告："一个居民点的人，包括妇女和物品离走并进入基祖瓦特那国"，但是，居民点人，包括它的妇女绝没有离开，如果的确在居民点有那些人在忙于放牧——那么，无论赫梯人多么可以信赖，帕达提苏可以要求起誓，(赫梯人)将对此立誓，妇女必须送回。如果基祖瓦特那国的某人错误地报告:“一个定居点的人,包括妇女和物品已经离开并进入赫梯”,但是,该居民点的人,包括妇女绝没有离开,如果的确那些人在定居点忙于放牧——那么,无论基祖瓦特那国的人多么可以信赖,大王可以要求起誓,(基祖瓦特那人)将对此起誓,妇女必须送回。

3. 赫梯国王与胡哈查尔玛的条约 (CTH 28)

文献的出版：KBo 16.47

文献的翻译：Otten 1967:55—62

第 19—20 行:赫梯国的一个居民逃到你的国家,把他送回来。如果你让他进入你的国家或者(……),你违背了(……),并且誓言(……但是,对于誓言,哈吐沙是纯粹的)。

4.1　赫梯国王图塔里亚二世与基祖瓦特那国苏那苏拉的条约 (CTH 41.1，阿卡德语文本)

文献的出版：A. KBo 1.5，B. KUB 3.4，C. KBo 28.106，D. KBo 28.75，无法归类残片：KBo 19.40

文献的翻译：Luckenbill 1921：180—187；Weidner 1923:88—111；Beckman 1999:18—25

§3 当伊苏瓦国的人们,我主的(臣民)敌视我主,我,我主与他们(战斗)。我制服了伊苏瓦国,(伊苏瓦人)在我主的面前逃脱。他们逃向胡里国。我,我主致信胡里国统治者:“把我的臣民还给我!”但是,胡里国统治者这样回信:“不!”

§4 ……现在,最终,牛选择了它们的牛圈。他们一定会回到我的国家。

§5 胡里国的(统治者)没有把我的臣民还给我,而是派遣了他的步兵和骑兵。当我主不在的时候他们洗劫了伊苏瓦国家，他们把抓获的平民俘虏、牛和羊带到胡里国……

§6 胡里国的统治者违背了誓言，因此，我，我主这样致信胡里国统治者："如果某国试图脱离你、寻求自由且求助于赫梯，那么，这件事情会怎么样呢？"胡里国的统治者这样回答我："完全一样！"

§7 现在，基祖瓦特那国的人们是赫梯的牛并选择了他们的牛圈。他们使自己摆脱了胡里国的统治者并投向我主……

§8 ……我，我主现在使基祖瓦特那国的人获得了自由。

§13 如果某人反叛对抗他的主，(他活捉了他)，他的主将做他高兴的事……

§14 (如果赫梯人)抓获了(这个敌人，他们将杀死他。如果)他们把他交给苏那苏拉监管，他必须杀死他。……(如果赫梯人没有杀死那个敌人，或者没有把)他(交给苏那苏拉监管，以至于他能够杀死他)，苏那苏拉(可以)尽其可能敌视对抗(赫梯)。

§15 如果某人(反叛)对抗苏那苏拉，并且他(苏那苏拉)抓获了他，苏那苏拉将(做)他高兴的事。……

§16 基祖瓦特那国的人们抓获了这个敌人，他们将杀死他。如果他们把他交给他的主(赫梯国王)，他必须杀死他……

§17 ……如果基祖瓦特那(国)的人们没有杀死那个敌人或者没有把他交给他的主(赫梯国王)，以至于他能够杀死他，他的主一定尽其可能地敌对基祖瓦特那国。

§54 我以后将不再把胡里国的任何已移交给苏那苏拉所拥有的人或物归还给胡里国的国王——既(没有)商人也没有乌鲁沙城的人口。(如果)以后胡里国的统治者非常礼貌地要求他们，我，我主将不同意。……

4.2 赫梯国王图塔里亚二世与基祖瓦特那国苏那苏拉的条约（赫梯语文本）

文献的出版：A. (CTH 41.2) KUB 8.81 + KBo 19.39，B. (CTH 131) KUB 36.127

文献的翻译：Beckman 1999:25—26

§1 如果他(不……)他，并将他带至他的主。

§2 如果他自己从另一国进入基祖瓦特那国，苏那苏拉必须抓住他，并把他送还给他的主。

§3 对苏那苏拉制定的条款是一样的。

§5 如果一名逃犯从赫梯进入基祖瓦特那，苏那苏拉要抓住他并归还他的主。但是如果某一个人藏匿一个逃犯，他在某人的房间里被发现，他必须赔偿 12 名非自由人。如果他不能提供 12 个非自由人，他自己将被杀死。如果一名奴隶藏匿一名逃犯。如果他的主人不代表他对此赔偿——不支付 12 个非自由人——

§6 如果他的主人不对此赔偿，他必须丧失对奴隶的拥有权。

§7 对苏那苏拉制定的条款是一样的。

§8 如果一个逃犯从赫梯逃到另一个国家，又从另一个国家来到基祖瓦特那，苏那苏拉必须抓住他，并交还给他的主。

§9 对苏那苏拉制定的条款是一样的。

§10 如果一个逃犯从另一国来到……

5. 赫梯国王阿尔努旺达一世与伊什麦里卡统治者的条约 (CTH 133，赫梯语文本)

文献的出版：KUB 26.41 (+) KUB 23.68 + ABoT 58

文献的翻译：Beckman 1999:14—17

§5 ……没有人可以(自作主张向另一个国家)发出消息。(如果一个信使从他国到你们那里)，你们不许藏匿他，抓住他并(将他遣送我主)。

§7 如果(一个逃犯)从一个邻国(投靠你),(那)逃犯——他或是某人的姻亲,或是某人的父亲(或母亲,或某人的兄弟,或)某人的(姐妹)——另外,(如果)他是来逃难的,那么他将(……),但是,没有人可以把他(作为奴隶)据为己有。

§8 你们在逃犯的面前不应诋毁赫梯,而是(你们要)向他们(赞美)它。……

6. 赫梯国王阿尔努旺达一世与卡什卡人的条约 (CTH 137, 赫梯语文本)

文献的出版:KBo 16.27

文献的翻译:von Schuler 1965:134—138

§26 (……) 伊什吐米什塔城,逃难者,他这样确立在誓言下,(……)从(……)以逃难的方式到哈(吐沙),我主与你(……),我将把(……)给你,(……)我将把(……)给你……

7. 赫梯国王阿尔努旺达一世与卡什卡人的条约 (CTH 138, 赫梯语文本)

文献的出版:1. KUB 23.77a + KUB 13.27 + KUB 23.77 + KUB 26.40, 2. KUB 31.105

文献的翻译:von Schuler 1965:117—124

§23 (如果)触怒了(他的主),并且逃亡到卡什卡,如果他来到你的某一个友好的城市,你们要抓住他,(并且把他交出来!)你们不应这样对他说:"我们尽管在誓言下,去! 无论哪个城市,我们支持的正是你。"你们应把那个人交回。

§24 (如果)一个逃亡者(从赫梯)来到卡什卡国的一个友好城市,(如果他是一个奴隶),并带了他的主人的财产,或者(如果)他是一个小市民，带走了他的同伴的财产，你要把财产(交)回，但逃亡者归你所有。如果某人从这个友好的城市来到赫梯，(如果)他是一个奴隶，并且带走了他的主人的工具，或者他是一个自由人，(带走)了他的同伴的工具，(我们将)把工具还给(你们)，但是，我们将不归还逃亡者。

§25 在哈吐沙的你们的人质，如果某个人逃跑了，并且回去了，你们不许藏匿他，你们要把他交回。

§26 另一方面，如果一个逃亡者从哈吐沙来，他到了一个友好的城市，或者(如果)一个友人在边界内发现了那个人，并且抓住了他，如果你们不交还给哈吐沙，并把他送到敌国，(那么)整个城将要为罪恶而抓获一个人。

§27 如果一个赫梯人以逃亡的方式从卡什卡离开，来到一个友好城市，你必须使他回到通往哈吐沙的路上！你不许抓捕他，不许将他送回卡什卡，或者将他卖到赫梯。

§30 (如果某人)作为逃亡者来(到)赫梯，从哈吐沙，他们作为逃亡者去了卡什卡(国)，你们不应当从哈吐沙带到你们的国家，到了哈吐沙的逃亡者，人们不应要求遣返到卡什卡。

8. 赫梯国王与卡什卡人的条约 (CTH 139，赫梯语文本)

文献的出版：A. KBo 8.35，B. KUB 40.36，C. KBo 16.29，D. 222/w，E. Bo 5899

文献的翻译：von Schuler 1965:109—112

§17 (如果哈吐)沙的一个(逃亡)者来了，谁(……)他(……)x，我主(……)，他离开(……)某人(……)他，他发誓(……)x。

9. 赫梯国王与卡什卡人的条约 (CTH 140，赫梯语文本)

文献的出版：1. KUB 26.19，2. A. KUB 26.20 + KBo 22.132，B. KUB 40.14，3. KUB 40.21，4. KBo 16.44，5. KUB 40.68，6. KUB 40.31，

7. KUB 40.7，8. KBo 22.20

文献的翻译：von Schuler 1965:130—132

§2（如果……作为逃）亡者来了，（……），一个卡什卡人（……），（作为逃亡）者而来，（……）赫梯，（……）x，他将出一个价格（……）。

§3（……）他来，（如果……）来，（……）你们把工具交回！（……）一个同盟者进入赫梯，（……）赫梯，（……）x

10. 赫梯国王与吐尼颇国拉布的条约（CTH 135，阿卡德语文本）

文献的出版：KBo 19.59 + KUB 3.16（+）KUB 3.21

文献的翻译：Weidner 1923:136—146

残片 KUB 3.16 正面第 19—28 行涉及拉布一方不应向赫梯国王隐瞒恶言和藏匿到该国的逃犯等义务；赫梯国王将不藏匿逃犯，并且将要抓住逃犯。

二、帝国时期条约中的引渡

11. 赫梯国王苏皮鲁流马一世与哈亚沙国胡卡那的条约（CTH 42，赫梯语文本）

文献的出版：A. KBo 5.3 + KBo 19.43 + KUB 26.38 + KBo 5.12 + KBo 19.43a + KUB 40.35，B. KBo 19.44 + KUB 23.73 + KBo 19.44a + KUB 19.24 + KUB 26.37 + KUB 23.74 + KBo 19.44b + KUB 14.6 + KBo 22.40

文献的翻译：Friedrich 1930:103—163，172—175；Beckman 1999:26—34

§29 ……移交跑到哈亚沙的赫梯平民俘虏。归还赫梯的边境地区。

§30 你，胡卡那，无论谁不交出赫梯的平民俘虏，而把他们藏匿在你的边境，你抓住他，与他争论，并说："你为什么不把他们交回去?"让他对你发怒。（以下残缺）

12. 赫梯国王苏皮鲁流马一世与乌伽里特尼克玛都二世的条约（CTH 46，阿卡德语文本）

文献的出版：A. RS 17.340，B. RS 17.369A

文献的翻译：von Schuler 1983:131—132；Beckman 1999:34—36

§3 现在，苏皮鲁流马，大王，赫梯国王，与尼克玛都，乌伽里特国王签订下面的条约，说：如果将来努哈赛或者穆基什，或者其他国家的逃犯离开那些国家，进入乌伽里特，并且臣服于乌伽里特国王，那么，永远没有其他国家的国王能从尼克玛都、乌伽里特国王的控制下夺走他们，也不能从他的儿子们或孙子们处夺走他们。我主，大王就此制定条约。

13. 赫梯国王苏皮鲁流马一世与阿穆鲁国阿兹鲁的条约（CTH 49）

文献的出版：赫梯语文本：KBo 10.12（+）13（+）12a；阿卡德语文本：A. KUB 3.7 + 122 + KUB 4.94，B. KUB 3.19 + KUB 48.71，C. KBo 28.140，D. Bo 9200，E. KBo 28.118，F. Bo 9201

文献的翻译：Weidner 1923:70—75，146—149（阿卡德语文本）；Götze 1969:529—530；Beckman 1999:36—41；Singer 2000:93—95

§5 如果赫梯的步兵和骑兵(……，那么……)将(不)抓获赫梯的一个人。如果你不欣然(……)他，(不)把他送回给赫梯国王，你将违背誓言。

§8 他的主无论获得哪个国家的什么平民俘虏——胡里国平民俘虏、基查国平民俘虏、尼雅国平民俘虏或者努哈赛平民俘虏——如果他们中间(某一个)男人或者女人从赫梯逃跑并进入你的国家,你不能这样想:"(尽管我)受制于条约并发誓,我对此什么也不想知道。他们将(……)在我的国家。"(你),阿兹鲁,必须抓住(他们),把(他们)送交给赫梯(国王)。

§9 如果某人在你,阿兹鲁面前讲起对我主作恶,无论他是一个(赫梯人),还是你自己的臣民,你,(阿兹鲁)不抓住他,并把他交给赫梯国王,你将违背誓言。

§10 在赫梯生活的阿兹鲁国的无论什么样的居民,或者是一个贵族,或者是阿兹鲁国家的一个奴隶——如果你要从赫梯国王处得到他——如果赫梯国王把他还给了你,那么你可以得到他。但是,如果赫梯国王不把他归还与你,并且他逃跑到你那里,(如果)你,阿兹鲁接受(他,你违背了誓言)。

§11 如果某些居民来到阿兹鲁的国家,你,阿兹鲁在他们面前说了恶意的话,并指使他们到山区或去另一个国家,你违背了誓言。你,阿兹鲁抓住他们并把他们交给赫梯国王。如果你,阿兹鲁不抓住他们并送交给赫梯国王,你将(违背誓言)。

§12 如果一个赫梯人以逃亡者身份(从赫梯)投靠你,你,阿兹鲁抓住他并送交给赫梯国王。但是,(如果你不把他送交,那么,你将)违背(誓言)。

§13 如果一个逃亡者从阿兹鲁国投奔赫梯,赫梯国王将不抓住他并将他交回。对于赫梯国王来说,交回逃亡者是不被允许的。(如果一个逃亡者从……来到阿穆鲁国,你),阿兹鲁不能扣押他,而是将他放回赫梯。(如果你扣押他),你(将违背誓言)。

14. 赫梯国王苏皮鲁流马一世与米坦尼国沙提瓦查的条约 (CTH 51)

文献的出版：赫梯语文本：KUB 21.18 (+) KUB 26.34；阿卡德语文本：A. KBo 1.1, B. KBo 1.2, C. KUB 3.1 a-d+KBo 28.111+112+114 (+) 113

文献的翻译：Weidner 1923:1—36（阿卡德语文本）；Götze 1955:205—206（部分译文）；Beckman 1999:42—48

§9 如果一个逃犯从赫梯逃离并进入米坦尼，米坦尼人将抓住他并将（他）送回。如果米坦尼的逃犯（逃跑并进入赫梯），赫梯国王将不抓他和送回。这是不允许的。（……）阿瑞娜太阳女神（是……），王子沙提瓦查正在赫梯建立的家庭（将负责）逃犯，沙提瓦查将使他住在城（哈吐沙?）里。（他）将属于赫梯。

15. 米坦尼国沙提瓦查与赫梯国王苏皮鲁流马一世的条约（CTH 52）

文献的出版：赫梯语文本：KUB 23.50+219/w+1472/u+HT 21+KUB 8.80；阿卡德语文本：KBo 1.3（+）KUB 3.17

文献的翻译：Weidner 1923:37—57（阿卡德语文本）；Beckman 1999:48—54

§2 ……他毁灭了宫殿，并且耗尽了胡里人的家庭。他使得贵族们被带走并引渡到亚述和阿尔什国。他们在泰特城被移交并被刺穿。这样，他使胡里人走到尽头……

16. 赫梯国王苏皮鲁流马一世与努哈赛国泰泰的条约（CTH 53，阿卡德语文本）

文献的出版：A. KBo 1.4+KUB 3.10（+）9，B. KUB 3.2，C. KBo 1.16，D. KUB 3.3，E. KBo 28.98

文献的翻译：Weidner 1923:58—71；Beckman 1999:54—58

§7 无论赫梯国王从努哈赛带来怎样的平民俘虏——胡里国的平民俘虏、基查的平民俘虏、尼雅的平民俘虏和穆基什的平民俘虏——如果他们当中的某个男子或女子从（赫梯逃跑）了，并进入（你的国家，你不能这样想)："虽然我受制于(条约和誓言，我对此什么都)不想知道，(让他们待)在(我的国家)。"泰泰应抓住(他们并)使他们回到(赫梯国王那里)。

§8 如果某人唆使泰泰作恶，无论是一个(赫梯人)，还是他自己的臣民，泰泰没有捉住他并把他送交赫梯国王，他将违背(誓言)。

§9 生活在赫梯的无论怎样的努哈赛人——(或者是一个贵族)，或者是一个奴隶、一个女子或一个奴隶女孩——(如果)泰泰从赫梯国王寻求得到他——(如果赫梯国王)把他给了他，他可以带走他。但是，(如果赫梯国王不交给他)，并且(他跑了，来到泰泰那里)，(如果)泰泰偷偷将此人带了回去，(他将违背誓言)。

§10 如果(一些人出发并来到)泰泰的国家，(泰泰在他们的面前说了一些恶意的话，并使他们去山区，或者去)另一个国家，他将违背誓言。他应当在他们面前说善意的话，并使他们走向回到赫梯的道路。如果一个逃犯(从胡里国或从)另一个(国家来到努哈赛国，泰泰将不能扣留他，而是)他将释放他(回到赫梯。如果他扣押了他)，他将违背誓言。

17. 赫梯国王穆尔什里二世与阿穆鲁国杜比-泰苏普的条约 (CTH 62)

文献的出版：赫梯语文本：A. KBo 5.9，B. KUB 4.119 (+) KUB 14.5 (+) KUB 19.48+KUB 23.6 (+) KBo 22.39，C. KUB 21.49，阿卡德语文本：KUB 3.14

文献的翻译：Weidner 1923:76—79 (阿卡德语文本)；Friedrich 1926:1—25 (赫梯语文本)；Götze 1955:203—205；Beckman 1999:59—64；Singer 2000:96—98

§11 我父亲或我带走的努哈赛国和基查国的无论什么样的平民俘虏——如果这些平民俘虏中的一个从我这里逃跑了，并到了你那里，你没有抓住他并交还给赫梯国王，你将违背誓言。如果你甚至这样想(关于逃犯的事情):“来吧,或者走吧!你去任何地方,我不想知道你的情况。”——你将违背誓言。

§13 如果某些人或逃犯出走到赫梯,并且经过你的国家,在他们的途中,你要妥善安排他们并指出去赫梯的道路。对他们说些中肯的话,你不许指引他们去任何其他地方。如果你没有在他们的途中安置他们,没有告诉他们去赫梯的路线,而是指引他们去山区——或者如果你在他们面前说些恶意的话,你将违背誓言。

§14 或者如果赫梯国王通过战争围攻某国,而且它在他的面前逃跑了,进入你的国家——如果你(意欲)拿走任何东西,(应当)对此请求赫梯国王。你不许(按你自己的意志)拿走(它)。如果你按你自己的意志拿走了(任何东西)并将它藏匿,你将违背誓言。

§15 另外,如果一个逃犯逃亡(到了你的国家),抓住他并将他(送回)。(以下残缺)

18. 赫梯国王穆尔什里二世与乌伽里特国尼克麦帕的条约 (CTH 66, 阿卡德语文本)

文献的出版：A. RS 17.338 + RS 17.349B + RS 17.407 + RS 17.342 + RS 17.351A + RS 17.39 + RS 17.374, B. RS 17.353 + RS 17.357 + RS 17.04 + RS 19.101 + RS 17.450, C. RS 21.53

文献的翻译：Lebrun 1992:43—47; Beckman 1999:64—69

§7 大王从你的国家带来的无论什么样的平民俘虏——或者是哈尼伽尔巴特的平民俘虏、(基查的)平民俘虏、(尼雅的平民俘虏)或者努哈塞的平民俘虏和穆基什的平民俘虏——如果这些平民俘虏中的某个男子或女子逃亡并(进入)你的国家,(你不可以这样想:“虽然我受制于条约和誓言,但我对此什么也不想知道)。让他们待在(我的国家)。”尼克麦帕应当抓住(他们并使他们回到赫梯国王那里)。

§8 如果某人唆使你,尼克麦帕,作(恶),或者一个赫梯人或是

(乌伽里特的)一个平民,并且你,尼克麦帕,没有抓住他并把他送交给赫梯国王,(你将违背誓言)。

§9 生活在赫梯的乌伽里特的无论什么居民,或是一个贵族或是一个男奴隶或者一个女奴隶——如果尼克麦帕试图从赫梯国王处得到他——如果他把他移交,他将得到他。但是,如果(赫梯)国王不把(他)移交,(他逃跑到你那里),于是如果尼克麦帕偷走了他,(他将违背誓言)。

§11 如果某些居民出走,来到你的国家,你,尼克麦帕在他们面前(说了)坏话,并指引他去了山区或另一个国家,你将违背誓言。在他们面前说些中肯的话!向他们指出去赫梯的(道路)!供给(他们)啤酒和食品。(如果)某个外国人受到战争的迫害而出走,并来到乌伽里特,尼克麦帕应当抓住他们并送交赫梯国王。如果尼克麦帕没有抓住(他们)并送交(赫梯国王,你将违背)誓言。

§12 如果一个逃亡者从赫梯(逃至乌伽里特),尼克麦帕应当抓住他(并将他遣返回)赫梯。(如果你不把他遣返,你将违背)誓言。

§13 如果一名逃亡者从(乌伽里特逃亡)并来到(赫梯),赫梯国王可以不抓住他并送回。对赫梯国王来说,遣返逃亡者是不允许的。如果一名逃亡者从哈尼伽尔巴特或是另一个国家来到乌伽里特,尼克麦帕不许(扣留他,而应允许他去赫梯)。如果你扣留他,(你将违背誓言)。

19. 赫梯国王穆尔什里二世与哈帕拉国塔尔伽什那里的条约(CTH 67,赫梯语文本)

文献的出版:KBo 5.4

文献的翻译:Friedrich 1926:53—70;Beckman 1999:69—73

§1(如果某)个人与(我主)争执并且侮辱我主,(或是国王的一个兄弟)、王子、一个高等级的官吏、一个可信的官吏、一个宫廷仆人、一支步兵或骑兵——无论他可能是什么人，他来到你处，你没有抓住他并把他移交，而是甚至求助于他并加入他那一边，或者如果你使他躲避我主，你将(违背)誓言。

§6 逃亡者的(情况)同样应被置于誓言之下：如果一个逃犯从赫梯逃亡了，抓住他并送交给我。如果一个在服役的(平民俘虏)或一个贵族男子从(哈帕拉)国以一个流亡者的身份来到赫梯，我将不把他归还给你。从赫梯归还一名逃亡者是不允许的。但是，(如果)他是一个农民，或是一个织工、一个木匠或者皮匠——无论是何种手工艺人，他没有完成他的工作，但是，他逃跑并来到赫梯，我将抓住他并把他归还给你。

§7 但是，(如果)某人试图杀害你，塔尔伽什那里，或者你的儿子，但是，他逃跑了并来到赫梯——正如他是你的敌人，他同样是(我主的)敌人。我将抓住他并将他归还给你……

§12 (另外)，关于我提供给你驻防的军队和派去支援你的——如果(他们中的)某一个在你的国家逃跑了，或者(……)同某一个人，(……)，但是，你(没有……)在他后面，你将违背誓言。将他移交！但是，(如果)你不知他的情况，(它)将不在誓言束缚内。(如果)真心地……如果任何赫梯人逃跑了，你追查到他——把他交出来！如果步兵和骑兵远征通过(你的国家)，某人熟睡或者病了(或者……)，抓住他，或者某人从军队中(绑架)了一个男子——一个阿尔扎瓦人，奴役(他)，或卖掉他，并且军队指挥官对你说："我的一个人(丢失了)"——(如果)这件事没有完全引起你的注意，以至于你要去寻找他，把他(移交)，那么，你将违背誓言……

§13 ……如果我父亲带回的某一个平民俘虏——或是一个阿尔扎瓦人，(或是一个赫梯人)——逃亡并来到你的国家，(你没有抓住他)且移交给我，而是(甚至使他躲避)我，(那么)，你将(违背)誓言。

20. 赫梯国王穆尔什里二世与米拉-库瓦里亚国库潘达-库伦达的条约（CTH 68，赫梯语文本）

文献的出版：A. KBo 4.3 + KUB 40.34 （+） KBo 19.62 + KBo 19.63 + KBo 19.64，B. KBo 4.7 + KBo 22.38 + 854/v + KBo 19.65，C. KBo 5.13，D. KBo 19.66 + KUB 6.41 + KBo 19.67 （+） KBo 19.69，E. KUB 6.44 + KUB 19.53 + KUB 6.43 （+） KUB 6.42，F. KUB 19.54，G. KUB 6.48，H. KUB 19.51 + HFAC 1，I. KUB 19.52 + 242/w + KUB 40.53 （+） KUB 40.41，J. KUB 40.42，K. KBo 19.68

文献的翻译：Friedrich 1926：95—150；Garstang 1959：89—90；Beckman 1999：74—82

§2（先前）他的兄弟们围攻玛什胡伊鲁瓦，并打败了他，迫使他从国家逃亡。他来到我父亲那里，我的父亲没有赶走他，而是接收了他，并将自己的女儿即我的姐妹穆瓦梯许配给他，她是你继母，库潘达-库伦达。但我的父亲当时在另一个国家，无法支持他。

§6 我，我主，向玛什胡伊鲁瓦所叛逃到玛沙国的其他人派遣了一名男子。我致信给他们："玛什胡伊鲁瓦是我的已发过誓了的同盟，但是，他与我争吵，煽动我的臣民反对我，并开始与我作战。现在，他从我这里逃跑并且到了你们那里。抓住他并引渡给我！如果你们不抓住他，并且把他移交给我，我将到来并且毁灭你们和你们的国家。"当玛沙国的统治者们听说了这些，他们害怕了，抓住了玛什胡伊鲁瓦，并把他引渡给了我。我用手抓住了他，因为他冒犯了我，我主，我带他到了哈吐沙。

§14 ……如果将来……或者如果某个人筹划反叛我主，而且他从我这里逃了并到了你那里，你没有抓住他，并把他移交给我，而是或者加入他一边，或帮助他逃跑，这样说："去吧，拯救你自己！"——你，库潘达-库伦达将是在誓言神面前犯了罪，违背了誓言。誓言之神将不停地追杀你。

§22（关于逃犯的事情将这样置于）誓言之下。（如果一个逃犯）从赫梯（逃亡到你的国家，抓住）他（并把他移交给我。如果一个在服役的平民俘虏）或某个自由男人（作为逃亡者来到赫梯，我将不把他送还给你。从赫梯遣返逃亡者是不）允许的。但是，如果他是一位农民或一个织工、一个木匠、（一个皮匠——无论什么）手工艺人，如果他没有完成（在米拉的工作），而逃到赫梯，我将抓住他并把他送回给你。

§23（如果）某人反叛（你），库潘达-库伦达……但是，你事先（听说）了这件事，（以至于那个）人害怕了，（从你的国家）逃到赫梯——正如（你，库潘达-库伦达）是我主的臣民并保护（我主作为宗主），至于（那个人）反叛了你——我，我主将不会对此（沉默）。正如他是你的敌人，（他同样是我主的敌人）。但是，如果你，库潘达-库伦达背叛（我主……作为宗主，以某种方式冒犯我主），并（背叛了）他……那么，我，（我主，将在这件事情上不支持）你。（这将免于）誓言的（束缚）。（以下残缺）

§27……如果（我父亲带回的）某个平民俘虏——或者是一个阿尔扎瓦人或者是（一个赫梯人——逃跑了并）到了你的国家，你（没有）抓住（他）并且移交，（而是甚至使他）躲避（我），你将违背誓言。当玛什胡伊鲁瓦与你在一起，如果（某个）赫梯人或（阿尔扎瓦）人从玛什胡伊鲁瓦处逃亡，（……）

21. 赫梯国王穆尔什里二世与赛哈河国玛那帕-塔尔浑达的条约（CTH 69，赫梯语文本）

文献的出版：A. KUB 19.49 + KUB 26.36（+）KBo 19.70（+）KUB 23.25 + KBo 23.41 + KBo 19.71 + KBo 22.34 + KBo 19.72，B. KUB 19.50 + KUB 26.59 + KUB 14.26 + KUB 48.74 + KUB 40.39，C. KUB 31.83，D. KUB 40.43

文献的翻译：Friedrich 1930:1—19；Beckman 1999:82—86

§4……你的众使者(跪)倒在我的脚下。你派(他们)说:"饶恕我,我的主。(愿我的主不要)毁灭(我)。请吸收我做一个附庸并(……)我个人。无论来到我这里的是哪支,我将从这里移交(所有的)米拉国的平民俘虏,赫梯的平民俘虏,或阿尔扎瓦的平民俘虏。"那时,我,我主,已经同情你,因为我答应了你并与你保持和平。并且正如我,我主,已经同情你并与你和平,现在抓住并移交给我投靠你的阿尔扎瓦国的所有平民俘虏——无论谁从我面前逃走——米拉国和赫梯的无论什么平民俘虏投靠了你……你不许留下一个男子,你也不(允许)任何人离开你的国家或去其他国家。集中平民俘虏并把他们移交给我。如果你履行这所有的事情,(那么)我将接受你作为附庸,成为我的同盟。将来,这将是(你的)准则,(遵守它),对于你来说,这将置于誓言之下。

§11 玛什胡伊鲁瓦的(一个臣民)将不许作为逃亡者(进入)你的国家,(你的)一个臣民不许作为逃亡者进入玛什胡伊鲁瓦的国家。在这件事情上,你们将彼此支持。如果我主的父亲带到赫梯的平民俘虏中的某一个人从我这里逃脱,你,玛那帕-塔尔浑达不把他送回,这也将置于誓言下。

§12 从我,我主这里逃跑的我的那些臣民将是你的敌人,正如他们是玛什胡伊鲁瓦的敌人。你将不断地对他们发动战争,正如玛什胡伊鲁瓦不断地对他们发动战争。正如你,玛那帕-塔尔浑达不允许他们(进入你的国家),玛什胡伊鲁瓦将同样不允许他们进入。他们将是(你们)共同的敌人。(但是,如果)他们媾和,那么他们也将与你们媾和。他们(不能)只与你们中的任何一个媾和而与另外的处于敌对状态。这件事情也将被置于(誓言)之下。

22. 赫梯国王穆瓦塔里二世与维鲁沙国阿拉克桑杜的条约 (CTH 76, 赫梯语文本)

文献的出版:A. KUB 21.1 + KUB 19.6 + KBo 19.73 + FHL 57 +

KBo 19.73a，B. KUB 21.5 + KBo 19.74，C. KUB 21.2 + KUB 48.95（+）KUB 21.4 + KBo 12. 36，D. KUB 21.3，E. HT 8，F. KBo 13.205

文献的翻译：Friedrich 1930：42—83；Beckman 1999：87—93

§14 ……如果某人密谋反对库潘达-库伦达，你，阿拉克桑杜作为库潘达-库伦达的有影响力的和强大的帮手，保护他。他也将保护你。如果他的叛军中的某个臣民反叛库潘达-库伦达，并且他来到你那里，逮住他并交还给库潘达-库伦达……

§15 我已把逃犯的情况这样置于誓言之下：如果一个逃犯从你的国家（逃）到赫梯，（他将）不会（交）还。赫梯国不允许把逃犯（送）回。（但是），如果（某个）手工艺人逃了，（……）他没有完成分配的工作，（他将被抓获并）移交给你。（如果）从一个敌国逃跑的（某个逃犯）被抓住了，（他又从赫梯逃跑）并经过你的国家，（你没有抓住他）并遣送给我，（而是）把（他）交还给了敌人，这也将置于誓言下。

23. 赫梯国王哈吐什里三世与埃及法老拉美西斯二世的条约（CTH 91，阿卡德语文本）

文献的出版：A. KBo 1.7 + KBo 28.115（+）KUB 3.121，B. KBo 1.25 + KUB 3.11 + VBoT 6 + KUB 48.73 + KUB 3.120

文献的翻译：Luckenbill 1921：190—192；Weidner 1923：112—123；Götze 1955：201—206；Edel 1983：135—143；Lebrun 1992：48—53；Beckman 1999：96—100

§12（如果一个贵族）从赫梯逃亡了，或者如果赫梯国王统治疆域的一个人（投靠）到拉美西斯，阿蒙神的宠爱，大王，（埃及国王）那里，那么，我，拉美西斯，（阿蒙神的宠爱），大王，埃及国王，必须抓住他们并且（把他们）送交到（哈吐什里，大王，赫梯国王）的手上。

§13（如果）一个男子来了，或者两个（身份卑微的男子来到拉美西斯，阿蒙神的宠爱）这里，为了为他服务，那么，（我，拉美西斯，阿蒙神的宠爱，必须抓住他们并送给）哈吐什里，赫梯国王。

§14 如果（一个贵族从埃及，或者）如果一个人（来到阿穆鲁国王那里，那么，奔提什那将抓住他们）并把他们送给赫梯国王、（他的）主。（哈吐什里，大王，赫梯国王将把他们送给拉美西斯），阿蒙神的（宠爱），大王，埃及国王。

§15（如果一个男子逃了，或者如果两个身份卑微的男子从）埃及（国王的领地逃了），并且（不愿意继续他的义务，那么，哈吐什里，大王，赫梯国王）将把他们交到他兄弟的手上，（不允许他们住在赫梯）。

§16（如果一个贵族逃离赫梯并来到埃及——或者如果两个）男子——为了不（继续履行对哈吐什里、大王），赫梯（国王的义务），（那么，拉美西斯，阿蒙神的宠爱必须抓住他们）并把他们交给（哈吐什里，大王，赫梯国王），他的兄弟。

§17（如果）一位（贵族从埃及）逃到（赫梯——或者如果两名男子——那么），哈吐什里，（大）王，（赫梯国王应抓住他们并）把他们送交给（拉美西斯），阿蒙神的（宠爱，大王，埃及国王，他的兄弟）。

§18（如果）一名男子逃离（赫梯，或者）两名男子（或三名男子，并且他们来到）拉美西斯，（阿蒙神的）宠爱，（大王），埃及（国王），他的兄弟，（那么，拉美西斯），阿蒙神的宠爱，大王，埃及国王必须抓住他们并把他们送交给哈吐什里，他的兄弟（……）——因为他们是兄弟。但是，（他们将不因为）他们的过错（惩罚他们）。他们将不会割去（他们的舌头或者挖去他们的眼睛），并且（他们将不会割掉）他们的耳朵或者（他们的）脚，（他们将不毁灭他们的家人，以及他们的妻子们）和儿子们。

§19 如果（一个男子从埃及逃了，或者）两名男子或三名男子，（他们来到哈吐什里、大王），赫梯国王那里，我的兄弟将抓住他们并把（他们）交给我，拉美西斯，阿蒙神的宠爱，大王，（埃及）国王——因为拉美西斯，大王，（埃及）国王，（和哈吐什里是兄弟。但是，他们将不会因为他们的过错惩罚他们。他们将)不会割去(他们的舌头或者挖去他们的眼睛)。(他们将不会割掉他们的耳朵或他们的脚。他们将不毁灭他们的家人),以及他们的妻子们和儿子们。

(以下内容残缺不全,第19段之后可能仍是关于逃犯问题的条款)

24. 赫梯国王图塔里亚四世与阿穆鲁国沙乌什卡-穆瓦的条约(CTH 105, 赫梯语文本)

文献的出版：A.93/w (+) KUB 23.1+KUB 31.43 (+) KUB 23.37 (+) 720/v (+) 670/v, B. 1198/u+1436/u+69/821+KUB 8.82

文献的翻译：Kühne 1971；Beckman 1999:103—107；Singer 2000:98—100

§11 ……因为亚述国王是我主的敌人,他也应当是你的敌人。你的商人不应去亚述,且你不应允许他的商人进入你的国家。他不应当穿过你的国家。但是,如果他进入你的国家,(你应当)抓住他并把他送交给我主。这件事将为你(置于誓言)下。

25. 赫梯国王图塔里亚四世与阿拉什亚国的条约(CTH 141)

文献的出版：KBo 12.39

文献的翻译：李政 2006a:410—411

§6 ……但是,(逃)犯,(……)国的(……)你们(抓住他),(你们把)他(交出来)(……哈)吐沙城(……)你们抓住,把他(……)

第三节　书信中的引渡

26. 赫梯国王苏皮鲁流马一世致乌伽里特国尼克玛都二世的信

(CTH 45，阿卡德语文本)

文献的出版：RS 17.132

文献的翻译：Beckman 1999:125—126

§5 ……或者如果在努哈塞国军队不在的情况下，穆基什国的军队作为逃亡者进入你的国土，没有人可以将他们从你那里夺走……

27. 卡尔开米什的沙里-库舒致乌伽里特国尼克玛都二世的信的复本 (阿卡德语文本)

文献的出版：RS 17.334

文献的翻译：Beckman 1999:126—127

§1 (卡尔开米什)王这样说：当努哈赛国国王敌视我时，我这样对尼克玛都说：如果你向泰泰开战，而且你，尼克玛都主动在我向努哈塞国接近前发动攻击——如果你袭击泰泰的国家的中心——那么无论尼克玛都(凭借他的武力)从努哈塞国夺取了什么，也(无论任何军队)作为逃亡者进入他的国土，他可以留下(他们)。如果将来泰泰欲索回他的臣属，尼克玛都可以不作任何归还。如果尼克玛都不向泰泰开战，不按照我所说的话去做，那么在这泥板上的约定无效。

28. 赫梯国王哈吐什里三世致巴比伦国王卡达什曼-恩利尔二世的信[1] (CTH 172，阿卡德语文本)

文献的出版：KBo 1.10+KUB 3.72

文献的翻译：Luckenbill 1921:200—205；Friedrich 1925:24—27；Oppenheim 1967:139—146；Beckman 1999:138—143

[1] 译文据贝克曼 (Beckman) 的英译本。

§7（另外，我的兄弟：关于）我的兄弟在给我的来信中提及的埃及国王的信使一事——现在，关于埃及国王的这个信使，我对我的兄弟做如下解释：……我的敌人（已经逃往）另一个国家，（离开）（那里）之后，他到了埃及国王处。当我致信给他（埃及国王）："（把我的敌人交给我）"，他并没有交给我我的敌人，（那么，因此，我与埃及国王）互相对对方感到愤怒……

§10（另外，我的兄弟：因为）你致信给我，如下："我的商人在阿穆鲁、乌伽里特……的土地上正在被杀害。"——他们没有在赫梯（作为惩罚）杀人。（但是……）他们杀了。如果国王听说了它，（他们追究）那件事情。他们抓捕了谋杀者（并将他送交）至死者的亲属手中，（但他们允许）谋杀者（维持生命）。谋杀发生的（地点）是洁净的。如果他的亲属不接受（赔偿银子），他们可以将谋杀者变成（他们的奴隶）。如果一个人冒犯了国王并（逃）往他国，杀了他是不被允许的。问一下，我的兄弟，他们会告诉你。（……）如此。他们既然连一个罪人都不杀害，会杀害一个商人吗？（但关于）苏巴尔图人，我怎样知道他们是否杀人了呢？现在请把死去的商人的亲属送到我这里来，便于我调查他们的诉讼。

29. 一位赫梯国王致一位安纳托利亚统治者的信[1]（CTH 182，赫梯语文本）

文献的出版：KUB 19.55 + KUB 48.90

文献的翻译：Garstang 1959:114—115；Beckman 1999:144—146

§6……如果，我的儿子，关于阿伽普鲁什亚的事……出现——我，我主，以某种方式……逃犯的事。（……）送回逃犯是不对的吗？（……）我们曾将一些事情置于暴风雨神（的誓言?）之下："（我们将遣返逃犯。"因为你的父亲没有捉住）塔尔维苏万塔城（?）的祭司，他随后致

[1] 译文据贝克曼的英译本。这篇书信的成文时间晚于穆尔什里二世在位时期。参见 Hoffner 1982:134，转引自 Beckman 1999:144。

信给我:(“他逃跑了……”)并且当他向我索要某某逃犯时,难道我没有如他所愿吗?如果阿伽普鲁什亚是(……)在皮亚玛拉都(……)“我将离开!”(……)阿伽普鲁什亚(……)如果(你),我的儿子,(知道……我)已经这样告诉他:(“……”)并且他作为回应(……)全心全意地(……)关于(阿伽普鲁什亚的事……)

30. 赫梯国王阿尔努旺达一世致卡苏的信[1](赫梯语文本)
文献的出版:Mst. 75/41
文献的翻译:Alp 1991:132—133

1—5行:我主对卡苏这样说:关于你要送来的十三个逃亡者,人们已经把他们送来了。

31. 赫梯国王阿尔努旺达一世致皮塞尼的信(赫梯语文本)
文献的出版:Mst. 75/18
文献的翻译:Alp 1991:158—159

1—3行:我主对皮塞尼这样说:关于你要送来的两个逃亡者,人们已经把他们送来了。

第四节 其他涉外文献中的引渡

32. 赫梯国王阿尔努旺达一世对玛都瓦塔的指控(CTH 147,赫梯

[1] 30、31两封书信均据阿尔普(Alp 1991:132, 158)的拉丁转写译出。这两封书信的断代有争议:和它们同时出土的有200多篇文献(包括书信和财产目录等种类),没有指明是属于哪位国王在位时期的。起初有学者认为它们是中王国晚期图塔里亚二世或三世国王时期的文献,此后,有学者认为它们成文于中王国中期阿尔努旺达一世时期。在书信文献中,1—45篇是赫梯国王写给当地官员的,46—51篇是当地官员写给赫梯国王的,52—74篇是官员之间的往来书信。

语文本)

文献的出版：KUB 14.1+KBo 19.38

文献的翻译：Beckman 1999:153—160

§6 我主的(父亲)将如下(的话)为他置于誓言之下:"……赫梯的(无论什么)逃亡者来到(你)那里,不论他是工匠,(或……),你不应当藏匿(他)或(放走)他至他国。永远都要(捉住)他并将他(送)还给(他的主)的父亲。"

§7"你不应当(隐藏)在你面前说了邪恶的话的人,或者某人在你面前提到关于敌视(我主)的事情,或者某人诽谤国王们和王子们。把这些事情写信汇报给我主。抓住那人并把(他)交给我主的父亲。你不应当(派)人去阿塔里什亚那里(执行任务)。如果阿塔里什亚派人到你那里执行任务,抓住信使并把他(交给我主的)父亲。你不应当(隐藏)他致信(给你的事),而是应当详细地将此写信汇报给我主的父亲。你不应当自作主张把(信使)送回给(阿塔里什亚)。"

§27 尼瓦拉,我主的猎人,(逃跑)并来到玛都瓦塔那里,玛都瓦塔(收留了他。之后),我,我主,最初致信给他:"尼瓦拉,(我主的)猎人,逃到你那里去了。(抓住他并)交还给我!"起初玛都瓦塔(……)一直说:"没有人(来到)我这里。"

§28 现在穆利亚拉到他那里去且(在他的家里)找到了(逃犯)。他(这样)对(玛都瓦塔)说:"关于逃犯的事对于你来说是(这样置于誓言之下的):'你(必须总是交还)我主投奔你的(赫梯)的任何(逃亡者。'但尼瓦拉),我主的猎人,(逃到你这里)。他的主多次致信给你,你却(藏匿了他。现在,抓住他)!"

§29 (之后)玛都瓦塔(这样回复)穆利亚拉:"这猎人(……并且)他属于皮塞尼家。(……)皮塞尼家,我的儿子(……)"

(下面的十三行破损严重,内容有可能是玛都瓦塔与赫梯使者穆利亚拉的继续争论)

§30 穆利亚拉呈交给我的报告如下:“……”,但是玛都瓦塔这样说:“……如果他的主现在确实要求索回平民俘虏,我将把他们归还给他。”阿塔里什亚和皮伽亚的统治者都是不依附于我主的独立统治者,但你,玛都瓦塔是我主的臣属——你为什么(加入)他们?

33. 关于帕胡瓦的米塔的指控和与几个安纳托利亚政治组织长老的条约[1] (CTH 146, 赫梯语文本)

文献的出版:KUB 23.72+KUB 40.10+1684/u

文献的翻译:Gurney 1948; Beckman 1999:160—166

§4(并且,关于我的平民俘虏,他这样说):“让他们(从)赫梯逃离并(来)我这里!”(之后,我的平民俘虏们逃)至米塔处。当我,我主,(致信米塔):“把他们送(还给我)!”他藏匿了他们,这样说:“用我自己的眼睛,我(……)我没有看到任何人。没有人来到(帕胡瓦)。”

§5(米塔……没有)交还(给我任何东西。他们从帕胡瓦)逃至伊苏瓦国。(……)没有(交还给我)任何东西。我,我主(从米塔那里索要的平民俘虏)将会(逃离且逃至)伊苏瓦的统治者处吗?(……)主(……)他将不仅带着人,(或者……)他将带着偷来的物品。(……他将)再次向他(指)路。……

§8 把(米塔和皮伽那),他们的妻子、儿子、孙子,他们的家奴、牛、羊,和一切他们的财产带(给我,我主)。你不应当隐瞒哪怕像(一根羊毛一样小的东西)。(上)交卡利姆那亚的家庭和他的妻儿、牛羊,(及他所有的财产)。那些逃避了向我主服役的阿尔黑塔城的人,(像……一样),到了你们帕胡瓦人那里的人——(把他们和他们的)妻子、(儿孙)都捉住。在你的无论哪一个城市里,(一个亡命者)寻求避难,(……)并且无论他进入(哪里)——直接向我主举报那个(他寻

[1] 译文据贝克曼的英译本。从语言学背景来看,这篇文献应当断代于赫梯中王国时期。参见 Beckman 1999:160。

求避难的城市。之后）逮捕（他）并且立即移交（他）。

（以下残缺约十五行）

§9（我们召集了……），阿里皮兹，皮提亚里克城的人；艾什亚，都伽玛城的人；（……，……城的人），我们已经为你们这样置于誓言之下：米塔现在在不断地犯罪。他违背了誓言中所有的事情。你们所有人都从我对（米塔）的指控中了解了（此事）。我，我主，（……）现在致信帕胡瓦人。如果帕胡瓦人继续（表示）效忠，（他们应当把米塔）和他的妻子，乌萨帕的女儿，和他的（儿子们），连同他的第二个妻子，连同他的家奴、他的牛羊，（以及他所有的财产）带来。他们将把哈沙那的家庭和（卡利姆那亚）的家庭，连同他们的妻儿、家奴、牛羊及所有的财产带来。他们将（交出一切）。他们将不会（藏匿）哪怕像一根羊毛一样细小的东西。

§10 五个乌萨帕的仆人和他的女儿在帕胡瓦起义了。并且他们也（……）他们将放弃他们控制的我主的（城市）——哈尔米斯那，（胡尔拉），帕胡拉和阿帕尔胡拉。他们将逮捕乌萨帕的（女儿）并把她呈交。如果她（从帕胡瓦逃离），那么无论她逃到哪里，他们都应当直接向我主（举报）她所寻求庇护的城市。

§11 关于他们拥有的属于伊苏瓦国的无论什么——一个人，牛，羊或者一个亡命者来到他们那里（……）：一个死了的人，或者被吃光的（无足轻重的）牛羊。但是他们应当送回所有还存在的并且能用眼睛看到的东西。（他们不应当藏匿）哪怕（像一根羊毛一样细小）的东西，而是把它交回。并且（他们应当抓住）每一个逃跑并混迹于帕胡瓦人中的人。

§12 ……（他们不应当）向敌人（派遣信使），也不应当允许敌人的信使进入他们的大门。无论什么敌人向他们派遣了信使，（他们应当逮捕）他的（信使）并将其呈交我主。他们不可擅自作主将他放走。……

§18 ……你应当抓住流亡者，或（来到）你这里的（流亡者），无论他是一个自由人，一个男奴还是一个少女奴隶，把他遣送给我主！

你不应当把他卖给任何人——无论是敌人还是(其他)国家。并且你不应使他的眼睛(转向山区。如果)你听到任何人说了恶意的话,不论是出自(……)还是敌人之口,你应当抓住对恶言(负责的人)并将其送交我主。

34. 赫梯国王穆尔什里二世关于叙利亚争端的裁决[1] (CTH 63, 赫梯语文本)

文献的出版：A. KBo 3.3 + KUB 23.126 + KUB 31.36 (+) 1459/u, B. KUB 19.41 + KUB 31.12 + 579/u, C. KUB 19.42 + KUB 40.9 (+?) KUB 21.30, D. KUB 19.44, E. KUB 19.45, F. KBo 16.23, G. KUB 19.43

文献的翻译：Cavaignac 1932；Beckman 1999:169—173

§10 "……他一直从我这里带走(……)他们继续重新安顿他们的城市"。为什么你这样做,且持续从杜比-泰苏普处带走他的平民俘虏?我关注那些平民俘虏,我,我主,亲自留意了。我,我主,将为我自己带走那些平民俘虏并把他们带到赫梯。(那么),基于什么你持续关心你自己并擅自带走他们?在我主的父亲的时代,关于平民俘虏的协议是这样的:《阿兹鲁条约》这样在泥板上记下:"如果我,我主,大军压境至某敌国,那敌国的居民收拾行装来到你的国家,你要抓住他们并移交(我主)!现在,即使阿兹鲁没有把平民俘虏交还我主——如果我曾经关注他们,我,我主将为我自己带走他们。为什么你坚持擅自为你自己带走他们?现在你不许再从杜比-泰苏普处带走平民俘虏。如果有什么异议,大祭司将干预争执。但是,如果某争议太重大以至于你无法处置,则要将其提交我主,以便我主处理它。"

35. 赫梯国王哈吐什里三世关于乌伽里特流亡者的敕令 (CTH 94,

[1] 译文据贝克曼英译本。

阿卡德语文本）

文献的出版：RS 17.238

文献的翻译：Beckman 1999:178

§1 盖有塔巴尔那，哈吐什里，大王之印的文书：如果某个乌伽里特国王的臣属，或乌伽里特平民，或乌伽里特国王臣属的仆人离开并进入我主的哈皮鲁的疆界，我，大王将不会接受他，而是会把他送回给乌伽里特国王。

§2 如果乌伽里特的平民用他们自己的银子从其他国家赎回某人，如果此人从乌伽里特逃跑并进入哈皮鲁，我，大王，将不会接收他，而是会将他送还给乌伽里特国王。

第五节　其他文献中的引渡

36. 《赫梯法典》[1]（CTH 271+272，赫梯语文本）

文献的出版：法典第1—100条为汇编一（CTH 271），第101—200条为汇编二（CTH 272）。汇编一抄本为：A=KBo 6.2+19.1+22.62+19.1a；B=KBo 6.3+22.63；C=KBo 6.5；D+E=KBo 6.6+6.7；F=KBo 6.8（F）（+）KUB 13.11（F?）+KUB 29.15（F）（+）KBo 19.3（F）（+）KBo 19.4（Ffi）；G=KBo 6.9；H（+）I=KUB 13.12（H）（+）KUB 13.13（I）；I=见H；J=KUB 26.56；K=KUB 29.13；L=KUB 29.14（L）（+）KBo 12.49（L?）；M=KUB 29.16+KBo 19.2；N+V=KUB 29.17（N）+KBo 14.64（V）；O（+）Q=KUB 29.18（+）KUB 29.20；P=KUB 29.19；R=KBo 6.21；S=KBo 6.22；T=KBo 9.70；U=KUB 40.32；W=KBo 14.65（+）Bo 88/5；

[1] 译文据霍夫纳（Hoffner 2000），此译本是目前《赫梯法典》最权威的译本。

X＝KBo 12.48；Y＝KBo 19.7；Z＝KBo 9.69；AA＝KBo 19.5；BB＝KBo 22.65。抄本A与M均为古赫梯语文本，其余的均为新赫梯语文本。本书所选条款均位于汇编一内，故汇编二的出版情况从略。

文献的翻译：Götze 1969:188—197；Haase 1984；Hoffner 1997a；Hoffner 2000

§19a 假如一个鲁维人从赫梯诱拐了一个自由人——或者是男人，或者是女人——并把他带到鲁维/阿尔扎瓦国，而随后被诱拐者的所有者认出了他，(诱拐者)可以被(原告)没收全部财产。

§19b 假如一个赫梯人在赫梯国内诱拐了一个鲁维人，并把他带到了鲁维国，先前他们交付十二个人，但现在他应当交付六个人，他应当用自己的房产作担保。

§20 假如一个赫梯人从鲁维诱拐了一个赫梯男奴隶，并把他带到赫梯，随后被诱拐者的所有者认出了他，诱拐者应当赔付给他十二舍克勒银子。他应当用自己的房产作担保。

§21 假如任何人从鲁维诱拐了一个鲁维人的男奴隶且把他带到赫梯，(随后)他的所有者认出了他，(这个所有者)只能带(回)他自己的奴隶：不应当有赔偿。

§23a 假如一个男奴隶逃到鲁维国，(他的所有者)应当赔付六舍克勒银子给将他带回的人。

§23b 假如一个男奴隶逃到一个敌国，任何把他带回的人可以将他据为己有。

37. 对王子、将领[1]和高官的训文[2] (CTH 255.1，赫梯语文本)

文献的出版：A. KUB 21.42＋KUB 26.12＋VBoT 82，B. KUB 21.43＋KUB 26.13，C. KUB 40.24

[1] 文献在这里使用了苏美尔语词“EN”，此词一般译为“主”，但在这两篇训文中均为“军队将领”之义，故在本书中译为“将领”。

[2] 37、38两篇训文的译文均据舒勒 (von Schuler 1957:9—17) 的拉丁转写译出。

文献的翻译：von Schuler 1957:22—30

§ 27 关于那些国王要引渡的人，如果某人意欲拯救他的生命，或者想让他逃离，并且向他派遣信使，但向国王隐瞒，不告诉国王。让这件事置于誓言之下！

38. 对高官的训文（CTH 255.2，赫梯语文本）

文献的出版：A. KUB 26.1（包括 KUB 21.13＋KUB 21.45＋KUB 13.22）＋KUB 23.112，B. KUB 26.8，C. KUB 31.97，D. KUB 23.67，E. KUB 26.1a

文献的翻译：von Schuler 1957:9—17

§ 19 那些是将领的人……我，陛下，引渡他们，某人对某人（友好），他是朋友。……并且……让他分开……一把青铜匕首会砍下……但那个人……他带走……他们应当……没有人会……

39. 苏皮鲁流马（一世）的大事记（CTH 40，赫梯语文本）

文献的出版：KUB 14.22＋23，KUB 19. 7＋10＋11＋13＋14＋18，KUB 21.10，KUB 26.73＋84，KUB 31.6＋7＋21＋8，KUB 19.4＋12 ＋47，KUB 23.2＋7＋8＋50，KUB 31.11＋25＋33＋34

文献的翻译：Hoffner 1997b:185—192

残片(18—27)，泥板编号未知：

(A i 4)我的父亲(……)说："去……的(土地)并且把我的(附属送还给我)。但如果(你没有交出我的)附属，那么是我的敌人而且(……")我的父亲(……)向阿尔扎瓦人……并且他……没有(交送)任何人或物。

40. 赫梯大王穆尔什里二世的十年记（CTH 70，赫梯语文本）

文献的出版：KBo 3.4+KUB 23.125，KBo 16.1，KUB 19.38（+）KUB 14.21，KBo 16.4，KBo 16.2（+）113/e

文献的翻译：Beal 2000：82—90

第二年：

§2 ……之后我（从提皮亚返回哈吐沙）。因为伊舒皮塔国（再次）敌视我了，（我派了……）并且他第二次打败了它。那些（曾是反叛者头领）的人逃跑了。努纳塔（和帕扎纳，我的仆人们……）并且（我追赶）他们到了卡什卡国的（卡玛玛）。（没有人得以逃）脱。（当我索要那些）叛军首领时，（他们捉住并杀死了）他们。我，我主，（使）卡玛玛（又成为我的仆人）……

第三年：

§1 ……我向乌哈兹提派了一个使节。我致信给他，如下："（属于我的）人们——（阿塔里玛），胡瓦尔撒纳沙和（苏鲁达的军队）——到（你）这里来了。（把他们交还给我。）"但乌哈兹提（这样）给我（回信）："（我不会）把任何一个人（还给）你。……使用武力……"他集合了他的军队……

§2 他在提库库瓦小镇后方准备作战。我，（我主）与（他）作战……（我打败）并摧毁了敌人。我焚毁了提库库瓦（……）。我同样焚烧了达什玛哈地区……

§4 我从帕尔胡伊沙回到哈吐沙。我动员了我的步兵和骑兵并在同年与阿尔扎瓦作战。我向乌哈兹提派遣了一位信使。我这样致信给他："因为我要求你归还我投奔你的臣属但你不归还他们，而且你仍然把我当成小孩子，蔑视我。现在，来，我们作战！让暴风雨神，我的主，裁决我们的纠纷。"

第四年：

§5 ……因为妇女跪倒在我的脚下，我对她们发了慈悲，(没有)进入塞哈河国。他们交给了我在塞哈河国的赫梯移民，大约有四千人。我把他们遣送回哈吐沙，让他们离开。我把玛那帕-塔尔浑达和塞哈河国变为臣属。

第七年：

§2 此后，皮胡尼亚不像一个卡什卡人一样统治了。卡什卡到那时还从来没有过只有一个统治者(的情形)，突然，皮胡尼亚像一位国王一样统治了。我，我主，走向他并向他派遣了一名信使。我致信给他："把你带走并安置在卡什卡的我的臣属送还给我。"皮胡尼亚这样给我回信："我不会还给你任何东西。如果你来与我作战，我不会在我自己国土的任何地方与你作战，我将进入你的国家并在你国家的中心与你作战。"当皮胡尼亚这样给我回信且不归还我的臣属时，我去与他作战。我袭击了他的国家。阿瑞娜太阳女神，我的女主人，胜利的暴风雨神，我的主人，梅祖拉和所有的神灵行进在我前面。我征服了整个提皮亚国并焚毁了它。我抓获了皮胡尼亚并将他带回哈吐沙。随后我从提皮亚回师。因为皮胡尼亚已经占领伊什提提那，我重建了它并使其重新成为赫梯国土的一部分。

§3 当我征服了提皮亚，我派遣了一名信使去安尼亚，阿兹的国王那里。我致信给他："归还给我当我的父亲在米坦尼时投奔到你那里去的我的臣属。"(以下缺)

第八年：

§2 ……但当哈亚沙的(人们)听到"他的主来了"时，他们向我派了信使说“哦，我的主，因为他们听到了(……)他们害怕(……)我们将带来(……)且将(……)交给主。(……)来了，之后让主们前进(……)我们将把来到我们这里的赫梯的移民归还，我们将移交他们。”

第九年：

§1 我说：“把投奔你的(赫梯移民交出来……那么我将不会与哈亚沙人)为敌。”(但是)，哈亚沙人(……)并且(没有交出)赫梯移民。因此(我)再次(致信)安尼亚，“(你没有)归还任何人给我。你把一些人(带到)哈亚沙城和哈亚沙国(安置)，一些人甚至带回给你自己。”他给哈吐沙带来消息：“阿兹移民同样没有补偿赫梯移民。如果一些赫梯移民到我们这里来，我们不会移交他们。”当哈亚沙人没有把赫梯移民交还我主，(……我的将军)修建了一处(要塞……)，他离开了。

41. 穆尔什里二世的瘟疫祷文（CTH 378，赫梯语文本）

文献的出版：第一篇祷文 A. KUB 14.14 + KUB 19.1 + KUB 19.2 + KBo 3.47 + 1858/u + Bo 4229 + Bo 9433，B. KUB 23.3；第二篇祷文 A. KUB 14.8，B. KUB 14.11 + 650/u，C. KUB 14.10 + KUB 26.86

文献的翻译：Beckman 1997:156—159；Singer 2002:57—64

穆尔什里二世的第一篇祷文——致众男神与女神（CTH 378.1）

§4 (但)你，(哦，众神)，我的(主们)，庇佑了我的父亲……赫梯的一切在他的时代繁荣。人，牛和羊在他的时代多得不可计数。从敌国(获得的)平民俘虏存活下来；没有人死亡。但之后你来了，哦，众神，(我的主们)，并且现在你由于小图塔里亚的事向我父亲复仇来了。我的父亲因图塔里亚的流血事件而死。……

穆尔什里二世的第二篇祷文——致赫梯的暴风雨神[1] (CTH 378.2)

§4 ……当被抓获的战俘被带回赫梯时，瘟疫在这些人中暴发，他们开始大量死亡。当战俘被带到赫梯时，他们把瘟疫引入赫梯。从那时起赫梯的人们就不断死亡。……

§9 ……我已经对我父亲的罪过表示忏悔，这是真的，我做了。(假如)这需要任何赔偿，那么，这场由他们从埃及边境带来的战俘和平民俘虏引入的瘟疫作为赔偿确实已经足够多了。(这)是什么？哈吐沙已经通过这瘟疫作了补偿。这种补偿足有二十倍之多。这发生了。但赫梯的暴风雨神，我的主，以及众神，我的主们的灵魂依然没有能够平静下来。……

[1] 这篇文献根据 (Götze 1930) 的拉丁转写译出，参考了贝克曼和辛格的英译本。

第二章

赫梯古王国与中王国时期的引渡现象

第一节　赫梯古王国与中王国时期的历史[1]

自赫梯学诞生以来，围绕赫梯历史的分期，学者们进行了长期讨论，目前较多学者接受的观点认为赫梯历史分为古王国（约公元前1600—前1500年）、中王国（约公元前1500—前1435年）和新王国（或帝国，约公元前1345—前1200/1198年）三个阶段。其中，铁列平是古王国最后一位国王，苏皮鲁流马一世是新王国第一位国王，以这两位赫梯史上重要的节点人物为界，二者之间的时段为中王国时期。这一历史分期方式综合考虑了两方面的因素：(1) 赫梯历史的发展脉络；(2) 从古文书学和语言学角度出发考虑的赫梯楔形文字符号和赫梯语发展演化的特点[2]。

安纳托利亚最早的历史始于古亚述商人来到这片土地进行殖民贸易（约公元前20世纪中叶），这些人带来了书写技术。他们的商队将两河流域北部阿舒尔城制造或在两河流域其他地区、阿富汗购买的纺织品、锡等运来出售，换取贵金属黄金和白银。这一时期的安纳托利亚与两河

[1] 赫梯古王国和中王国时期的历史脉络整理自李政 2018:116—170；Bryce 2005:8—153；Beal 2011:579—586；Weeden 2022:534—573。

[2] 更全面的赫梯历史分期的讨论参见李政 2018:111—116。

流域的政治形势类似，邦国林立，由众国王（极少数情况下为女王）统治。亚述商人在安纳托利亚建立的首个总部位于卡奈什，贸易网络扩展至安纳托利亚大部分地区，与他们交易的本地商人有哈梯语、胡里语、印欧赫梯语和鲁维语的名字。商人们与当地统治者签订了条约，本地国王授予这些商人定居权、自治权、安全过境权和收回被盗货物的权利，商人则须缴纳5%的进口税并提供10%货物的优先选择权。在各国发生敌对行动时，商人往往事先得到警告，能够有所防范。

公元前19世纪中后期，安纳托利亚各国平衡的政治体系崩溃。卡奈什有可能被扎勒普瓦城摧毁，神像被掠走，后又重建。继而库萨拉的国王皮塔纳在夜间发动突袭并占领该城。皮塔纳之子阿尼塔号称为卡奈什复仇，俘虏了时任扎勒普瓦国王，并将卡奈什的神像送回故乡。在阿尼塔一系列征服安纳托利亚中部国家的军事行动中，将哈吐沙城纳入麾下影响深远。尽管他在此地种下野草，并咒诅这座城市，但约百年后，另一个来自库萨拉的人在征服安纳托利亚中部高原后，不仅将哈吐沙定为首都，甚至把其定为自己的名字，即哈吐什里。他在这里建造王宫，建立行政系统和档案储藏机构，从中发现的泥板是重构赫梯历史的主要材料。约公元前1720年，亚述商人停止了在安纳托利亚的大规模贸易殖民活动。

之后数十年的历史晦暗不明，直到一个名为“哈吐沙国”的政权在安纳托利亚兴起。这个国家的人操卡奈什语（现在学者称之为赫梯语），而不是哈吐沙语（哈梯语）。皮塔纳最初的首府库萨拉仍然是这个新国家的重要王室中心。档案中保存了皮塔纳和阿尼塔的铭文，但新政权的统治者从未声称是他们的后裔。相反，他们将自己的血统追溯到某个叫胡兹亚的人，而人们今天对他一无所知。已知的最早事件详细描述了哈吐沙国王再次征服扎勒帕的过程，这位哈吐沙国王可能以胡里的名字普沙鲁玛而闻名。他最终将王国留给了他的女儿塔瓦娜娜和她的丈夫拉巴尔纳。拉巴尔纳将王国边界延伸至大海（黑海和地中海），并任命他的儿子为总督。拉巴尔纳和塔瓦娜娜的名字后来成为赫梯国王和王后的头衔。

拉巴尔纳去世后，王位争夺者之间的毁灭性内战最终导致塔瓦娜娜的侄子哈吐什里一世（有时自称拉巴尔纳二世）成为国王。一般认为，哈吐什里一世的统治开启了赫梯古王国时代。这位国王在安纳托利亚重建了秩序，并对阿尔扎瓦行使霸权。阿尔扎瓦是一个讲鲁维语的王国，位于肥沃的河谷中，从安纳托利亚高原一直延伸到爱琴海，中心位于爱琴海海岸的阿帕沙（以弗所群岛）。然而，哈吐什里不得不击退胡里人对赫梯心脏地带的入侵。然后，他向东南部进入叙利亚，接管了一些富裕的老牌城市，如哈苏、哈胡和乌尔苏。以阿勒颇为中心的亚姆哈德王国虽然规模大大缩小，但仍得以生存。通过结束他人的伟大王权，哈吐什里为自己赢得了“伟大国王”的头衔，也就是说，赫梯王国加入了这一时期的“列强”集团。他在位时期安纳托利亚再次引入书写系统，这一次不是使用古亚述文字，而是使用从叙利亚北部带回的古巴比伦文字。哈吐什里的书吏用巴比伦语和他们自己的赫梯语母语（卡奈什语）书写文本。他开创了记录军事征服的赫梯王室传统，发布了一系列法律判决，这可能是早期赫梯文明受到两河流域影响的部分表现。

由于哈吐什里的独子发动叛乱，哈吐什里任命他的外孙穆尔什里一世为继承人。这份任命敕令将成为典型的赫梯条约和法令：首先给出问题的历史，然后是任命，最后是一点父亲式的建议。这个男孩在与外祖父共治一段时间后成年，他成功地征服了阿勒颇，这是他外祖父曾失败的地方。公元前 1595 年，穆尔什里一世横扫幼发拉底河，攻占了巴比伦城，这是赫梯军队最为著名的成就之一。同时，这一事件与古巴比伦王朝覆灭的共时性使赫梯古王国获得了一个关键的断代时间节点。

穆尔什里一世返回安纳托利亚之后，被他的“酒政官”和连襟汉提里暗杀。之后，汉提里（一世）即位为王，他在自辩辞中写道，穆尔什里对巴比伦的洗劫“让众神感到恶心”。显然，在今人看来属于赫梯重大历史成就的攻陷巴比伦城事件，因为汉提里证明自身合法性的需要而必须被定性为负面行为“劫掠”，只有这样，杀死穆尔什里才具有正当性[1]。

汉提里一世试图控制叙利亚各省，同时将胡里侵略者挡在赫梯腹地之外。他临终前，女婿（曾经的同谋）兹坦达谋杀了汉提里的儿子并夺取了王位。此后不久，这一行为迎来恶果：兹坦达一世的儿子阿穆那弑父并夺取了王位。在铁列平看来，阿穆那的长期统治是一场灾难，但事实可能并非如此[2]。

阿穆那的两个儿子没有这么幸运，他们卷入了一场宫廷阴谋。继承王位的是胡兹亚一世，后被他的连襟铁列平罢黜。铁列平继位后，试图打破不断重复的王室内斗后胜者杀死竞争对手的惯例，对自己的对手施以仁慈。尽管如此，他的王储和王后还是在一次失败的政变中被暗杀。

铁列平发布了一份著名的文件，即《铁列平敕令》[3]，它是重构早期赫梯历史脉络的主要依据之一。该敕令的开头是一段历史叙述，描述了想象中的拉巴尔纳、哈吐什里一世和穆尔什里一世在位时期宁静的岁月。其中，拉巴尔纳建立了对安纳托利亚中部的七个城市的统治权，并派他的儿子们去治理这些城市[4]。哈吐什里一世时期也采用类似的家庭授权模式进行国土管理，但这种模式经常由于利益分歧和王位争夺而助长分裂势力[5]。随后，王室成员互相残杀，造成灾难事件。这是一份铁列平在位之前流血历史的简要版本。《铁列平敕令》的目的是制定王位继承法，提出有利于嫡长子的固定继承顺序，无长则立幼，无子可立婿，这恰好表明了他为自己的王位正当性辩护的需求。如果有人（甚至国王）计划或实施任何谋杀，他将由一个称为“全体”（*panku-*）的议会审判，如果有罪，将被公开处决，但他的家人将幸免，并可以保留他们的财产。此外，敕令规范了王家储藏库（即“印章室”）的使用，以免地方官员未来管理不善[6]，并宣布了一些关于巫术的规定。

[1] Hoffner 1975:56—58.
[2] Shelestin 2014.
[3] van den Hout 1997.
[4] van den Hout 1997:194.
[5] Gilan 2007:314.
[6] Singer 1984.

在与安纳托利亚南部地区的关系方面，铁列平承认此时的基祖瓦特那的独立地位，与基祖瓦特那国王伊什普塔赫苏签订了条约，这是一系列条约中的第一个，成了赫梯人外交政策的决定性标志。在叙利亚北部，铁列平亦曾尝试重建赫梯人的控制权，但并未成功。

古王国时期，赫梯正式定都哈吐沙，这也标志着以哈吐沙为代表的赫梯国家城市规划和建设的兴起。大规模的工程建设代表了国家在组织、调配人力和物力等资源方面巨大的协调能力，埃及古王国时期的金字塔建筑工程即是典型例证。受限于考古发掘的情况，学术界对于赫梯国家的城市建设仍有很多问题有待于进一步研究。但目前已经清晰的是，在公元前 16 世纪，哈吐沙的上城部分逐渐从一个以农业为主的地区转变为一个包含至少三座神庙的区域，并修建了用于储水的“水库”。在哈吐沙等至少四处遗址发现了大型粮仓，且采用了密封技术，确保可以长期储粮不坏，以应饥荒或军队危急之需。从整体上看，这有可能意味着至少在安纳托利亚中部，赫梯国家已经形成了一套集中管理的战略物资仓储系统。

关于赫梯古王国时期的城市布局，萨里撒城（公元前 16 世纪后期）提供了一个较为清晰的例证。从该城树木年轮上获取的放射性碳数据表明，这座城市最早的建筑物约可断代于公元前 1530 年前后，接近铁列平在位时期。该城以暴风雨神神庙（建筑 C）为中心，向外呈清晰的网格状布局，这表明城市是在整体组织和规划的蓝图下进行建设的。一般认为，城市分为自然有机生长和人工规划两种方式，前者多是古老的定居点逐渐发展而成，后者是出于特定目的新建立的定居点，萨里撒城显然属于第二种情况。古代埃及的一些著名城市，如金字塔城拉洪、第十八王朝的阿玛尔那和代尔-麦地纳工匠村亦属于“新城”建设的类型。萨里撒城周边早期的定居点似乎已经遭到废弃，新城的兴起和建设表明赫梯国家已经可以进行有效的人口管理和大规模的社会控制。这座城市海拔较高，本不适宜农作物生长，但气温的升高改变了区域生态，导致松林覆盖向更高的海拔区域后退，这使得该地点适合农业开发，城市周边的农业用地似乎也受到城市规划的影响[1]。

赫梯中王国时期开始于塔胡尔瓦伊里的统治。作为铁列平的继任者，他是祖鲁（负责保卫国王的亲卫首领）之子，在位时期与基祖瓦特那的埃海亚重新签订条约。铁列平的女婿阿鲁瓦穆那之后登上王位，判定已故的塔胡尔瓦伊里因其罪行，永远不被祭祀。阿鲁瓦穆那成功地将王位传给了他的王储汉提里二世。尽管他继续与基祖瓦特那结盟，并与其国王帕达提苏签订了条约，但王国北部的三分之一，包括第二圣城奈瑞克，被野蛮的卡什卡人夺去了。从人名来看，这些野蛮人中有许多是安纳托利亚高原北部最初的哈梯人的后裔。

汉提里二世的王位由兹坦达二世和平继承。新国王是汉提里的兄弟、国王亲卫首领哈苏伊里之子。兹坦达通过与皮利亚国王签订条约，继续与基祖瓦特那结盟的政策。然而，在兹坦达的继任者胡兹亚二世统治期间，皮利亚脱离了与赫梯的联盟，与强大的新胡里帝国米坦尼的巴拉塔尔纳结盟，该帝国位于上两河流域的瓦苏卡尼地区。这一时期再次以谋杀告终，胡兹亚二世被其亲卫首领穆瓦塔里一世杀害，后者很可能是他的兄弟或叔父。穆瓦塔里在新朝中给胡兹亚的儿子坎图兹里和希梅利以高位，显然是为了安抚他们。这一计划的效果适得其反，胡兹亚的儿子们发动叛乱，最终杀死了穆瓦塔里。穆瓦塔里与塔胡尔瓦伊里类似，同样遭到被遗忘和永为饥饿幽灵的谴责。此次动乱最终以坎图兹里年轻的儿子图塔里亚二世登上王位告终。

图塔里亚二世的统治标志着赫梯王国的复兴。虽然他的年代记被严重破坏，但人们对他收回或获取领土的企图有所了解。他第一场战役是向西打击阿尔扎瓦及其盟友塞哈河国和哈帕拉。随后，他击败了阿苏瓦。年代记列出了他征服的清单，从南部的卢卡（即吕西亚）到北部的维鲁西亚（即伊利奥斯）和塔鲁伊萨（即特洛伊），表明了他的征服范围。安纳托利亚西部一位名叫马都瓦塔的地方统治者与阿黑亚瓦的阿塔

[1] Weeden 2022:554—555.

瑞西亚的恩怨，表明迈锡尼时期的希腊人可以将影响力向安纳托利亚投射，这将与赫梯发生直接冲突。

北方的卡什卡人仍是赫梯人无法彻底征服的对手。当图塔里亚忙于与阿苏瓦交战时，卡什卡人趁机袭击他的后方；当他回师时，卡什卡人却逃跑了。而当他一路向北追击，卡什卡人已退至森林中与他周旋。因此，图塔里亚虽赢得了对卡什卡人的胜利，但可能并不长久。

在南部，图塔里亚用“自由”的承诺诱使基祖瓦特那的苏那苏拉离开米坦尼。由此产生的赫梯和基祖瓦特那的条约虽然不完全是一项平等条约，但也不完全是一项从属条约。图塔里亚和米坦尼亚国王沙乌什塔塔在伊苏瓦、赫梯以东和米坦尼亚以北的穆拉特苏河谷发生了冲突，之后图塔里亚更加积极地在叙利亚重建其祖先的统治，对米坦尼造成重大打击，并夺取了阿勒颇。也许正是在这个时候，当赫梯人与米坦尼交战时，他们与米坦尼当时的敌人埃及签署了一项“永久友好条约”，即所谓的《库鲁斯塔马条约》。这份条约今已不存，只是在苏皮鲁流马一世的大事记和穆尔什里二世的瘟疫祷文中可以知道两国曾签署过这样一份协议。

由于图塔里亚和尼卡勒马提只有一个女儿阿西姆尼卡勒，他们决定收养女婿阿尔努旺达为养子继承王位，为了确保这一点，他们让父亲与女婿共治。他们的联合年代记描述了对基祖瓦特那的征服。可以想象，图塔里亚二世和阿尔努旺达一世是在强制施行尼卡勒马提及其继承人的权利，以对抗其他更为遥远的主张独立的人。赫梯王室一位名叫坎图兹里的成员被任命为这片土地的国王，并被授予“基祖瓦特那祭司”的头衔。此后，赫梯国王，可能还有王子，都有一个传统的赫梯名字（通常起源于哈梯语或鲁维语）作为哈吐沙的国王，以及一个胡里名字，以示其同时是基祖瓦特那的统治者。图塔里亚的王后尼卡勒马提是第一位有胡里名字的赫梯王后。

阿尔努旺达在北部边境取得的成功有限。他与卡什卡人签订了几项条约[1]，卡什卡首领宣誓和平并归还战利品。这些条约明确指出，卡什卡人违反了先前的条约。同样清楚的是，只有一些卡什卡人愿意签约；他们被警告不要将自己的羊与敌对的卡什卡人的羊混在一起放牧，因为当赫梯军队袭击敌对的卡什卡人时，他们不会停下来分清羊群。即使是友好的卡什卡人也不完全受信任，他们只能在赫梯指定的城市进行贸易。在赫梯人看来，卡什卡人洗劫神的庙宇，驱散神庙祭司，对神不虔敬，还阻止向圣城奈瑞克呈送祭品甚至抢劫祭品，由卡什卡人控制的北部土地也不再提供税收来帮助和支持王国其他地方的神[2]。

当图塔里亚三世继位时，灾难已经临近。米坦尼人不仅夺走了赫梯人在叙利亚的属地，他们与埃及的和平条约为其自如地与赫梯人打交道提供了安全保障。赫梯北部的局势变得更加严峻。驻扎在塔皮伽（当代玛沙特修虞克）的一位总督和一位将军的档案是在首都哈吐沙以外发现的最重要的赫梯文献集之一（即“玛沙特书信”）[3]，对了解当时的情况有很大帮助。其中一封信写道：“致国王陛下，您的仆人塔尔亨特伊斯哈斯米斯这样说。敌人刚刚在两个地方大批越境。一批在伊斯特鲁纳村越境，另一批在兹斯帕越境……如果陛下派遣某位将军来，敌人就不会侵扰我的土地。我已经在哈皮杜因山上部署了远程斥候……请陛下知晓。”[4]塔皮伽被烧毁后，档案记录突然结束。值得注意的是，塔皮伽距离哈吐沙仅有116公里，如果此地经常面临来自北部山区的敌人（可能包括卡什卡人）的巨大压力，很难令人相信赫梯国家治理和国土防御的安全性和稳定性，部分地区可能居住着虽然在经济上有益，但也会随时变得具有破坏性的人口。

一篇祈祷文指出，这一时期赫梯受到打击，被敌人击败，人口减少，神的仆人减少，许多神庙不复存在[5]。并且，更具有灾难性的事件

[1] von Schuler 1965：117—134.
[2] Singer 2002：40—43.
[3] Alp 1991.
[4] Hoffner 2009：173—175.
[5] Singer 2002：65.

是，来自卡什卡、阿尔扎瓦、阿拉万特、阿兹、伊苏瓦和阿玛塔纳六个方向的敌人，同时入侵了赫梯国土，首都哈吐沙也被烧毁，朝廷被迫迁往萨皮努瓦。图塔里亚奋力拯救国家，但情况似乎并不乐观。埃及的阿蒙霍特普三世用赫梯语写信给阿尔扎瓦的统治者，说他听闻赫梯人的土地瘫痪了[1]。

幸运的是，图塔里亚有一子（可能是私生子）名叫苏皮鲁流马。他曾与父亲并肩作战，并在父亲病重、无力参战的岁月里，独自领兵击退入侵者。每当赫梯军队在另外的战线作战，卡什卡人都会从北方发动进攻，然后在次年再次被击退。最后，苏皮鲁流马转向了阿尔扎瓦。由于这片区域缺乏天然屏障，阿尔扎瓦似乎已经席卷了整个安纳托利亚南部高原。苏皮鲁流马击退了阿尔扎瓦，将这片自拉巴尔纳时代以来一直属于赫梯人的领土收复。

尽管苏皮鲁流马取得了成功，但他并不是法定继承人。他曾向“所有在哈吐沙的亲贵……宣誓”，支持图塔里亚三世国王的儿子小图塔里亚。然而，当图塔里亚三世去世时，苏皮鲁流马（一世）成为国王，小图塔里亚和他的（成年）兄弟一起被谋杀。苏皮鲁流马之子穆尔什里二世为了确定瘟疫在赫梯大地肆虐了二十年的原因，通过神谕问题追溯了这段尘封的夺位往事[2]。

第二节　古王国时期《赫梯法典》中的逃亡现象与引渡

“引渡”是国与国之间的行为。赫梯与其他国家之间引渡的记载主要保存在大量的条约、书信、涉外政令以及年代记、训文等类别的文献中，尤以条约和书信最为丰富。但留存至今的古王国时期的这两类文献

[1] Hoffner 2009：273—277.
[2] 参见穆尔什里二世致众神的第一篇瘟疫祷文：Singer 2002：61—64。

十分有限。迄今为止，关于“引渡”的确切记载出现于中王国时期的条约文献。在此之前，只能在《赫梯法典》[1]的部分条款中看到一些处置被诱拐者和逃亡者的内容，这些内容很可能与后来的引渡规定有一定的关系：

> §19a 假如一个鲁维人从赫梯诱拐了一个自由人——或者是男人，或者是女人——并把他带到鲁维/阿尔扎瓦国，而随后被诱拐者的所有者认出了他，（诱拐者）可以被（原告）没收全部财产。
>
> §19b 假如一个赫梯人在赫梯国内诱拐了一个鲁维人，并把他带到了鲁维国，先前他们交付十二个人，但现在他应当交付六个人，他应当用自己的房产作担保。
>
> §20 假如一个赫梯人从鲁维诱拐了一个赫梯男奴隶，并把他带到赫梯，随后被诱拐者的所有者认出了他，诱拐者应当赔付给他十二舍克勒银子。他应当用自己的房产作担保。
>
> §21 假如任何人从鲁维诱拐了一个鲁维人的男奴隶且把他带到赫梯，（随后）他的所有者认出了他，（这个所有者）只能带（回）他自己的奴隶：不应当有赔偿。
>
> §23a 假如一个男奴隶逃到鲁维国，（他的所有者）应当赔付六舍克勒银子给将他带回的人。
>
> §23b 假如一个男奴隶逃到一个敌国，任何把他带回的人可以将他据为己有。

目前，我们对古王国时期赫梯国家周边的情况了解有限，但上述法典中的条款涉及了赫梯与周边国家的关系问题。这些条款主要是关于赫梯与他国之间被诱拐或主动逃亡人员的追讨规定，但其中没有明确记载代表任何一方国家的国王或官员提出送还被诱拐人员或逃亡者的要求，

[1]《赫梯法典》最早成文于赫梯古王国时期，中王国和帝国时期均有不同的版本，本书所选条款均成文于古王国时期。

条款本身没有明确指出这些纠纷是纯粹的民事案件，还是带有官方性质的涉外案件。如果仅仅是赫梯单方面试图从国外追讨被诱拐者或逃亡者，而与他国王室（政府）无涉，则这类条款尚不能归属于引渡规定。在第23b款中，很可能已经有了防止奴隶通敌的政治上的考虑，从后世引渡规定的惯例来看，这一条款相对于真正的“引渡”来说，缺少这样的内容：以国王为代表的国家要求对方国家归还本国认为应当被归还的人。因此，正是在“归还逃犯”这一层意义上，在目前所见的古王国时期的文献中，法典中的相关条款可以视为和后世的引渡规定有相通之处，只是这一时期的“引渡”活动——如果存在的话——尚处于早期的发展阶段。

第三节　赫梯中王国时期的引渡现象

中王国时期，赫梯多位国王与周边一些国家建立了引渡关系。

赫梯国王塔胡尔瓦伊里与基祖瓦特那的埃海亚国王的条约（CTH 29）表明，这一时期，赫梯与安纳托利亚半岛东南部的基祖瓦特那有引渡方面的合作：

> §1 如果大王们的一个仆人(寻求)(他的)主,(进入基祖瓦特那国,大王派人要求送回逃犯,并且,这样说:“他追踪我,我将把他扣留”,如果这句话是真的,那么人们将把逃犯送回。)但是,如果逃犯否(认:“我没有追踪他”,这句话是骗人的,并且他们是)赫梯的可靠的人,正是这些人要求埃海亚国王向神灵们去发誓,并且他们已经在诸神灵的面前发誓,那么,人们将把逃犯送回。
>
> §2 如果,但是,埃海亚的一个仆人(……),派遣,他这样说道:……如果,但是,逃犯,……基祖(瓦特那)的可靠的人……

可以看出，这些条款已符合“引渡”的基本含义，是在约定的特定情况下一国向另一国遣返罪犯，这也是目前所见赫梯文献中最早的关于引渡的明确记载。这位国王的统治时间位于铁列平和阿鲁瓦穆那之间，故这篇条约大约在公元前1500—前1440年签订。这表明，赫梯史上最早的引渡规定至迟出现于公元前15世纪中叶。

需要指出的是，在此之前，古王国末王铁列平与基祖瓦特那国伊什普塔赫苏国王曾签订过一个条约，这是赫梯历史上现存的第一个条约，且根据称谓和内容来看是平等条约。由于这份条约破损严重，现在无法判定其中是否有引渡条款。不过，在古王国晚期（铁列平统治时期）至中王国中期（图塔里亚一世/二世统治时期）的一组基祖瓦特那条约中，有三份保存情况良好，且均有规定详细的引渡条款。根据后来赫梯的传统，新王即位要与之前签订条约的国家重新续约，以证明新的君主对权力的有效掌控。在铁列平至图塔里亚一世/二世的这段时间内，安纳托利亚半岛上的政治格局总体上没有太大变化，赫梯与基祖瓦特那的数次签约很可能就属于这种程序上签约与续约的情况。因此，在目前只保存下来残片的稍早些时候的铁列平与伊什普塔赫苏的条约（CTH 21）和稍晚些时候的兹坦达二世与皮利亚的条约（CTH 25）中很可能也有引渡方面的规定，这种规定或许早已是赫梯与基祖瓦特那外交中重要的组成部分。因此，赫梯史上的引渡记载很可能早在公元前16世纪晚期铁列平与伊什普塔赫苏的条约中就已经出现，这使得世界上最早的引渡记载出现的时间大为提前。

很可能在汉提里二世统治时期，赫梯继续了与基祖瓦特那的引渡合作。一份可能归于这一时期的某位赫梯国王与帕达提苏国王的条约（CTH 26）显示，如果赫梯大王派人追寻逃至基祖瓦特那国的赫梯逃犯，则“逃犯必须送回”。但有趣的是，和埃海亚条约相似，这里的遣返规定也不是无条件的，如果逃犯拒绝承认赫梯国王的指控，基祖瓦特那方面可以要求赫梯人起誓，以确认指控的真实性。赫梯人应要求起誓，逃犯方可被送回，反过来对基祖瓦特那方面的规定亦是如此。另外，如果赫梯或基祖瓦特那某居民点的人和物离走至对方境内，对方有义务将人与物一并归还。这是目前所见赫梯文献中出现得最早的应当在引渡人员的同时也归还物品的规定。

由于资料匮乏，目前尚无法确定在汉提里二世和图塔里亚一世/二世国王之间的这段时间[1]赫梯与周边各国引渡的发展情况。但一部约成文于公元前 15—前 14 世纪之交的赫梯国王与胡哈查尔玛的条约（CTH 28）中有如下规定：赫梯国的一个居民逃到你的国家，把他送回来。这在某种程度上表明，在这一历史时期，赫梯与周边国家仍然存在引渡约定。

在图塔里亚一世/二世统治时期，赫梯与基祖瓦特那继续通过条约的方式维持外交关系。关于引渡的条款在赫梯国王图塔里亚二世与基祖瓦特那国苏那苏拉的条约（CTH 41.1）中比过去规定得更为具体，双方平等承担向对方引渡反叛对方国王者的义务，如果无法引渡罪犯，则应作出相应赔偿[2]。值得注意的是，这份条约的赫梯语文本（CTH 41.2，CTH 131）规定了一种新的引渡情况：

> §8 如果一个逃犯从赫梯逃到另一个国家，又从另一个国家来到基祖瓦特那，苏那苏拉必须抓住他，并交还给他的主。

这一条款涉及缔约双方之外的第三国，是中王国时期引渡发展的重要表现之一。

在这篇《苏那苏拉条约》的阿卡德语文本（CTH 41.1）中，赫梯国王还回顾了曾试图从胡里国（米坦尼）引渡逃亡的伊苏瓦人的努力，最终，两国紧张的外交关系使得引渡无法实现。

---

[1] 先后有兹坦达二世、胡兹亚二世、穆瓦塔里一世在位。

[2] "赔偿"的规定很少见于赫梯引渡条款，可能仅是早期引渡规定中出现的内容。这种规定很容易使人将其与古王国时期《赫梯法典》中对诱拐奴隶这一行为所要求的赔偿联系起来，引渡条款中的规定很可能是早期法典相关内容所体现的观念在后世的延续。

除了与基祖瓦特那之间有引渡约定外，一块条约的残片[1]表明，图塔里亚一世/二世统治时期的赫梯很可能与叙利亚北部的附属国吐尼颇亦达成引渡逃犯的协定。

阿尔努旺达一世即位后，赫梯继续对基祖瓦特那施加影响，向当地军事殖民是施加影响的手段之一，伊什麦里卡的贵族及其军队充当了军事殖民者的角色。“赫梯国王为了控制米坦尼-基祖瓦特那扩张的势力范围而与伊什麦里卡的贵族们签订了条约。”[2]条约规定伊什麦里卡人应当“与监视基祖瓦特那人的赫梯当地统治机构保持密切协作”[3]。在关于引渡的条款中，强调了应当引渡从他国、邻国到来的信使和逃犯，这很可能是针对作为伊什麦里卡监督对象的基祖瓦特那而特别规定的。此外，在这份条约文献中首次出现了应当履行引渡义务的一方在逃犯面前必须“赞美”赫梯的规定[4]。

除了与南部的伊什麦里卡人签订引渡协议外，阿尔努旺达一世统治时期与北方的卡什卡人签订的条约亦有引渡方面的规定。直到后来的穆尔什里二世时期，卡什卡人仍然是赫梯国王需要格外花费精力应付的对手，这些部落缺乏统一的中央组织机构，因此，“尽管他们很容易被打败，但不太可能被彻底征服，这就像试图挖掘沙山的边缘一样往往徒劳无功”[5]。赫梯国王阿尔努旺达一世与卡什卡人的条约（CTH 138）规定：

> §23（如果）触怒了（他的主），并且逃亡到卡什卡，如果他来到你的某一个友好的城市，你们要抓住他，（并且把他交出来！）你们不应这样对他说：“我们尽管在誓言下，去！无论哪个城市，我们支持的正是你。”你们应把那个人交回。

---

[1] 即赫梯国王与吐尼颇国拉布的条约（CTH 135）。
[2] Kempinski 1979:212.转引自李政 2006a:43—44。
[3] Beckman 1999:14.
[4] 参见赫梯国王阿尔努旺达一世与伊什麦里卡统治者的条约（CTH 133）。
[5] Beal 2000:82.

§24（如果）一个逃亡者（从赫梯）来到卡什卡国的一个友好城市，（如果他是一个奴隶），并带了他的主人的财产，或者（如果）他是一个小市民，带走了他的同伴的财产，你要把财产（交）回，那个逃亡者属于你。如果某人从这个友好的城市来到赫梯，（如果）他是一个奴隶，并且带走了他的主人的工具，或者他是一个自由人，（带走）了他的同伴的工具，（我们将）把工具还给（你们），但是，我们将不归还逃亡者。

§25 在哈吐沙的你们的人质，如果某个人逃跑了，并且回去了，你们不许藏匿他，你们要把他交回。

§26 另一方面，如果一个逃亡者从哈吐沙来，他到了一个友好的城市，或者（如果）一个友人在边界内发现了那个人，并且抓住了他，如果你们不交还给哈吐沙，并把他送到敌国，（那么）整个城将要为罪恶而抓获一个人。

§27 如果一个人从卡什卡逃难到赫梯，他到了一个友好的城市，使他回到哈吐沙的路上，但是，你不能抓住他，并且不能使他回到卡什卡，或者把他卖到赫梯。

§30（如果某人）作为逃亡者来（到）赫梯……到了哈吐沙的逃亡者，人们不应要求遣返到卡什卡。

与先前偶尔出现经第三方引渡的规定相比，这份条约多次出现逃亡者逃至第三方——“友好城市”之后的处理方案。

值得注意的是，这份条约提到了引渡时财产与被引渡人员可以分离的情况：财产（包括工具）必须归还，但带走财产的逃亡者却可以不归还。一般说来，逃亡者与其携带的财物是应当一并被引渡的[1]，可以允许不引渡逃亡者而仅送回财产的情形极为罕见。

除上文提到的这份卡什卡条约（CTH 138）外，赫梯学家认为，还

[1] 如一位赫梯国王与基祖瓦特那国帕达提苏国王的条约（CTH 26）、赫梯国王阿尔努旺达一世对玛都瓦塔的指控（CTH 147）。

有其他几篇卡什卡条约[1]很可能也是阿尔努旺达一世在位时期与卡什卡人签订的。由于赫梯在战争中占据了相对优势，因此，这组卡什卡条约均是赫梯主导的附属国条约。条约规定了大部分情况下从赫梯逃亡的人应当被引渡，但是，“到了哈吐沙的逃亡者，人们不应要求遣返到卡什卡”，这一点与后世附属国条约中几成惯例的“从赫梯遣返逃亡者是不允许的”十分相似，是这种单向引渡策略的萌芽。

在阿尔努旺达一世统治时期，赫梯对安纳托利亚半岛西部阿尔扎瓦地区展开了一系列征服战争，玛都瓦塔文献表明征服战争进行得并不顺利。在这份文献[2]中，阿尔努旺达一世回顾了先王图塔里亚一世/二世曾令玛都瓦塔立下引渡誓言，玛都瓦塔承诺将向赫梯引渡各种身份的逃亡者、敌国信使和敌视国王与王子的人。另外，在这份指控文献中，赫梯国王还特别提到在引渡“我主的猎人”尼瓦拉一事中，玛都瓦塔阻挠国王的特使穆利亚拉执行引渡任务的情况。这份指控文献的成文目的何在尚不得而知，“可能是赫梯国王写给玛都瓦塔，用以劝说其改正错误，完成对赫梯应尽的义务。由于没有关于玛都瓦塔的其他文献被发现，我们无法确定这次争论的结果是什么”[3]，无法确定猎人尼瓦拉是否被成功引渡。不过，文献中玛都瓦塔表示：“……如果他的主现在确实要求索回平民俘虏，我将把他们归还给他。”这很可能显示了玛都瓦塔对赫梯的总体态度，也预示了最终将可能对赫梯有利的结局。

根据出土于玛沙特城（可能是赫梯时代的塔皮卡城，位于哈吐沙的东部）的大量书信，阿尔努旺达一世可能曾致信一位叫卡苏的当地官员，告诉他：“关于你要送来的十三个逃亡者，他们已经把他们（逃亡者）送来了。”(Mst. 75/41) 卡苏是距离哈吐沙不远处的赫梯城市的官

---

[1] CTH 137、139、140，这几份条约引渡部分的译文参见本书第一章第二节第 6、8、9 篇文献。

[2] 即赫梯国王阿尔努旺达一世对玛都瓦塔的指控（CTH 147）。这篇文献曾被认为成文于约公元前 13 世纪，现在被认为属于公元前 15 世纪晚期。相关讨论参见 Otten 1969，Heinhold-Krahmer 1977:260—275。转引自 Beckman 1999:153。

[3] Beckman 1999:153.

员，并非是外国势力，故不可能是在阿尔努旺达一世与卡苏之间发生的引渡行为。可能的情况是卡苏护送从他国引渡回来的逃亡者回哈吐沙，也可能只是他抓获并送回了尚未逃离国境的逃亡者。如果是后者，则不存在引渡问题；但如是前者，考虑到塔皮卡城与北部卡什卡人部落非常接近的地理位置[1]，则很有可能是当时从卡什卡引渡回来逃亡者的事实证据。由于在新王国时期之前，关于引渡的记载多见于条约文献，以规定详细的引渡条款的形式出现，关于引渡顺利实现的记载少之又少，故关于送回逃亡者的事实记录显得弥足珍贵。不过，由于缺少更丰富的材料，这封极短的信件中透露出来的信息尚不足以得出引渡约定甚至引渡得以成功实现的结论。[2]

赫梯中王国时期尚有几份文献难以确定归属于哪位国王的统治时期，如关于帕胡瓦的米塔的指控和与几个安纳托利亚政治组织长老的条约（CTH 146）。赫梯是拥有实权的宗主国，这份文献更像是赫梯国王向若干下级官员发布的一份敕令，在引渡的条款中详尽、严格甚至苛刻地规定了必须引渡的相关人员和物品，不允许有任何遗漏，例如：

§8 把(米塔和皮伽那)，他们的妻子、儿子、孙子，他们的家奴、牛、羊，和一切他们的财产带(给我，我主)。你不应当隐瞒哪怕像(一根羊毛一样少的东西)。

§9 (我们召集了……)，阿里皮兹，皮提亚里克城的人；艾什亚，都伽玛城的人；(……，……城的人)，我们已经为你们这样置于誓言之下：米塔现在在不断地犯罪。他违背了誓言中所有的事情。你们所有人都从我对(米塔)的指控中了解了(此事)。我，我主，(……)现在致信帕胡瓦人。如果帕胡瓦人继续(表示)效忠，(他们应当把米塔)和他的妻子，乌萨帕的女儿，和他的(儿子们)，连同他的第二个妻

[1] 参见附录四：青铜时代晚期的安纳托利亚。

[2] 阿尔努旺达一世也曾致信给当地的另一位官员皮塞尼（Mst. 75/18），但信中关于逃亡者遣送的内容同样非常有限，无法据此作出进一步判断。

> 子，连同他的家奴、他的牛羊，（以及他所有的财产）带来。他们将把哈沙那的家庭和（卡利姆那亚）的家庭，连同他们的妻儿、家奴、牛羊及所有的财产带来。他们将（交出一切）。他们将不会（藏匿）哪怕像一根羊毛一样细小的东西。

赫梯国家在古王国时期是否与周边政治势力达成过引渡约定或成功实现过引渡尚不清楚。但自中王国开始，赫梯与其周边的安纳托利亚半岛东南部的基祖瓦特那、北部的卡什卡部落、西部的阿尔扎瓦地区和叙利亚北部的某些小国均达成过引渡协议，引渡对象包括人和财物。赫梯也曾向米坦尼发出过引渡要求。

这一时期的引渡关系大体为平等双向引渡，卡什卡条约中的某些情况也是如此，赫梯与叙利亚北部吐尼颇国签订的条约很可能也有个别条款属于这种情况。但伊什麦里卡条约和卡什卡条约中的一些规定表明，后世不平等条约中单向引渡的萌芽在中王国中后期已经出现。

第三章

赫梯帝国时期的引渡现象

第一节　赫梯帝国时期的历史[1]

尽管不同学者对于赫梯史的分期有不同看法，但苏皮鲁流马一世作为赫梯帝国时代的第一位君主是得到公认的。今天关于他在位时期的信息主要来自他的儿子穆尔什里二世为他撰写的“大事记”[2]，这篇文献记载的时间始于苏皮鲁流马之父图塔里亚在位时期。当时，图塔里亚患病，苏皮鲁流马代父出征，直至图塔里亚康复，父子共同将赫梯从来自四面八方的敌人的威胁中解救出来。

即位后，苏皮鲁流马一世在几次艰难的战役中，化解了阿尔扎瓦的威胁。在阿尔扎瓦的一个附属国米拉库瓦利亚，他将一直觊觎王位的马什胡伊卢瓦扶上王位，并纳其为婿。阿玛塔纳和伊苏瓦被制服了。阿兹哈亚萨的新国王胡卡纳决定实现和平。由于与这位重要邻居达成和平对苏皮鲁流马的进一步计划至关重要，他将一个姐妹嫁给胡卡纳。在赫梯与阿兹哈亚萨的条约中明确规定，胡卡纳除了赫梯公主之外，不能再有其他妻子。当然，胡卡纳作为君主，可以纳妾，但条约接着说：虽然我

[1] 赫梯帝国时期的历史脉络整理自李政 2018：170—255；Bryce 2005：154—356；Beal 2011：586—603；Weeden 2022：573—622。

[2] 全文内容参见 Hoffner 1997。

们赫梯人知道，在野蛮的阿兹哈亚萨，兄弟可以与他的姐妹、他的表姐妹或妻子的姐妹睡觉，但既然胡卡纳已经成为荣誉的赫梯人，他必须避免乱伦，因为这是赫梯人的死罪[1]。苏皮鲁流马一世统治期间因势利导建立的这些外交关系，为他的儿子穆尔什里二世时期处理与安纳托利亚西部的盟友关系树立了可以模仿的样板，穆尔什里二世甚至在某种程度上已经找到了西部问题的部分解决方案。

外交策略与军事威压并用的手段同样出现在苏皮鲁流马对安纳托利亚东部和叙利亚北部地区的争夺行动中。赫梯一旦重出安纳托利亚，无论向东还是南下，都会与米坦尼发生直接冲突。米坦尼国王图什拉塔曾将从赫梯人手中夺走的战利品送给了他的埃及盟友，这导致苏皮鲁流马准备与米坦尼摊牌，并收留了一位心怀不满的米坦尼王室成员阿尔塔塔马。为了与加喜特王朝结盟，苏皮鲁流马与王后离婚，迎娶了加喜特巴比伦的公主。对于叙利亚地区的米坦尼诸附属国，他说服了乌伽里特和努哈塞重入赫梯麾下，但其他一些邦国组成了亲米坦尼联盟，袭击了乌伽里特，与赫梯对抗。在接到乌伽里特的求助后，苏皮鲁流马没有如各方所预期的那样挥师南下进入叙利亚，而是向正东进军伊苏瓦。在这一地区，通过大军压境下的利益交换，他获得了通过另一米坦尼附属国阿勒兹的权利。之后，苏皮鲁流马南下直入米坦尼腹地。图什拉塔拒绝出战，向东奔走。但苏皮鲁流马洗劫了米坦尼首都瓦苏卡尼后，并没有乘胜追击图什拉塔，而是率军向西折回，夺取了米坦尼在叙利亚的附属国，这可能才是他真正想要的战果。亲米坦尼联盟此时只好向米坦尼的盟友埃及寻求帮助，但埃及此时的法老埃赫那吞对米坦尼的态度相当冷漠。在这种情况下，叙利亚诸国只能根据实际情势做出对自己最为有利的选择。对抗赫梯的努哈塞-卡特纳国被苏皮鲁流马肢解，并用准备与赫梯人合作的人取代了负隅顽抗的原统治者。阿穆如的阿兹如加入了苏皮鲁流马阵营，以便他能够将米坦尼和埃及的附属国（如西顿和毕布罗

[1] Beckman 1999:26—34.

斯）据为己有。但他同时向埃及人保证，他的所有行动都是为了帮助埃及。卡叠什的苏塔尔纳试图挑战苏皮鲁流马，兵败后被废黜，他的儿子艾塔卡马被扶上王位，并向赫梯表示臣服，同时试图让埃及人相信一切并不像看上去的那样对埃及不利。阿穆如和卡叠什在赫梯和埃及之间的摇摆和双面讨好行为，生动说明了黎凡特地区的诸弱小邦国夹在大国之间微妙又充满风险的生存策略。

在叙利亚战争的过程中，对幼发拉底河西岸的卡尔开美什的收服意义重大。苏皮鲁流马围困了这座城市，在八天内迅速结束战斗。值得注意的是，根据苏皮鲁流马一世大事记，尽管赫梯军队洗劫了卡尔开美什的内城区域，将居民、金银和青铜器等带回了哈吐沙，但并未对卫城的众神神庙无礼，不仅没有让任何人进入库巴巴神和卡尔胡希神的神庙，甚至他本人也没有接近任何一座神庙。近年来，对卡尔开美什的考古发掘表明，在青铜时代晚期 I 期位于较低位置的内城区，发现了范围相当广泛的焚烧层，这可能是苏皮鲁流马当年围攻并洗劫的结果[1]。在控制了卡尔开美什之后，苏皮鲁流马将一个年幼的儿子皮亚西里立为卡尔开美什国王和赫梯在叙利亚领地的总督。这个职位在赫梯国家的等级制度中具有特殊地位，从皮亚西里开始，传了四代，基本与哈吐沙的四代赫梯国王（从穆尔什里二世至苏皮鲁流马二世）平辈，直至赫梯帝国结束。类似的情况同样发生在苏皮鲁流马的另一个儿子铁列平身上。他原是“基祖瓦特那祭司”，此时从基祖瓦特那被召唤至叙利亚，获任阿勒颇君主，并担任阿勒颇最重要的暴风雨神的大祭司，同样代代相传。所有的赫梯盟友和被征服者都被一系列条约联系在一起，这些条约规定了他们对哈吐沙和卡尔开美什主君的责任，并被赋予一定的权利。

叙利亚战争期间，埃及年轻的法老图坦哈蒙去世，苏皮鲁流马收到了一封来自图坦哈蒙王后的十分特别的信，信中写道：“我的丈夫死了，我没有儿子。听说你有很多儿子。如果你给我一个儿子，我会让他

[1] Marchetti 2015：20.

成为我的丈夫。我不想挑选我的仆人成为我的丈夫……”苏皮鲁流马对这封信的内容感到震惊，他派了一位信任的官员哈吐沙兹提去埃及查明真相。第二年春天，哈吐沙兹提带着埃及信使哈尼回来了，并带回埃及王后的一封充满愤怒的信：“如果我有一个儿子，我会把我自己和我的国家的苦难告之外国吗？”她重申了之前的提议，并表示她将让苏皮鲁流马的儿子成为埃及国王。苏皮鲁流马查阅了档案，发现了埃及与赫梯之间曾有一份古老的库鲁斯塔马和平条约，因此他决定把儿子赞南扎送到埃及。但一些埃及当权者显然对王位另有想法，在赞南扎的旅途中或是他刚抵达埃及时谋杀了他。苏皮鲁流马对此极为悲伤和愤怒，写下一封言辞激烈的书信指责埃及人。这份书信的一份副本（可能是草稿）以赫梯语写成，保存在哈吐沙[1]。但他无法立即采取行动报复，因为困扰赫梯人已久的北方卡什卡人的问题再次出现，此时的卡什卡人在皮胡尼亚国王的领导下异乎寻常地团结在一起，给赫梯北部边境带来很大威胁。因此，他派遣儿子阿尔努旺达以谋杀罪名发兵惩罚埃及，而苏皮鲁流马则亲自挥兵北上。

与此同时，在米坦尼，战败的图什拉塔被谋杀，年轻的国王苏塔尔纳三世更为偏向米坦尼的两个前附属国亚述和阿勒兹，并将首都从残破的瓦苏卡尼迁往泰蒂，此地远离赫梯，更靠近亚述。苏皮鲁流马曾收留的图什拉塔的一个不得志的儿子萨提瓦扎在此时发挥了作用。苏皮鲁流马与他签署了一份条约，把自己的一个女儿嫁给后者，并令卡尔开美什国王皮亚西里任命这位新连襟为米坦尼国王。皮亚西里的军队渡过幼发拉底河，占领了米坦尼的一系列城市，并在米坦尼的新首都泰蒂与苏塔纳三世和他的亚述盟友进行了战斗。皮亚西里成功地扶植了萨提瓦扎，条约中有对这次战争的描述。学者们将萨提瓦扎条约中赫梯占领米坦尼诸多城市的征服活动称为“一年战役”，因为苏皮鲁流马在条约中明确讲道：“由于图什拉塔的傲慢，我在一年内占领了所有这些国家，并把它们

[1] van den Hout 1994:60—88.

带入赫梯国家；黎巴嫩山和幼发拉底河的对岸都成为我的领地。”[1]将赫梯夺取米坦尼土地的行为视为米坦尼国王自身犯错之后得到的惩罚，这不仅意味着赫梯对米坦尼的“教训”是有理由的，而且表明赫梯无意侵犯与米坦尼控制下的土地毗邻的埃及帝国的亚洲领地。

苏皮鲁流马一世所向披靡的征服活动在赫梯大军的一次胜利之后戛然而止。阿尔努旺达从对埃及的战争中胜利归来。他带回了战利品和俘虏，但也带回了瘟疫。伟大的征服者苏皮鲁流马一世就在他的武功到达巅峰时感染瘟疫崩逝。

苏皮鲁流马一世对叙利亚北部地区的征服活动深刻影响了之后西亚历史的走向。米坦尼作为东地中海世界主要“玩家”之一的地位开始下降，赫梯代替米坦尼取得了叙利亚北部地区的控制权。这一区域不仅成为赫梯逐鹿近东的新的基地和前哨，同时，标志着赫梯在内部治理方面也更为得心应手：地方冲突处在卡尔开美什封侯的有效管理之下[2]，减轻了哈吐沙的赫梯大王在陶鲁斯山以南的治理压力，使其不必在卡什卡人和叙利亚北部地区之间顾此失彼。同时，赫梯必须面对与埃及日益临近的冲突，并提防东方米坦尼衰落后逐渐崛起的亚述。

作为一位成熟的政治家，苏皮鲁流马一世在他长期的征服过程中，注意将地缘政治外交策略与直接的军事力量灵活结合使用，但在编年史的叙事中通常只能看到后者。这也是近代以来赫梯帝国留给世人的第一印象通常只是“军事强国”的直接来源。

苏皮鲁流马一世之子阿尔努旺达二世在父亲骤然离世后短暂成为国王。之后，王位由阿尔努旺达的幼弟、年方十几岁的穆尔什里继承，是为穆尔什里二世。他后来在其年代记中说[3]，当时所有的国家都嘲笑他是一个无能的孩子，准备推翻苏皮鲁流马留下的业绩。尽管他曾担任过兄长阿尔努旺达二世的亲卫首领，但在治国或治军方面并没有实际经

[1] Beckman 1999:40.
[2] 关于赫梯帝国封侯政治的新近整理和研究，参见李政 2020:26—30。
[3] 《赫梯大王穆尔什里二世的十年记》全文参见 Beal 2000。

验。面对重新活跃起来的敌人，穆尔什里并没有立即与最近的敌人对抗，而是在即位的当年向众神祈愿。在他统治的第一年和第二年，赫梯军队再次出征卡什卡部落，从而稳定了靠近首都哈吐沙的北部边境。

之后是西部的阿尔扎瓦。阿尔扎瓦与阿黑亚瓦结盟，对赫梯构成很大威胁。穆尔什里战胜了阿尔扎瓦军队，数万阿尔扎瓦人溃败逃亡，一些人逃向海外，向希腊人寻求庇护，另一些人则在第二年被围困在城市中。塞哈河国的马那帕塔尔浑达曾经是苏皮鲁流马的手下，但他支持乌哈兹提，因此现在陷入了严重的困境。他派母亲和长老们去乞求穆尔什里的宽恕。胜利后，穆尔什里与阿尔扎瓦的各统治者——米拉库瓦利亚的马什胡伊卢瓦、塞哈河国的马纳帕塔尔亨塔和哈帕拉的塔加斯纳里签订了条约，他们承认从属于赫梯大王，赫梯大王则承诺援助他们对抗外来侵略者，同时禁止他们之间的私斗。从此，文献中极少能再看到关于阿尔扎瓦的记载，取而代之的是被穆尔什里切分后形成的几个相对独立的新政治实体。

解决了西部的动荡局势之后，叙利亚南部和北部边境祸端又起。穆尔什里及时制止了叙利亚努哈塞的泰泰转向埃及，并派兵协助阿穆如的杜台苏布击退埃及亚洲领地总督霍连姆贺布的军队。与此同时，卡什卡各部落在国王皮胡尼亚的领导下联合起来。当穆尔什里要求引渡皮胡尼亚窝藏的赫梯逃犯时，皮胡尼亚威胁道，如果受到攻击，他会入侵赫梯国土。这是卡什卡人长期挑衅行为的延续。穆尔什里设法击败并俘虏了皮胡尼亚，并将一部分赫梯人安置在卡什卡的土地上。

之后，因阿兹哈亚萨的阿尼亚拒绝向赫梯引渡逃亡者，两国发生战争。此时，卡尔开美什国王和叙利亚总督皮亚西里突然去世，他治下的几个叙利亚地方统治者认为脱离赫梯控制的时机到了。平定这场叛乱之后，穆尔什里重组了叙利亚，任命皮亚西里的儿子为卡尔开美什的国王，铁列平的儿子塔勒米-萨鲁玛治理阿勒颇，并使乌伽里特国君易主。

穆尔什里在位的第十年，赫梯军队袭击了阿兹哈亚萨。在占领了一个顽强抵抗、防御坚固的城镇后，赫梯军队大肆劫掠。其他要塞目睹此状，很快投降，得以幸免于难。至此，在遭受邻近的敌人近十年的轻视和低估之后，穆尔什里二世下令编写他本人的年代记，记录他的“男子气概事迹”。这些最具“历史性”的赫梯著作并非简单列出事件，而是经常简要解释为什么某些事情是以特定的方式进行的。穆尔什里后来将这一特点扩展至他其他的纪念性文本的编纂，并创作了一部关于他父亲“男子气概事迹”的编年史。

整体来看，穆尔什里二世的军事征服事业与他的父亲非常相似，先是北方的卡什卡人叛乱，之后是西部的阿尔扎瓦，继而北疆和叙利亚地区的问题此起彼伏。庆幸的是，父兄留给他一个足够强大的国家和相当成功的治理经验，且北部叙利亚地区的赫梯封侯也可以为他分担压力。他虽然可能仅亲临叙利亚两次，但有效地向封侯进行了治理授权。在他在位的最后数年，他基本将精力放在与北部的各种卡什卡部落的作战上，这几乎已经成为历代赫梯君主的宿命。穆尔什里重复和扩大了他父亲曾经取得的战果，这是他本人的年代记所试图表达的明确主题，就连对其叙利亚战事的叙述也似乎是要与其父征服卡尔开美什的最伟大成就进行比较。通过武力威慑和缔结条约相结合的方式，他成功驾驭了安纳托利亚周边的政治局面。

需要注意的是，在这段时间里，赫梯人饱受瘟疫折磨，这一切安定四方的成就在这一背景下显得尤其难得。一系列瘟疫祷文说明了这场重大传染病对赫梯国家的严重打击。在这些祷文中，穆尔什里试图劝诱众神减轻并解除瘟疫，而说服众神以达到目的的前提是找到令众神愤怒、降下瘟疫的原因。但接连发布五篇瘟疫祷文，且其中对瘟疫归因的多样化表明，对神明的祈求未必总能得到回应，或人们未必可以正确理解神明的回应。那就需要不断进行新的尝试，以找出更接近神明认可的可能性。具体来说，在最早的祈祷中，他说他一直通过神谕询问瘟疫的原因，没有得到答案，但他一直在忙于修复神庙。他认为，众神本身受益于一个强大的国家，而当国家软弱时，众神也会受苦。瘟疫已经持续了二十年，如果继续这样下去，将不再有人来向神明提供供奉和献祭。另外，他发现众神愤怒是因为苏皮鲁流马谋杀了自己的同父异母兄弟小图塔里亚。但他辩称，所有涉案人员早已死亡，赫梯已经完成了赎罪仪式并付出了代价，那么为什么众神还要继续惩罚无辜者呢？更多的神谕调查发现：苏皮鲁流马曾忘记向马拉河（即幼发拉底河）献祭，穆尔什里现在已经弥补了这一点；苏皮鲁流马为了替赞南扎报仇，违反了之前与埃及签订的库鲁斯塔马条约。穆尔什里告诉众神，他意识到父亲的罪恶将降临到儿子身上，并表示他现在已经认罪并乞求宽恕[1]。

即便如此，如果将瘟疫祷文与穆尔什里二世关于其父苏皮鲁流马一世的其他文献（如“大事记”）联系起来看，可以发现苏皮鲁流马对神的态度由相反的两个方面组成。其一是上文业已提到的忽视对神的献祭活动或违背对神的誓言（条约）之举，这类行为还包括苏皮鲁流马在米坦尼战斗时忽略了阿瑞娜太阳女神的节日；其二是苏皮鲁流马对神敬畏之举，他不仅一向虔诚地庆祝众神的节日，还在攻破卡尔开美什时保护了神庙不受冲击。这种看似矛盾的描述反映了穆尔什里二世复杂的政治诉求。他既需要为时下的瘟疫肆虐和四方叛乱找到来自先辈时期的不当行为遭到“神罚”的答案，又要为父亲的虔敬神明辩护，以确保神罚的程度在可控、可偿的范围内，暗示神罚应当适可而止。毕竟，根据众神需要凡人供奉的人神关系逻辑，对人的惩罚过重并不符合众神的根本利益。

穆尔什里的个人生活也有一定的戏剧性。在一次与阿兹亚人的战役中，他遭遇了某种形式的失语症发作，必须使用魔法仪式来防止复发[2]。由于赫梯王后可以以塔瓦娜娜的身份一直任职到去世，穆尔什里的继母，即苏皮鲁流马一世休妻之后迎娶的巴比伦公主，仍然在位。她与继子和他心爱的妻子伽苏拉维娅不和。据称，太后对苏皮鲁流马陵墓建造的花费远超预算；她还收买人心，从阿什塔塔省敛财，引入巴比伦的风俗。穆尔什里面临的财政和其他问题都可能得到解决，但王后伽苏

---

[1] 穆尔什里二世的五篇瘟疫祷文参见 Singer 2002:56—69。
[2] 穆尔什里二世的失语症文献参见 van den Hout 2004。

拉维娅却在与太后的不和中沉疴日重。尽管有最好的医生和魔法相助，她还是去世了。太后被指控使用巫蛊之术杀害了她。通过询问神谕，众神支持并授权穆尔什里因这一罪行将太后处决。国王最终选择将其废黜，并未伤其生命[1]。

穆尔什里二世的王位由他的儿子穆瓦塔里二世继承。他与维鲁沙的阿拉克桑都（即伊利奥斯/特洛伊的亚历山大）签订了条约。大约在其统治中期，穆瓦塔里将都城从安纳托利亚北部的哈吐沙转移到了南部的塔尔浑塔沙。从地缘政治的角度考虑，南部地区与叙利亚更近，迁都至此方便更好地组织与埃及的对抗，这也对应于时任埃及法老拉美西斯二世将都城迁至更北方的培尔-拉美西斯，更接近于巴勒斯坦地区，即所谓埃及和赫梯版本的“天子守国门”，两国都在对最后的“摊牌”进行战备。除此之外，文献中的赫梯迁都也可能与赫梯宗教形势的胡里化变革有关，南部原基祖瓦特那地区强大的胡里文化影响绵延不断，且有全盘占据赫梯的万神殿之势。

另外，考古材料也为理解这一时期的迁都提供了思路。赫梯历史的重构主要基于哈吐沙的泥板文献。根据文献记载，公元前 13 世纪的一系列赫梯君主，从穆尔什里二世、穆瓦塔里二世至哈吐什里三世，将赫梯国家维持在巅峰状态。相应地，城市的主要建筑也是在这一时期建造。但与文献记载有所出入的是，地层测年表明考古材料中的安纳托利亚尤其是哈吐沙城的鼎盛时期早已过去，纪念性的建筑和居民区从公元前 13 世纪初即已大为减少。其中，上城区在公元前 13 世纪的大部分时间基本荒芜，至少神庙处于年久失修的关闭状态，甚至不少区域成为手工产业区。目前，尚不清楚这种衰落的情况始于何时，哈吐沙可能始终未能从之前长期面临的四面入侵中真正恢复。因此，穆瓦塔里的迁都是否可以看作是苏皮鲁流马一世之后赫梯国家政治中心向南方地势更低处（赫梯人称之为“低地”，相对而言，哈吐沙所在的区域即为“高地”）

[1] 穆尔什里二世关于他的妻子和继母的四篇祷文参见 Singer 2002:70—79。

发展和转移的一部分，且同时符合国家胡里化的宗教变革以及对埃及战备的军事需要[1]，这些都需要更为审慎的研究。

穆瓦塔里任命他的兄弟哈吐什里为近卫首领，之后是整个北方地区的总督，最后是哈克皮什的亲王。其想法大概是，在赫梯与卡什卡边境上任命一位国王的代表，可以一直监视卡什卡人的动向，同时让国王本人可以专心应对南方的塞提一世和拉美西斯二世统治下的埃及重新恢复的侵略性。哈吐什里出色地完成了任务，安抚了卡什卡人，重新安置了被摧毁土地上的人民，最终夺回了圣城奈瑞克。这是自从汉提利（一世或二世）时代赫梯即已失去的圣城。根据考古材料显示，这座城市遗址的初始居住层似乎与安纳托利亚中部风格相关，随后的陶器风格更为本土化，直到赫梯帝国末期，再度回归安纳托利亚中部风格。这样三个阶段的演化序列与文献中奈瑞克城的失而复得可以互相参照印证[2]。

与此同时，赫梯与埃及的关系终于激化为正面对抗，两国在叙利亚地区的卡叠什大战，不分胜负。

穆瓦塔利二世去世后，他的一位庶子穆尔什里三世继承王位，并将首都迁回了哈吐沙。从穆瓦塔里二世迁都至塔尔浑塔沙，再到此时迁回，国都设于南方共十数载光阴。如果迁都只是赫梯国家重心南移的表现之一，它不应持续得如此短暂。穆瓦塔里南下时派其弟哈吐什里镇守北方，并在哈克皮什将其确立为王，击退了卡什卡人的进犯，这些都成功树立起哈吐什里在北方的权威。穆尔什里三世及其幕僚可能难以忍受作为亲王的哈吐什里的权柄和威望，试图携新君即位之利，重新控制北境，不料却是羊入虎口，主动将自身置于哈吐什里影响力的控制之下。

此时的东米坦尼（哈尼伽勒巴特）既要讨好赫梯人，也要讨好亚述人。当残存的米坦尼的新国王瓦萨萨塔宣布自己从亚述人手中获得了自由时，他请求赫梯帮助，但未能如愿，他的国家遂被亚述国王阿达德尼拉里一世征服。胜利的亚述向赫梯提出了和平建议，遭到断然拒绝。

---

[1] 相关研究参见 Schachner 2011:9—95, 276; Matessi 2016。

[2] Czichon 2016.

赫梯政权从穆尔什里三世至哈吐什里三世转移的主要细节来自后者为自己登上王位进行合法性辩护的文书，是为哈吐什里三世的自辩辞[1]。在他看来，他忍受了侄子七年的挑衅，其司掌的土地或职位被不断剥夺，直到侄子甚至试图把哈克皮什和奈瑞克从他手中夺走。他忍无可忍，起兵反叛，但不是以阴谋宫廷政变的方式，而是以一种“男子气概”的方式公开挑战。但从穆尔什里三世的角度来看，为了防止大权旁落，集中君权，逐渐削减叔父的权柄是一件再正常不过的事。因此，二者各持立场，矛盾不可调和。同时，赫梯丢失对残存的米坦尼最后的影响力定然招致很多人对朝廷的不满，如果哈吐什里利用了这种局势，完全不令人惊讶。因此，哈吐什里麾下集合了哈克皮什的赫梯军队和他征服的卡什卡人军队，以及对现状不满的赫梯贵族的势力。赫梯人相信，一个小国王不能击败一个伟大的国王，除非他的事业是公正的。作战经验丰富的将军哈吐什里，在一场短暂的内战中击败了侄子穆尔什里，成王败寇，哈吐什里用胜利证明了自己的合法性。但他并没有冒着众神愤怒的风险杀死他的侄子，而是将他流放。但穆尔什里最终设法逃脱，据说先到了巴比伦，后辗转到了埃及避难。

哈吐什里三世作为篡位者，必须尽可能拉拢更多的政治盟友。在自辩辞中，他感谢他的守护神撒穆哈的萨乌斯伽女神，并将大量战利品献给了她。为了收买人心，他安抚了穆瓦塔里的另一个儿子，即穆尔什里三世的弟弟库伦达。穆尔什里宣称自己将后者抚养成人，并将其任命为以塔尔浑塔沙为治所的附属国的国王，这里是其父穆瓦塔里二世当年选定的新国都。后来，哈吐什里的儿子和继承人图塔里亚四世也与库伦达签订了一份条约，因其保存在哈吐沙出土的青铜板上，遂得名青铜板铭文[2]，其中有很长一段赫梯与塔尔浑塔沙的边界描述，可以看出赫梯君主向诸侯王的让步。但必须指出的是，在赫梯国家的历史上，通过签订条约的方式与四面八方无法彻底征服的强邻建立某种类似于松散的“联

[1] 全文参见 van den Hout 1997a。
[2] 全文参见 Kitchen 2012a，609—630。

邦”的关系，已经成为稳定局势的常规策略。哈吐什里三世父子与库伦达的约定本身与以往相比并无本质不同。除非有足够的证据表明他曾被称作“哈吐沙伟大的国王”，否则仅凭他现有印章或岩刻中“伟大的国王”头衔，尚不能断定他一度取得了赫梯国家的最高统治权。

这一时期的赫梯不仅妥善处理了与叙利亚诸小邦和巴比伦的关系，哈吐什里还被迫接受失去米坦尼的事实，并与亚述人保持良好关系。尤为重要的是，他与埃及法老拉美西斯二世谈判后，于拉美西斯二十一年正式签订了一份和平条约，从而结束了两国的长期对峙。十三年后，哈吐什里的一个女儿加入了拉美西斯二世的后宫。与其他大国不同，埃及人很难接受任何其他列强与他们平等，因此他们经常要求一位外国公主嫁入，但不会让她成为法老的正妻，也不会送出一个王室公主作为回报。哈吐什里不得不忍受这种屈辱。

在安纳托利亚西部，尽管赫梯和阿黑亚瓦这两个大国之间的关系似乎在总体上保持和平，但二者之间的空隙中存在一定程度的动荡（位于米拉万达〈米利都〉）。王子图塔里亚在这一时期仍发起了针对卡什卡人的战争，表明这一长期存在的问题继续困扰着赫梯统治者。

这一时期残存的东米坦尼试图摆脱亚述的控制。因已经没有对埃及北上的担忧，赫梯派出了一支军队支援米坦尼。亚述国王萨勒马内塞一世承认，这支军队战斗顽强，但最终仍未取胜，被赶回了卡尔开美什。萨勒马内塞扶植自己的侄子登上东米坦尼王位，确保了这片土地对亚述的忠诚。在处理诸多外交事务的过程中，哈吐什里得到了他心爱的王后，来自基祖瓦特那的妻子普杜海帕的支持，普杜海帕在艺术作品中出现在哈吐什里身边，她与外国国王和王后的通信表明了她在王室中的显赫地位。她也是赫梯历史上对国家影响最大的王后。

继承哈吐什里三世王位的是他的幼子图塔里亚四世。目前没有发现这位国王的年鉴，他在位时期的历史需要通过其他材料来重构。在雅勒伯特发现的鲁维语象形文字中有一段很长的铭文，描述了图塔里亚四世在吕西亚的一场战役。在东方，图塔里亚写信给亚述国王萨勒马内塞，承认后者征服了“苏皮鲁流马的武器所赢得的诸神供品之城”（指米坦尼诸地）。但在亚述国王图库尔提尼努尔塔一世登基后，赫梯与亚述的关系再次恶化，图塔里亚可能在夺回米坦尼的另一次尝试中失败。虽然在战场上讨不到便宜，但图塔里亚与阿穆如的沙乌什伽穆瓦签订了一项条约，希望禁止亚述人直接接触叙利亚的城市，从而对亚述进行经济封锁。此外，图塔里亚四世时期的一项重要军事成就是征服了塞浦路斯岛（即阿拉什亚），并与对方签署了一项附属国条约。

从现存文献的数量来看，图塔里亚的主要兴趣是对其王国的无数神庙进行编目和修缮，这无疑是一项深受众神和祭司欢迎的工程[1]。值得注意的是，哈吐什里三世的王后普杜海帕参与了收集、整理仪式文本的工作，尤其是与她的家乡基祖瓦特那地区相关的仪式文本。因此，在宗教文献和宗教管理方面着力甚多，可能是从哈吐什里三世至图塔里亚四世时期一直在进行的工作。在图塔里亚四世统治之初，太后普杜海帕似乎与新君就某些特定议题有约定，特别是与官员萨胡鲁努瓦的子女有关的土地捐赠问题，其中包括对分散在各地的财产的处置[2]。

图塔里亚死后，他的儿子阿尔努旺达三世登上了王位，但不久之后去世。图塔里亚的另一个可能是养子的儿子苏皮鲁流马二世继位。穆瓦塔里二世之子、塔尔浑塔沙国王库伦达在某种程度上威胁了赫梯王权，甚至似乎曾控制了哈吐沙一段时间。大多数学者认为这发生在图塔里亚四世统治时期，但这位老人很可能是在阿尔努旺达三世意外去世后的混乱时期对赫梯王位提出要求的。当时他可以轻松地宣称，他与儿时玩伴图塔里亚四世宣誓签订的条约已经期满。苏皮鲁流马二世的鲁维语象形文字铭文列出了对塔尔浑塔沙的胜利，以及对吕西亚东部许多其他地方的胜利[3]。这位国王在经历了三次海战后，再次征服了阿拉什亚。尽管苏皮鲁流马二世的统治时间较长，但哈吐沙泥板中能断代至他在位时期

[1] Cammarosano 2012, 2018.
[2] Imparati 1974.
[3] Hawkins 1995.

的很少。因此，有学者认为，在这位国王统治期间的某个时候，赫梯可能已经将首都从哈吐沙迁移至安纳托利亚的另外某处地方[1]。

赫梯帝国最终走向崩溃的原因，应是许多相互交织的因素共同作用的结果，对此已有诸多假说，但并无公认结论。但无论是内部派系争夺、经济衰退、气候或自然灾害（包括传染病），还是对外扩张过甚，这些因素都是赫梯国家长期以来不同程度面对并致力于解决的问题，目前没有证据表明它们对赫梯国家最后时刻的影响相对于之前赫梯面临的四面楚歌的挑战更为严重。至于安纳托利亚中部在此时发生了严重饥荒的观点，从赫梯的现存文献中很难得到支撑。如果不知道苏皮鲁流马二世是赫梯的末代君主，仅通过哈吐沙的文献来看，他在位时期的赫梯甚至会令人误以为这个王朝再次登上了强盛和繁荣的顶点：国家内部已经没有诸如乌尔黑-泰苏普或库伦达之类的权力纷争；在兴建纪念性建筑的规模方面史无前例，包括敬奉王室先祖和神明的大型岩刻圣所；有充足财力人力以免除主要祖先崇拜机构的赋税与徭役；在军事方面，赫梯对安纳托利亚西部地区实现了稳定控制，并且首次在某种程度上形成了海上力量，征服了阿拉什亚，与附属国和其他大国保持着自先辈时形成的交往惯例。但这种繁荣很可能是由相反内容的文献目前尚未发现导致的：苏皮鲁流马二世在位的某个时期，赫梯人在哈吐沙最终被毁之前即已放弃了这座城市，出于某些目前尚不知晓的原因，将首都搬去他处。相应的文献自然都已移走，现在能看到的只有这一事件发生之前尚留在哈吐沙的文献和无法移动的文本，如岩刻图像和铭文[2]。

另外，在通史类型的教材等传统史学写作中很长时间以来无法摆脱的一个观点是，在青铜时代晚期东地中海世界文明衰落的大背景下，由众多族群组成的一批又一批的“海上民”从陆路和海路冲击、洗劫了安纳托利亚和叙利亚巴勒斯坦沿岸的赫梯和许多小国，造成了它们的毁灭，并重创了埃及。但这种范式已经受到巨大挑战。叙利亚地区如乌伽

[1] Seeher 2002:168—170.
[2] Miller 2020.

里特的书信表明，一些移民对部分城市的冲击确实存在，但这不能直接扩大认定东地中海沿岸全境遭到大范围剧烈破坏。埃及法老拉美西斯三世的铭文长期以来是这一地区遭到“海上民”冲击的经典依据，但它与之前时代法老的类似铭文在风格和内容上都有相似之处，与其把它作为史料使用，不如视作政治宣传的修辞[1]。随着安纳托利亚赫梯帝国的崩溃，赫梯语及其楔形文字书写系统从历史上消失了。对赫梯帝国覆灭的原因，仍须进一步寻找新的可能性。

赫梯帝国崩溃后的一个多世纪，安纳托利亚没有任何由当时当地的人留下的书面记录。只有一篇亚述国王提格拉特帕拉萨尔一世的胜利战报提到[2]他征服了四千名卡什卡和乌如马人，并将后者称为“赫梯的顽强军队”。卡什卡人从前在赫梯文献中一直是安纳托利亚北部无组织且危险的蛮族，现在在如此遥远的安纳托利亚南部和东部发现了至少 120 辆卡什卡人战车，这很可能表明他们不仅是导致赫梯帝国垮台的重要原因之一，也从中受益颇多。

虽然赫梯国家的崩溃终结了赫梯大王苏皮鲁流马二世及其家族的统治，但卡尔开美什的赫梯附属国王朝（皮亚西里的后裔）幸存下来，并自称为“大王”。赫梯文化和鲁维语在高原的东南部继续发展。一部分鲁维人迁徙到叙利亚北部，在那里，“海上民”的一支曾建立了一个至少从阿勒颇延伸到谢扎尔的国家，在文化和文字上都是鲁维式的。后来，北叙利亚分裂成许多中小国家，混合了鲁维语和亚兰语文化，其中一些留下了鲁维语象形文字铭文。这一地区在最终被新亚述帝国吞并并进行大规模人口迁移之前，保留着赫梯文化的外表。

对于早期文明的发展来说，安纳托利亚在自然地理方面的条件并不优越，是游牧民族从高加索或中亚前往欧洲途中经过的一条通道。如果从文明是“对挑战的应战”这一发展模式来看（汤因比），无论是从农牧业发展条件、行政治理所需的国土环境，还是从周边敌对部族的分布

[1] 相关研究参见 Weeden 2013；Altaweel 2018:25。
[2] Grayson 1991:14.

情况，赫梯人的国家始终面临过大的挑战。在安纳托利亚数千年的文明史上，直到 1923 年安卡拉成为土耳其共和国的首都之前，这里一直由一些地方小邦拼凑而成，或者作为一些外部帝国的一部分。面对土著王朝的竞争、周边部落的入侵，以及近东强国的威胁，赫梯人作为外来移民，在近五个世纪中成功统一了安纳托利亚的大部分地区并稳固控制了叙利亚北部地区约一百五十年，是 20 世纪以前唯一以安纳托利亚为中心的广域领土国家，这是一项非凡的成就。

自赫梯文明重新出现在世人面前以来，赫梯人即因其军事征服的巨大成就，长期被冠以“东方的罗马人”的名号。诚然，一代代雄才大略的赫梯国王率领军队扩展了赫梯国土的边界，令外部敌人屈服，但和平的艺术对长期统治更为重要。赫梯人发展出一整套行政、司法和宗教管理体系，并通过贸易增强帝国的经济实力。尽管出于各种原因，地方政治力量的离心力始终存在，但赫梯国王不断试图维持和加强国家的凝聚力。不仅如此，赫梯虽然不是外交和外交文书的发明者，但有效掌握了极其重要的外交工具，即国际条约，灵活运用以引渡、婚姻、赠礼为代表的外交手段，将自己的“兄弟”之国以及被征服的附属国家编织成一张和平、合作与友谊的网络。由于出色地平衡了内部和外部错综复杂的关系，在和平与战争技艺方面成就卓著，赫梯国家得以跻身青铜时代晚期的大国俱乐部而繁荣昌盛。

第二节　赫梯帝国时期的引渡现象

苏皮鲁流马一世的即位标志着赫梯进入了帝国时期。经过长期征战，赫梯与安纳托利亚半岛西部的阿尔扎瓦，东部的哈亚沙、米坦尼以及叙利亚北部的诸多国家均建立起引渡合作关系。引渡的内容见于苏皮鲁流马一世的大事记（CTH 40），遗憾的是，文献中关于引渡的这一部分残缺比较严重。根据现存文献，苏皮鲁流马一世很可能在西征阿尔扎瓦时，与当地统治者产生过引渡纠纷：

> 我的父亲(……)说："去……的(土地)并且把我的(附属送还给我)。但如果(你没有交出我的)附属，那么是我的敌人而且(……)我的父亲(……)向阿尔扎瓦人……并且他……没有(交送)任何人或物。"

可以看出，国王（"我的父亲"）提出了引渡的要求，但被要求引渡者究竟所涉何罪并不清楚，国王只是指出了如果没有满足他的引渡要求将可能出现的惩罚性后果。根据这篇文献的后续内容[1]可以知道，国王的这次要求没有得到满足。

苏皮鲁流马一世最终征服了安纳托利亚半岛东部的哈亚沙国，与其国王签订附属国条约，规定了哈亚沙向赫梯引渡平民俘虏的义务。

"在北部和中部叙利亚地区，苏皮鲁流马一世与新近被纳入帝国版图的国家（如阿穆鲁、努哈塞、乌伽里特等）签订了旨在保证这些国家忠诚和驯服的条约，这些条约均含有处置亡命者的部分，多数条约中的这部分内容彻底颠覆了中王国时期'平等'条约中实践的双向平衡原则。"[2]从此，从附属国逃至赫梯的亡命者不必遣返，可以留在赫梯，即"对于赫梯国王来说，交回逃亡者是不被允许的"，但从赫梯逃至附属国境内的亡命者和平民俘虏将被引渡给赫梯国王；如果附属国的统治者以疏忽为由没有将亡命者交还赫梯，他将被认为违反了协定[3]。赫梯在中叙利亚地区的附属国阿穆鲁和努哈塞即是如此。这两个附属国不仅要将逃至它们境内的平民俘虏、对赫梯国王作恶的人、流亡者交回赫梯，而且被明确告知，即使是生活在赫梯的某附属国的一个奴隶或贵族逃回其祖国，也要被引渡给赫梯；如果阿穆鲁和努哈塞希望拘押这种逃

---

[1] 由于提出的引渡要求被拒绝，国王派遣了将军率部出征不臣者，但反被敌人袭击。英文译文见 Hoffner 1997b：188。

[2] Cohen 2002：98.

[3] 赫梯国王苏皮鲁流马一世与阿穆鲁国阿兹鲁的条约（CTH 49），第八段。

亡者，必须得到赫梯国王的特许[1]；否则，不得主动索取或收留任何在赫梯生活的阿穆鲁和努哈塞人，无论贵族、平民还是奴隶。

与这些严苛的规定不同，苏皮鲁流马一世与尼克玛都二世签订的条约[2]则表明，在引渡方面，赫梯在某些情况下对特定附属国做出了一定让步：

> 如果将来努哈赛或者穆基什，或者其他国家的逃犯离开那些国家，进入乌伽里特，并且臣服于乌伽里特国王，那么，永远没有其他国家的国王能从尼克玛都、乌伽里特国王的控制下夺走他们，也不能从他的儿子们或孙子们处夺走他们。

一封苏皮鲁流马一世写给尼克玛都二世的信[3]中这样说：

> §5……或者如果在努哈塞国军队不在的情况下，穆基什国的军队作为逃亡者进入你的国土，没有人可以将他们从你那里夺走……

中王国时期的卡什卡条约（CTH 138）虽然规定携带财产与工具的逃亡者可以不引渡，但其携带的物品必须送回，然而，其他逃亡者或人质必须被引渡。但在苏皮鲁流马一世时期，赫梯很可能主动放弃了对乌伽里特国王控制下的逃犯（可能来自第三国）的引渡权，并与这些逃犯是否携带财产无关，这在整个赫梯史上都是罕见的。

此时的米坦尼经过赫梯与亚述的长期打击、分化，东部的一部分土地被亚述盟军占领，其余部分已是赫梯的附属国，其地位与赫梯的叙利

---

[1] 赫梯国王苏皮鲁流马一世与阿穆鲁国阿兹鲁的条约（CTH 49），第十段；赫梯国王苏皮鲁流马一世与努哈塞国泰泰的条约（CTH 53），第九段。

[2] 即赫梯国王苏皮鲁流马一世与乌伽里特国尼克玛都二世的条约（CTH 46）。

[3] 即赫梯国王苏皮鲁流马一世致乌伽里特国尼克玛都二世的信（CTH 45）。

亚诸附属国类似，它承担起向赫梯引渡逃犯的义务，但赫梯不承担向米坦尼引渡逃犯的义务[1]。

苏皮鲁流马一世时期是否从埃及引渡过逃亡者尚不得而知。穆尔什里二世的瘟疫祷文[2]记载了苏皮鲁流马一世在位时阿尔努旺达从埃及边境地区带回大量平民俘虏的情况，但现在并不清楚这些平民俘虏是不是逃至埃及及其盟国的赫梯人。如果答案是肯定的，则这次“带回”平民俘虏是一次大规模的强制“引渡”活动。赫梯国王的大事记和年代记表明，赫梯征讨某一敌国的原因有时是要求对方交还逃至该处的赫梯逃亡者而被拒绝，但苏皮鲁流马一世与阿尔努旺达很可能均没有试图通过发出引渡要求而达到索回“平民俘虏”的目的，他们最终是通过战争的方式将平民俘虏带回赫梯。这表明，在这一时期，赫梯并未与埃及或其盟国实现引渡合作。

由于统治时间短暂且缺少文献，阿尔努旺达二世时期赫梯是否与周边国家有引渡协定尚不清楚。穆尔什里二世继位后延续了历代赫梯国王登基后即连年征战的做法，巩固并拓展疆域，这一时期的大量文献提到了在他统治时期赫梯与安纳托利亚半岛西部、北部、东部及叙利亚地区诸多政治势力间发生引渡纠纷的情况。

穆尔什里二世的年代记[3]记载了他西征的业绩。这位国王投入了大量精力重新征服半岛西部的阿尔扎瓦地区，征服战争告一段落之后，“为了削弱阿尔扎瓦作为一个整体国家的力量，他将这一地区分割成几块较小的区域，包括哈帕拉、米拉-库瓦里亚、塞哈河-阿帕维亚、维鲁沙和残存的阿尔扎瓦国，与每一区域的统治者分别签订相似的附属国条约”[4]，实行“分而治之”的统治策略[5]。在这些条约中，关于逃犯的引渡是重要内容，通常情况是：

[1] 参见赫梯国王苏皮鲁流马一世与米坦尼国沙提瓦查的条约（CTH 51）。
[2] 即穆尔什里二世的第二篇祷文——致赫梯的暴风雨神（CTH 378.2）。
[3] 即赫梯大王穆尔什里二世的十年记（CTH 70）。
[4] Beckman 1999:69.
[5] Bryce（1998:52）指出，赫梯与众多附属国签订条约的主要目的之一就是分而治之。

> 如果一个逃犯从赫梯逃亡了，抓住他并送交给我。如果一个在服役的（平民俘虏）或一个贵族男子从（哈帕拉）国以一个流亡者的身份来到赫梯，我将不把他归还给你。从赫梯归还一名逃亡者是不允许的。但是，（如果）他是一个农民，或是一个织工、一个木匠或者皮匠——无论是何种手工艺人，他没有完成他的工作，但是，他逃跑并来到赫梯，我将抓住他并把他归还给你。
>
> 但是，（如果）某人试图杀害你、塔尔伽什那里，或者你的儿子，但是，他逃跑了并来到赫梯——正如他是你的敌人，他同样是（我主的）敌人。我将抓住他并将他归还给你……

这表明，穆尔什里二世时代的引渡规定是苏皮鲁流马一世时期的延续：一般来说，不允许从赫梯引渡逃亡者；在符合特定条件的情况下，可以引渡。此外，条约一般还规定不允许阿尔扎瓦地区的诸附属国之间互相接纳对方的流亡者，但对于是否要求附属国之间互相引渡流亡者则没有明确规定。在穆尔什里二世的十年记中，清楚地记载了赫梯与塞哈河国之间曾实现过引渡，后者向前者遣返了约4 000名赫梯移民。

穆尔什里二世对北部卡什卡人地区、东部提皮亚和阿兹-哈亚沙等地的征服记录也保存在他的《十年记》中。这篇文献表明，穆尔什里二世曾向卡什卡部落提出过引渡要求：

> §2 ……之后我（从提皮亚返回哈吐沙）。因为伊舒皮塔国（再次）敌视我了，（我派了……）并且他第二次打败了它。那些（曾是反叛者头领）的人逃跑了。努纳塔（和帕扎纳，我的仆人们……）并且（我追赶）他们到了卡什卡国的（卡玛玛）。（没有人得以逃）脱。（当我索要那些）叛军首领时，（他们捉住并杀死了）他们。我，我主，（使）卡玛玛（又成为我的仆人）……

虽然叛军首领被“捉住”且被“杀死”了，但文献并未提及该首领是否被交还给赫梯国王，因此，引渡显然没有完成。但赫梯国王发出了引渡要求则是事实，惩罚试图引渡的人的目的也已达到。

提皮亚则是一个引渡完全失败的例子。穆尔什里二世向提皮亚国王皮胡尼亚发出引渡要求后，后者不但拒绝引渡，而且向前者挑战，并威胁将“进入你的国家并在你国家的中心与你作战”。战争的结果是提皮亚国被焚毁，穆尔什里二世则乘胜向提皮亚东部的阿兹-哈亚沙国提出这样的引渡要求：要求引渡“当我的父亲在米坦尼时投奔到你那里去的我的臣属”。随后一年（十年记的第八年）中，哈亚沙在与赫梯的接触中满足了后者的引渡要求，但第九年的记载则表明他们拒绝了引渡赫梯移民。由于文献残缺，无从得知这次引渡纠纷的最终结果如何。

在叙利亚中部地区，赫梯与阿穆鲁之间的引渡协议与苏皮鲁流马一世时代相比没有重大变化，赫梯严格要求阿穆鲁履行引渡平民俘虏和逃犯的义务，即使是在穆尔什里二世关于叙利亚争端的裁决中这种态度也没有改变，只是不允许赫梯在当地的官员从阿穆鲁那里带走他们认为应当上交的平民俘虏而已。如果国王认为有必要，他会亲自索要平民俘虏[1]。

乌伽里特国王尼克玛都二世在穆尔什里二世即位不久仍然在位。在一封来自卡尔开米什的沙里-库舒的信中，他向尼克玛都二世许诺，如果尼克玛都二世协助卡尔开米什进攻南部的努哈塞，则今后的乌伽里特可以免除向努哈塞归还和引渡逃亡者及臣属的义务。与这种承诺相反，穆尔什里二世在与尼克麦帕签订的条约[2]中的引渡条款与其他附属国条约（如阿穆鲁条约）中的引渡规定已经非常相似，而与苏皮鲁流马时期相比有了重大变化，从中已经看不到乌伽里特拥有任何可以不向赫梯引渡逃犯的特权。

穆瓦塔里二世在位时期赫梯国力强大而稳定，他与半岛西部维鲁沙

[1] 参见赫梯国王穆尔什里二世关于叙利亚争端的裁决（CTH 63）。

[2] 即赫梯国王穆尔什里二世与乌伽里特国尼克麦帕的条约（CTH 66），尼克麦帕是尼克玛都二世和阿尔-哈勒巴之后的乌伽里特国王。

的统治者阿拉克桑杜所签订条约中的引渡条款与其他附属国条约中的引渡条款大体相同，维鲁沙必须向赫梯引渡逃犯，但反之则需要满足一定条件（指手工艺人未完成指定工作）方可引渡。在这篇条约中，涉及第三国逃犯的引渡情况更加复杂：

> （如果）从一个敌国逃跑的（某个逃犯）被抓住了，（他又从赫梯逃跑）并经过你的国家，（你没有抓住他）并遣送给我，（而是）把（他）交还给了敌人，这也将置于誓言下。

这一条款明确了维鲁沙统治者阿拉克桑杜抓获从第三国逃亡的逃犯后不准引渡回原逃亡国，而是必须引渡给赫梯，与中王国时期涉及第三国逃犯的规定相比更为具体。另外，一篇无法断定具体归属于哪位赫梯国王在位时期的书信[1]也记载了赫梯与半岛西部海岸诸邦间的引渡情况。

在穆尔什里二世或穆瓦塔里二世统治时期，赫梯与埃及间发生了引渡纠纷，赫梯国王面对埃及法老的引渡要求，以之前埃及法老拒绝赫梯国王的引渡要求为由，拒绝了埃及方面的要求：

> 泰泰，我的仆人，致信给阿尔玛："从埃及派遣步兵和骑兵来，我将离开这里去埃及。"他从埃及派遣了步兵和骑兵，泰泰离开了，赶赴埃及。我致信阿尔玛："因为泰泰是我的仆人，你为什么派步兵和骑兵把他带走呢？将他引渡给我！"但他没有向我归还泰泰，他甚至没有回应我。后来，关于兹尔达亚，他的仆人，致信给我："派遣步兵和骑兵，我将离开这里，去赫梯。"我便派遣了步兵和骑兵将兹尔达亚带至赫梯，阿尔玛致信给我："因为兹尔达亚是我的仆人，将他引渡给我！"但我回答道："为什么先前你没有将泰泰引渡给我？"阿尔玛沉默

[1] 即一位赫梯国王致一位安纳托利亚统治者的信（CTH 182），这封书信可能成文于穆尔什里二世统治时期之后。

了，他无法做出任何回应[1]。

到了哈吐什里三世在位时期，赫梯与埃及签订了著名的《银板条约》。这篇条约中的引渡部分规定了双方平等承担向对方引渡包括“贵族”“身份卑微的男子”“男子”等不同身份的逃亡者的义务。这篇条约与之前的条约相比，最大的不同在于缔约双方第一次关注引渡实现之后被引渡者的命运，以条约的形式保护被引渡者的生命安全。条约规定：

> §18（如果）一名男子逃离（赫梯，或者）两名男子（或三名男子，并且他们来到）拉美西斯，（阿蒙神的）宠爱，（大王），埃及（国王），他的兄弟，（那么，拉美西斯），阿蒙神的宠爱，大王，埃及国王必须抓住（他们并把他们送）交给哈吐什里，他的兄弟（……）——因为他们是兄弟。但是，（他们将不因为）他们的过错（惩罚他们）。他们将不会割去（他们的舌头或者挖去他们的眼睛），并且（他们将不会割掉）他们的耳朵或者（他们的）脚，（他们将不毁灭他们的家人，以及他们的妻子们）和儿子们。
>
> §19 如果（一个男子从埃及逃了，或者）两名男子或三名男子，（他们来到哈吐什里、大王），赫梯国王那里，我的兄弟将抓住他们并把（他们）交给我，拉美西斯，阿蒙神的宠爱，大王，（埃及）国王——因为拉美西斯，大王，（埃及）国王，（和哈吐什里是兄弟。但是，他们将不会因为他们的过错惩罚他们。他们将）不会割去（他们的舌头或者挖去他们的眼睛）。（他们将不会割掉他们的耳朵或他们的脚。他们将不毁灭他们的家人），以及他们的妻子们和儿子们。

在当时的历史条件下，新规定能够在多大程度上实现尚不清楚。

[1] 阿尔玛很可能是埃及法老霍连姆赫布，此时的赫梯国王可能是穆尔什里二世或穆瓦塔里二世。参见 Liverani 2001：69—70。

《银板条约》是赫梯与他国签订的目前所见最后一篇平等条约，在此之后，对被引渡者的命运有所关注的内容也曾出现于其他种类的赫梯外交文献。

随着《银板条约》的签订，赫梯希望能够引渡乌尔黑-泰苏普，但遭到埃及法老的拒绝，哈吐什里三世写给巴比伦国王卡达什曼-恩利尔二世的信[1]中提到了这一点。此外，赫梯国王在信中答应将巴比伦商人的谋杀者交给受害人的亲属，但要求保留谋杀者的生命。这次交涉可以看作是巴比伦国王通过书信向赫梯国王提出了“引渡”谋杀犯的要求，赫梯国王在保护本国将要被引渡出去的人员的人身安全的条件下，对此要求表示认可。可以看出，在《银板条约》签订的时代，被引渡者的命运已受到重视，很可能成为国际间实现引渡合作的重要条件之一。

哈吐什里三世曾签署了一份关于乌伽里特流亡者的敕令，敕令中赫梯国王主动承担了在特定地区单方面向乌伽里特引渡特定人员的义务，但没有提及乌伽里特是否需要承担对等的义务。

图塔里亚四世在位时期，赫梯与阿穆鲁国签订了新的附属国条约[2]，条约规定阿穆鲁国应当履行向赫梯引渡进入阿穆鲁国的亚述商人。此外，一篇图塔里亚四世与阿拉什亚国的条约[3]残片表明，阿拉什亚国也要承担向赫梯引渡逃犯的义务：

> §6 ……但是，(逃)犯，(……)国的(……)你们(抓住他)，(你们把)他(交出来)(……哈)图沙城(……)你们抓住，把他(……)

这一时期，引渡的相关内容还出现在国王对王子、将领和高官的训文（CTH 255.1/2）中，国王告诫贵族们不要试图拯救被引渡者的生命

[1] 即赫梯国王哈吐什里三世致巴比伦国王卡达什曼-恩利尔二世的信（CTH 172）。
[2] 即赫梯国王图塔里亚四世与阿穆鲁国沙乌什卡-穆瓦的条约（CTH 105）。
[3] 即赫梯国王图塔里亚四世与阿拉什亚国的条约（CTH 141）。

或试图使他们逃离。可以看出，引渡内容不仅出现于图塔里亚四世时期的涉外文献（条约），而且出现于赫梯国王对国内官员的管理文书。这表明，在赫梯帝国后期，引渡在赫梯国家的政治生活中仍然占据重要的地位。

帝国时期，赫梯与安纳托利亚半岛阿尔扎瓦地区诸国、叙利亚北部的诸附属国之间均通过条约确立起附属国引渡体系。虽然某一时期、某一地区的规定根据具体地区局势的变化而有所区别，但这类条约中的引渡条款一般均明显地倾向于维护赫梯的利益：赫梯的逃亡者一般应被引渡，但附属国的逃亡者是否可被引渡，则要视具体情况而定。这一时期赫梯与埃及建立起平等的相互引渡关系，很可能与巴比伦也有事实上的引渡合作。

穆尔什里二世时期，赫梯与北部卡什卡部落之间虽未达成引渡协议，但赫梯国王基本可以通过战争手段实现引渡要求。但赫梯与包括半岛东部提皮亚和阿兹-哈亚沙在内的地区之间的军事纠纷中所涉及的引渡，有些或许并不能算做是“引渡”问题。当时，赫梯国王要求引渡的对象甚至已经包括前代君主在位时期逃亡至当地的人，联系穆尔什里二世四处出征的时代背景，有理由推测，这类引渡要求有可能是赫梯国王发动征服战争的一种借口。

总之，帝国时期赫梯国家引渡的演变主要有两个方面：一是全面建立起单方面的附属国向赫梯引渡的体系；二是与古代近东的另一大区域帝国——埃及建立了完全平等的引渡关系，并在这种引渡合作中增加了全新的保护被引渡者人身安全的内容。

第三节　赫梯国家引渡出现与演变的原因

《亚述学词典》第三卷中的“Flüchtling”词条列出了古代近东逃亡者的两种类型：一类是为了追求自由的奴隶；另一类就是“自由人由于

政治上或个人原因，当他不能再拥有经济利益，或者必须向一个不可抗拒的敌人屈服时，他必须离开祖国，去外国谋生，或者当罪犯畏惧其所在国家的法庭审判时，他就逃离”[1]。

为了防止这两类逃亡行为、处罚逃亡者，“古代近东几乎所有的法律都有关于逃亡问题的条款，为不同类型的引渡、赔偿和奖赏进行立法规定”[2]。这类立法是为了保证至少在国家疆界内，人们会将丢失的财产归还其法律上的所有者，《赫梯法典》中亦有这类规定[3]。只是，发生在同一国内的居民之间的归还逃奴的行为尚不能称为引渡。除了追讨一国之内的逃亡奴隶，《赫梯法典》中还有部分条款已经涉及国际间追讨逃亡者的内容，个别条款可能已有追讨政治犯的目的（如 23b）。尽管这是以国内法的形式做出的规定，但它表明，在赫梯古王国时期，“逃亡者应当予以追讨”的观念作为一项原则，以国内法的形式得以确立，引渡的最初形式已经出现。后来，“随着逃亡的范围频繁越出国界，为了将逃亡者索回，条约作为一种国际立法，扩大了追讨范围：一个特定国家内所有的居民及其财产都被考虑到了”[4]。此时，国家是签订条约的主体，“具有国际法效力的条约中的引渡条款被用来确保流亡者无论是自由民、奴隶还是平民俘虏，都会像走失的牛羊一样，从它们逃进来的地方被送回原来的国家”[5]。这已经是真正意义上的引渡。在条约和部分书信等涉外文献中，就像领土问题倍受关注一样，逃亡者的引渡也占据了重要位置[6]。

由于文献匮乏，现在无法判断在赫梯国王塔胡尔瓦伊里与基祖瓦特那国埃海亚国王签订的条约之前，赫梯与周边国家的交往过程中是否有过关于逃亡奴隶的引渡协定或实践，而这篇可能是至今最早的含有引渡

---

[1] RLA，Vol.3，1971:88.

[2] Cohen 2002:97.

[3] 法典中归还逃亡者的规定可能是后世引渡规定的早期阶段，但在“归还”“引渡”的对象方面，二者存在差异，后世的引渡对象要复杂得多。

[4][5] Cohen 2002:97.

[6] 相关讨论见于 Korosec 1931:64—65；Liverani 1964 和 1990:106—112；RLA，Vol.3:88—90。转引自 Cohen 2002:98。

条款的赫梯文献所记载的被引渡的对象，其身份非常明确，是因“追踪（寻求）大王”而成逃犯的“仆人”，这里的“追踪”或“寻求”应当是“图谋对国王不利”之意。在稍晚些时候的帕达提苏条约中，规定被引渡的对象首先是蓄谋反对国王并进入基祖瓦特那国界的臣民，之后是进入基祖瓦特那的赫梯居民点的妇女和物品。在此之后的赫梯条约的引渡规定中，在所有应被引渡的对象里，对赫梯国王作恶的逃犯通常是最重要的一类，是首先要求被引渡的对象，之后才是其他各类人等。因此，如果从明确记载引渡的文献来看，赫梯国家引渡产生的首要原因，也是引渡自出现直至帝国灭亡始终在赫梯史上占据重要地位的主要原因，是赫梯国王试图将潜逃至国外的威胁赫梯国家统治的政治犯捉拿归案，而不是试图追讨逃亡的奴隶。

一些早期的赫梯引渡条款明确规定了对逃亡者所携带物品的处理：一般来说，被引渡者所携带的物品要随被引渡人一并归还，这类物品包括牛、羊、“一切财产”、“工具”等。在特殊情况下，即使携带工具的人员可以不被引渡，但其所带工具必须被送回[1]。赫梯人是从游牧生活逐渐转变为农耕生活的，且安纳托利亚高原的自然地理环境中适合种植业发展的区域有限，故畜牧业经济在赫梯国家始终占有重要地位[2]，牛、羊等作为重要的生产、生活资料和“工具”一起被列入正式双边条约中应当归还的财产之列。这表明，维护经济利益很可能是赫梯国家引渡产生的一个重要原因。

在赫梯与其他国家外交关系的变化和发展过程中，引渡规定在赫梯与不同国家之间签订的条约中不断演变，每一阶段的演变都有其具体的历史原因。

从古王国时期留下的文献来看，这一时期是赫梯人引渡思想的萌芽

[1] 如赫梯国王阿尔努旺达一世与卡什卡人的条约（CTH 138）、赫梯国王与卡什卡人的条约（CTH 140）中规定的情况。

[2] 农业欠发达直接导致赫梯国家的粮食短缺问题，也是赫梯进军叙利亚地区的重要原因。至图塔里亚四世时期，赫梯发动对阿拉什亚国的征服战争，很可能就是为了保证从埃及经地中海东岸的乌伽里特中转运来的粮食能够安全地抵达赫梯位于西里西亚西部的港口城市乌拉，不受阿拉什亚的干扰。参见 Bryce 1998:356。

时期，法典中的一些关于逃亡者处理的条款很可能是赫梯人引渡活动的最初形式。古王国时期的赫梯在与周边国家的交往中多采取单一的军事对抗手段，一系列的军事征服在劫掠古巴比伦城时达到顶峰，此时的赫梯人尚未发展起运用外交手段达到目的的对外交往策略。

可能在古王国末王铁列平在位时期，赫梯国家结束了与他国之间没有官方引渡的历史。现存的一组基祖瓦特那条约在内容和结构上具有一致性和连续性，因此，很可能其中的最早的一篇条约，即铁列平与基祖瓦特那国伊什普塔赫苏国王签订的条约中已有引渡条款。古王国自哈吐什里一世在位时起王室内讧不断，政变时有发生[1]，每位国王都面临着众多的王位觊觎者，这些人在赫梯国家成为威胁王权的不稳定因素，并有逃往他国寻求政治避难的可能性。赫梯国王塔胡尔瓦伊里与基祖瓦特那国埃海亚国王的条约和一位赫梯国王与基祖瓦特那国帕达提苏国王的条约中明确规定了威胁赫梯国王的政治逃亡者必须引渡。即使现在没有其他材料证明这一时期或之前，确实已有赫梯的政治逃亡者向基祖瓦特那寻求避难，但条约中的这类规定至少反映了赫梯国王对这种可能出现的情况的忧虑和警惕。古王国后期，赫梯因王室内讧严重，国力衰退，基祖瓦特那趁机在赫梯国王阿穆那在位时期赢得独立。从那时起，直至赫梯国王铁列平在位，基祖瓦特那国力强大且对赫梯构成威胁，理论上成为赫梯国内政治失势者的避难地是可能的。对于当时在位的赫梯国王来说，为了缓解内忧外患严重局势的压力，暂时与基祖瓦特那国签订和平条约是必要的。在允诺互相承认与和平的同时约定双方互相引渡逃亡者，这就可以在法理上杜绝基祖瓦特那给赫梯的政治逃亡者提供政治避难的可能。在基祖瓦特那方面，至少在赫梯国王哈吐什里一世至兹坦达一世时期，它一直是赫梯国家的一个省[2]。此时，基祖瓦特那虽已赢得独立，但局势可能并不稳固。如果独立地位能够在此时获得赫梯的正式

---

[1]《铁列平敕令》(CTH 19) 回顾了赫梯古王国时期的诸多流血政变，这篇文献的英译本参见 van den Hout 1997b：194—198。

[2] 关于基祖瓦特那国历史的讨论参见 Beal 1986：424—426。

承认，对于基祖瓦特那来说无疑应当是一次胜利，与赫梯达成互相引渡逃亡者的协议也可以在法理上防止本国的政治流亡者向赫梯寻求庇护。很可能正是在这样的背景和相互需要下，双方签订了带有详细引渡规定的和平条约。

此后，赫梯与基祖瓦特那国多次续签条约并重申互相引渡逃亡者的规定，和约始终是平等的，引渡条款是双向的——直至基祖瓦特那地区重新归于赫梯的统治之下——这很可能是由赫梯中王国时期国力相对衰弱所致。

中王国中期的阿尔努旺达一世在位期间与卡什卡人签订的一组条约中的引渡条款格外引人注目。这一时期赫梯相对强大，这组条约是不平等条约，但有些平等因素，其内容多是赫梯在各个方面严格限制卡什卡人的活动，但在关于引渡携带工具的逃亡者的规定方面，双方则对等承担互不引渡逃亡人员，但必须返还其所携带工具的义务。无论是从人力资源的重要性、生产工具的重要性，还是从当时安纳托利亚半岛的政治格局、双方内部的政治局势来看，在这样的不平等条约中，出现此处完全对等的、对人与物采取分离且不同的处理方式的引渡规定，是颇为令人费解的，其原因有待于进一步研究。此外，这组条约中频繁出现对逃亡者逃至第三方避难这种情况的处理方案。出现这种逃亡情况或许和卡什卡人是游牧部落有关，他们居无定所的生活习惯可能使逃犯的逃离更为容易，可以逃离的区域更加分散，相应地，也就使引渡更为困难。因此，条约中才会出现这种处理方案。进入帝国时期，赫梯与其他国家的引渡出现显著的发展变化，主要表现在如下几个方面：

1. 与赫梯建立引渡协议、有过引渡合作或发生过引渡纠纷的国家的数量不断增多，区域遍及安纳托利亚其他地区、叙利亚、埃及和两河流域。

2. 引渡协议确定的原则根据国家关系的不同而有所区别，建立起一整套双边或单边的引渡体系。

3. 引渡协议的内容有了丰富和发展并日益具体化，但也有些内容不再出现。

历经几个世纪的积累，赫梯国力日盛。随着苏皮鲁流马一世及其后的赫梯国王将赫梯国家控制的区域不断向周边拓展，赫梯逐渐接触越来越多的政治势力，并与其中的一些国家建立外交关系。为了巩固内部统治，并防范可能出现的政治犯、平民、手工业者或普通奴隶逃亡，赫梯尽可能地与他国达成引渡协议[1]。

根据赫梯与不同国家之间的不同关系，引渡协议建立的原则有所区别。安纳托利亚西部被分而治之的阿尔扎瓦地区、东部米坦尼、北部叙利亚地区诸邦和阿拉什亚均逐渐成为赫梯的附属国，随着一系列不平等条约的签订，这些国家一般应当单方面向赫梯国王履行包括引渡逃亡者在内的各项臣属义务，但叙利亚地区的乌伽里特是个例外，虽然直到赫梯帝国灭亡时它依然是赫梯的附属国，但其所承担的引渡义务并不是一成不变的。乌伽里特由于经济繁荣，处于重要的战略地理位置，且“在苏皮鲁流马一世进军北叙利亚时对赫梯表示效忠”[2]，因此，作为回报，在帝国早期它受到赫梯国王的特殊优待，苏皮鲁流马一世特许尼克玛都二世统治下的乌伽里特不必像其他附属国一样向赫梯国王承担引渡逃犯的义务。但在穆尔什里二世即位初年，乌伽里特在叙利亚北部赫梯诸附属国起兵反抗赫梯时很可能没有坚定地站在赫梯一边[3]，穆尔什里二世在平定叛乱后与乌伽里特重新签约，这份新的条约在引渡方面与当年的相比完全不同，乌伽里特需要承担的引渡义务与其他附属国一般无异。在哈吐什里三世时期，这位国王由于自身篡位的行为而急于求得

[1] 这一时期安纳托利亚半岛东南部的基祖瓦特那地区逐渐成为赫梯国家的一部分，不再存在引渡问题。

[2] Bryce 1998：177—179.

[3] 其时，乌伽里特三位国王先后在位，分别是：尼克玛都二世、阿尔-哈勒巴（尼克玛都二世之子）、尼克麦帕（阿尔-哈勒巴的兄弟）。很可能在阿尔-哈勒巴时期，乌伽里特在叙利亚地区一些邦国反抗赫梯时对赫梯的忠诚有了动摇，阿尔-哈勒巴因此在穆尔什里二世平叛后被废黜。参见 Beckman 1999：173。

附属国和近东其他大国的认可[1]，因此，相对于其他赫梯国王来说，他奉行格外积极主动的对外政策，尽力与近东大国建立、保持友好关系，同时致力于稳定与各附属国的关系[2]。他专门针对乌伽里特的逃亡者问题发布了一份敕令[3]，这份敕令与先前的条约相比，并未提及是否重新赋予乌伽里特免引渡权，但却明确了赫梯将向乌伽里特引渡后者进入赫梯"哈皮鲁"[4]区域内的逃亡者。

赫梯与埃及之间达成的引渡协议则是平等的、双向的。经过长久的对峙和争战，双方很可能都意识到彻底击溃对方力有未逮，且两国各自的核心区域相距遥远，在此时又共同面临新兴亚述的威胁[5]，因此，建立合作关系利大于弊。对于赫梯国王哈吐什里三世来说，引渡已在埃及避难的乌尔黑-泰苏普事关他今后的统治安全，毕竟一位拥有合法王位继承权的前国王依然在世并有回国夺回王位的可能性。因此，双方在签约之前往来通信商定条约的具体条款[6]时，赫梯方面很可能会提议将引渡条款写入条约中，这也符合赫梯与他国签订的条约中包含引渡内容的传统，拉美西斯二世也不可能不明白哈吐什里三世试图引渡乌尔黑-泰苏普的意图。从后来的结果来看，他最终同意了哈吐什里三世在条约中写入引渡条款的要求。但问题是，《银板条约》中出现了赫梯史上目前发现的之前的任何条约中都没有出现过的保护被引渡人生命安全的条款，这既可能是哈吐什里三世出于增加成功引渡乌尔黑-泰苏普的可能

---

[1] 青铜时代晚期的近东地区，两国间的相互承认（Mutual Recognition）已是双方确立和平的重要表现之一。哈吐什里三世在寻求平等国和附属国对自己"合法地位"的承认方面，表现尤为突出。参见 Liverani 2001:122—127。

[2] 相关内容参见 Bryce 1998:292—295。

[3] 即赫梯国王哈吐什里三世关于乌伽里特流亡者的敕令（CTH 94）。

[4] "哈皮鲁"（*hapiru*/*'Apiru*）是一个集合名词，指的是一些来自贫困地区或（迦南北部）山区的暴乱分子，由军阀、土匪、强盗等身份的人组成。参见 James 2000:115。公元前 14 世纪，这些人分布在叙利亚巴勒斯坦一带，政治组织上很松散，处于半自治状态，对所属国家的统治原则构成威胁。但赫梯的情况例外，这里的哈皮鲁人处于王室的控制之下，甚至为国王提供战时军事协助。参见 Beckman 1999:178。

[5] 在赫梯方面，此时尚有安纳托利亚西部与阿黑亚瓦人的关系问题需要极慎重地处理。参见 Warburton 2003:92。

[6] KUB 3.52（CTH 165.7）（= *ÄHK* 1 no.3），20—21，KBo 28.1（= *ÄHK* 1 no.4），22—23.参见 Bryce 1998:307。

性的目的[1]而在起草条约时就刻意增加的内容，是一种主动让步，也可能是拉美西斯二世在看到赫梯方面的草约后出于牵制的目的而在埃及起草的和约版本中添加的内容，并最终获得了哈吐什里三世的认可。笔者认为，无论条约订立者的本意如何，从世界历史上来看，这篇传世文献中的引渡条款所出现的新内容，不是一次简单的内容上的丰富，而是在客观上标志着人类引渡思想的重要发展，具有划时代的进步意义。此后，在一封哈吐什里三世写给巴比伦国王卡达什曼-恩利尔二世的信中也有要求保护被引渡者生命安全的内容，这证实了引渡内容在这一方面已成为一种发展趋势。帝国时期，赫梯国家引渡规定的内容不断丰富且逐渐具体化。

在这一时期文献中的被引渡对象中，多次出现了平民俘虏，且数量一般较大。国王们在条约、年代记等文献中记载了赫梯对逃亡至其他国家的赫梯平民俘虏的引渡要求，这种要求有时可以被满足，如穆尔什里二世的十年记记载，遣返回哈吐沙的平民俘虏有数千人之多。无论是赫梯还是其敌对国家都很关注大量的平民流亡者，主要是因为这些人在经济上可能具有的潜在作用。“古代近东社会由于人力资源相对匮乏，作为重要的劳动力且在总量上拥有广泛经济资源的平民对于维持一个国家的经济活力极为重要，他们经常出于经济需要被迅速疏散并重新安置。”[2]因此，人力资源的缺乏显示出平民的重要性，这导致各国都在防止本国平民逃离，并希望尽量留住从他国来的平民逃亡者以补充劳动力[3]。

---

[1] 利维拉尼（Liverani）则通过哈吐什里三世曾经放逐而不是惩罚乌尔黑-泰苏普的事实推断哈吐什里三世的目的并不在于将乌尔黑-泰苏普引渡回国，而是欲将其压制住，使其无法发挥作用即可。但笔者认为，作出这种判断的事实依据，即哈吐什里三世曾经放逐而不是直接惩罚乌尔黑-泰苏普这一事实，很可能是哈吐什里三世为了避免引起国家内部发生大的动荡而不得不采取的一种折中措施的结果，据此就推断哈吐什里三世在《银板条约》签订时不愿将其侄子引渡回国以使其处于自己的绝对掌控之下是没有道理的。后来拉美西斯二世与米拉-库瓦里亚的库潘达-库伦达的通信（CTH 166）、普杜海帕与拉美西斯二世的通信（CTH 176）、哈吐什里三世与巴比伦国王的通信（CTH 172）也都表明这位赫梯国王实际上仍然非常希望能够将其侄子引渡回国。三封书信的英译本参见 Beckman 1999:130—135，138—143。

[2] Archi 1980；Alp 1950；Liverani 1990:106.转引自 Cohen 2002:97。

[3] 文献中保留了大量拒绝引渡平民俘虏的实例证明了这一点。平民俘虏不是政治犯，拒绝引渡这类人最可能的原因就是出于补充本国人力资源这一经济方面的考虑。

未完成预定工作的手工艺人在帝国时期被频繁列入附属国条约的引渡条款中。在赫梯与附属国之间，一般的情况是附属国单方面向赫梯履行引渡义务，能够从赫梯向附属国引渡的情况少之又少，只有两类人明确可以引渡，一类是对附属国王室作恶的人，另一类就是未完成预定工作的手工艺人[1]。显然，手工艺人普遍不可能在政治上有重要影响，他们的各项专门技能与社会生产和生活密切相关，这决定了他们广泛分布于宫廷与民间。随着社会分工的发展和经济的逐渐繁荣，很可能在赫梯帝国时期，各行各业的社会生产在需要大量普通体力劳动者的同时，离不开掌握技术的手工艺人，这类人在社会生产和生活中的地位可能日益重要。赫梯在一般不向附属国引渡逃亡者时依然特别规定可以引渡手工艺人，这有可能是出于对附属国经济发展的考虑，毕竟一个经济凋敝的附属国对赫梯来说可能更多地意味着一种负担，而附属国国力的有限增强和经济繁荣将有利于增强它们对宗主国赫梯的支持力度[2]。

在增加了一些新的引渡内容的同时，也有个别先前曾经出现的内容不再见于帝国时期的引渡规定。中王国时期与卡什卡人之间的人与工具相分离的规定不再见于帝国时期的赫梯文献，物品、财产等必须归还的规定也不再出现。另外，在赫梯语文本的《苏那苏拉条约》中规定如无法交还逃犯或藏匿逃犯，则需要做出相应的赔偿，这类补救措施在帝国时期的文献中也付之阙如。可以看出，这些在帝国时期的引渡规定中所消失的内容均与实物归还或补偿有关。因此，弱化实物归还、细化被引渡人的身份和应当引渡的情形，是赫梯引渡变化的重要趋势。弱化实物归还、强调人的归还可能有三个原因：第一，逃亡者自身的作用发生变化。无论是逃亡贵族在政治安全方面的作用，还是手工艺人、移民和奴隶在经济安全方面的作用，可能均比之前的逃亡人员对赫梯国家的潜在

[1] 如赫梯国王穆尔什里二世与阿尔扎瓦地区诸国的一组条约（CTH 67、68、69）、穆瓦塔里二世与维鲁沙国阿拉克桑杜的条约（CTH 76）等。

[2] 赫梯从富庶的叙利亚地区连年获得大量贡赋就是一例。另外，布赖斯（Bryce, 1998:366）指出，在赫梯帝国晚期的几位国王在位时期，乌伽里特海军力量的鼎力支持是帝国生存的重要支柱。

影响更大，因此，也更受重视。第二，在帝国时期，随着社会经济的不断发展，部分以往属于稀有或珍贵生产和生活资料的物品可能已经不再具备当初的稀有性质或重要价值。第三，帝国时期的军事卫戍、监察体系日益严密[1]，逃亡者携带大量贵重财产出逃的可能性变小，这也可能导致没有必要在确立引渡协议时强调对逃犯所携带物品的追缴。

引渡条款广泛见于赫梯与附属国、近东大国之间的条约，但是，在赫梯与其地位独特的封侯国之间签订的封侯条约中却难觅其踪。究其原因，有学者认为是因为“也许在赫梯国王看来封王所统治的地区和国家本身就是赫梯王国的一部分，这是本国内部的事情”。不过，封侯条约中出现的其他事务也应当与引渡一样，是赫梯国家的内部事务，因此，有可能这类条约中没有引渡条款另有他因。封侯国一般在赫梯国家中居于重要的战略地理位置，赫梯国王派遣直系亲属或其他关系密切的王室成员担任封侯国的君主[2]，因此，封侯国君主与赫梯王室的关系要远远近于附属国君主与赫梯王室的关系，封侯国与以国王和王室为代表的赫梯国家有着根本利益上的一致性。此外，在封侯国之外有为数众多的更为远离赫梯控制中心、与赫梯关系也要疏远许多甚至互相敌对的附属国和其他近东大国。因此，从逃亡安全与有效性的角度考虑，封侯国远不是政治逃亡者或其他各类试图逃离赫梯控制的人的理想避难之地。相应地，封侯国内的与封侯国君主持不同政见者也不太可能选择赫梯国王直接控制的地区作为逃亡目的地。因此，笔者认为，很可能正是在客观上赫梯与封侯国之间很少有逃亡者互相到对方控制区域内寻求避难的情况发生，才导致在封侯条约中没有引渡方面的内容。

总之，很可能在古王国末期，随着国力相对转衰和外交策略的发展，在赫梯与他国外交关系发展的过程中，赫梯国王将引渡条款写进双边条约，官方的引渡协议开始出现。中王国时期赫梯与他国的引渡规定

[1] 相关内容见于对祭司和神庙官员的训文、对边疆卫戍部队将领的训文和对禁卫军的训文等文献，以上三篇训文的英译本参见 McMahon 1997:217—230。

[2] 卡尔开米什、阿勒颇、塔尔浑塔沙的封侯皆是如此。

大多为平等的双向引渡，这样的情况出现或许是由于赫梯当时国力仍然相对较弱，在对外交往中不得不采取守势所致。到了中王国中后期阿尔努旺达一世在位时期，赫梯与周边一些部落或国家签订的条约[1]中已有一些条款规定缔约的另一方应当单方面向赫梯引渡逃亡者，出现这种规定很可能是由于这一时期赫梯国力正在逐步恢复。帝国时期，与赫梯建立引渡协议的国家不断增多，双向与单向引渡体系逐渐确立，引渡协议的内容不断变化，这是由于随着赫梯国家控制的区域不断扩展，与其他国家的交往日益密切，复杂的国内外局势要求赫梯国王在不同的历史时期根据不同的交往对象及国家关系采取不同的对外政策，引渡作为赫梯国王对外政策中的重要组成部分，也随之作出相应的调整。

[1] 如赫梯国王阿尔努旺达一世与伊什麦里卡统治者的条约（CTH 133）、赫梯国王阿尔努旺达一世与卡什卡人的条约（CTH 138）。

第四章

赫梯国家引渡的历史地位

第一节　赫梯国家引渡的复杂性

在赫梯历史上，引渡的演变与赫梯国家自身的发展、与引渡所涉及的各个地区复杂多变的局势均密切相关，是个十分复杂的历史问题。

第一，引渡的种类。在长期的演变过程中，赫梯与他国之间的引渡活动可以分为两类：双向引渡和单向引渡。相对来说，双向引渡规定的内容在各篇条约中较为统一，不再赘述。单向引渡出现于赫梯与附属国之间，其中又分为两种情况：一种是纯粹的由缔约的另一方单方面向赫梯引渡，没有任何讨价还价的余地[1]，另一种是赫梯应允有条件地向附属国引渡[2]。但是，这样的规定也不是一成不变的，赫梯国王会根据附属国的“表现”来调整引渡规定，赋予附属国可以不予引渡的特权或将这种特权剥夺。在这种情况下，对具体引渡规定的调整成为赫梯国王巩固附属国统治体系的一种手段。最鲜明的例子是帝国时期乌伽里特所承担的引渡义务从苏皮鲁流马一世至穆尔什里二世，再到哈吐什里三世在

[1] 如赫梯国王阿尔努旺达一世与伊什麦里卡统治者的条约（CTH 133）、赫梯国王苏皮鲁流马一世与阿穆鲁国阿兹鲁的条约（CTH 49）、赫梯国王穆尔什里二世与阿穆鲁国杜比-泰苏普的条约（CTH 62）等均属于这种情况。

[2] 这类可以由赫梯向附属国引渡的人一般指：(1) 对附属国王室作恶者；(2) 未完成工作的手工艺人。

位时期的不断变化，这种变化由赫梯国王根据乌伽里特对赫梯态度的变化而做出迅速调整，从而达到拉拢、威慑或惩罚附属国的目的。另外，从整体上看，赫梯对所有附属国的引渡规定都不尽相同，即使在与邻近区域的附属国（如原属一个国家的阿尔扎瓦地区的数个新国家）签订的引渡协议中，在相似之中也有着这样或那样的差别，并不断地根据形势的变化做出微调。

第二，引渡的对象。赫梯历史上的引渡对象包括两类：一类是物品，一类是人员。一般说来，逃亡人员与所携带物品是不可分割的，引渡逃亡人员也就等于将其所携带的财物同时归还。如某位赫梯国王与基祖瓦特那国帕达提苏国王的条约（CTH 26）中有这样的规定：

> §5 如果大王的一个居民点的人，包括妇女、物品、大牛、小牛离走并进入基祖瓦特那国，帕达提苏必须抓住他们并交还给大王。如果帕达提苏的一个居民点的人，包括妇女、物品、大牛、小牛离走并进入赫梯，大王必须抓住他们并交还给帕达提苏。
>
> §6 如果某个赫梯人错误地报告："一个居民点的人，包括妇女和物品离走并进入基祖瓦特那国"，但是，居民点的人，包括它的妇女绝没有离开，如果的确在居民点有那些人在忙于放牧——那么，无论赫梯人多么可以信赖，帕达提苏可以要求起誓，（赫梯人）将对此立誓，妇女必须送回。如果基祖瓦特那国的某人错误地报告："一个定居点的人，包括妇女和物品已经离开并进入赫梯"，但是，该居民点的人，包括妇女绝没有离开，如果的确那些人在定居点忙于放牧——那么，无论基祖瓦特那国的人多么可以信赖，大王可以要求起誓，（基祖瓦特那人）将对此起誓，妇女必须送回。

另外，在关于帕胡瓦的米塔的指控和与几个安纳托利亚政治组织长老的条约（CTH 146）中，关于应当被引渡的人所拥有的财物亦必须一同被移交的情况，有这样严格甚至是苛刻的规定：

§9（我们召集了……），阿里皮兹，皮提亚里克城的人；艾什亚，都伽玛城的人；（……，……城的人），我们已经为你们这样置于誓言之下：米塔现在在不断地犯罪。他违背了誓言中所有的事情。你们所有人都从我对（米塔）的指控中了解了（此事）。我，我主，（……）现在致信帕胡瓦人。如果帕胡瓦人继续（表示）效忠，（他们应当把米塔）和他的妻子，乌萨帕的女儿，和他的（儿子们），连同他的第二个妻子，连同他的家奴、他的牛羊，（以及他所有的财产）带来。他们将把哈沙那的家庭和（卡利姆那亚）的家庭，连同他们的妻儿、家奴、牛羊及所有的财产带来。他们将（交出一切）。他们将不会（藏匿）哪怕像一根羊毛一样细小的东西。

§11 关于他们拥有的属于伊苏瓦国的无论什么——一个人，牛，羊或者一个亡命者来到他们那里（……）：一个死了的人，或者被吃光的（无足轻重的）牛羊。但是他们应当送回所有还存在的并且能用眼睛看到的东西。（他们不应当藏匿）哪怕（像一根羊毛一样细小）的东西，而是把它交回。并且（他们应当抓住）每一个逃跑并混迹于帕胡瓦人中的人。

也有某些情况，应当被引渡的人员与其所携带财物是相分离的，甚至要求只归还所携带物品，人员可以不引渡[1]。

尽管物品的移交和归还曾经很重要，但在赫梯国家的引渡活动中，最重要的引渡对象仍然是人而不是物。可以被引渡的人员包括贵族、平民、手艺业者、平民俘虏和奴隶，既有男性亦有女性，甚至将妇女与其他物品和牲口并列作为引渡对象列出[2]。他们被引渡的理由一般分为三种：一种是对缔约一方的王室成员，尤其是国王本人和王子作恶；第二种是未完成指定工作；第三种原因则纯粹是对于“逃亡”本身的指控，这包括可能未经赫梯国王允许的民间移民，在穆尔什里二世的年代

[1] 相关讨论见本书第二章第三节。
[2] 如一位赫梯国王与基祖瓦特那国帕达提苏国王的条约（CTH 26）。

记中记载了赫梯国王多次因此发动征服战争。

第三，引渡纠纷的结果。利韦拉尼指出，一国向另一国发出引渡要求后，被请求国出于自身利益的考虑，除非交换，否则一般不愿同意引渡。这种拒绝有时会以本国传统做法为借口，如赫梯在不愿向某国引渡逃亡者时，经常宣称“对赫梯国王来说，交回逃亡者是不被允许的”，但如果相反的情况出现，即当赫梯国王要求某国向赫梯引渡逃亡者时，理由则是：“难道引渡逃亡者不是正义的吗？难道我们在暴风雨神的脚下说过‘逃亡者永远不会被引渡’这样的话吗？”[1]

某些情况下，由于所属等级有别，有些人可以被引渡，有些人则享有免于被引渡的权利。如在一些附属国条约中，从赫梯向附属国方面引渡时，农夫或手工艺人可以被引渡，但贵族男子则在免于引渡的范围内[2]。但也有些情况下，贵族与其他身份的人均属应当被引渡的范围，如《银板条约》中的引渡规定就是如此。被引渡者在引渡回国后可能“会遭受惩罚，甚至被处死”[3]。后来，很可能由于建立引渡关系的双方互相牵制和妥协，在引渡规定中加入了保护被引渡人人身安全的条款，《银板条约》和哈吐什里三世致恩利尔-卡达什曼二世的信中所涉及的引渡问题均属此例。

特殊情况下，逃亡者可以决定自己是否被引渡，阿黑亚瓦文书中曾记载了逃亡者决定自己命运的一个事例。在这一事件中，逃亡者是一群移民，他们的命运既不由宣称对他们有所有权的国王决定，也不由归还他们之前暂时拥有他们的国王决定，他们拥有对自己未来命运的决定权。如果他们的首领表示“我来到此处是为了逃难”，他们将仍然可以居住在逃亡地，如果首领表示“我是被武力带到这里来的”，那么他可以选择回到故土[4]，也就是说，被宣称对他们拥有所有权的国王带回。

---

[1] AU:200—201.参见 Hoffner 1982:130—137。转引自 Liverani 2001:68。

[2] 如赫梯国王穆尔什里二世与哈帕拉国塔尔伽什那里的条约（CTH 67）、赫梯国王穆尔什里二世与米拉-库瓦里亚国库潘达-库伦达的条约（CTH 68）。

[3] Liverani 2001:68.

[4] 这一事件的记载见于 AU:12—13。转引自 Liverani 2001:69。

但这种情况只是一个特例，在一个每个人都有其“归属”的社会，逃亡者的命运显然通常被其所有者根据自身的利益需要来决定。政治逃亡者的命运视双边关系而定，常被当作国王间互相交换的筹码，或以不引渡逃亡者作为对对方过去类似行为的报复手段。埃及法老阿尔玛（很可能是霍连姆赫布）和赫梯某位国王（穆尔什里二世或穆瓦塔里二世）曾先后就泰泰、兹尔达亚的引渡问题产生纠纷，就属于这种情况。关于逃亡奴隶，《赫梯法典》第19—23条规定了归还被诱拐或主动逃亡的奴隶将获得的丰厚报酬，这无疑大大增加了逃亡奴隶被成功引渡的可能，这些人被引渡回来之后的命运则可想而知。

第四，引渡的性质。目前，法学界对古代国家间引渡的性质持有相近的看法，即认为早期的引渡活动实质上是掌握在统治者手中的政治工具，具有明显的政治性色彩，表现为“政治协助”或“外交协助”[1]，但学术界目前尚无具体针对赫梯国家引渡性质的讨论。如果仅从条约中引渡规定的部分条款来看，这种对于古代国家间引渡性质的一般看法，对于赫梯国家的引渡也同样适用，确实对于犯下政治罪（如对国王作恶）的逃亡者的引渡在大部分赫梯引渡文献中占有重要地位。但对于赫梯国家的引渡来说，仅仅认识到它作为统治者手中的政治工具是远远不够的。如果从文献本身出发，结合引渡协议签订或引渡活动发生的具体历史背景，从达成引渡协议、制定引渡条款的动机的角度来重新审视这一问题，赫梯国家引渡的性质在很多情况下具有更为丰富的内容。

（一）赫梯国家的引渡是赫梯国王维护统治的政治工具之一，有时表现为一种“政治协助”或“外交协助”，有时则表现为对政治义务的履行。赫梯与其他国家之间的引渡规定有双向和单向之分，因此，只有双向引渡规定才表现为“政治协助”，如果是单向引渡协议，引渡则表现为与赫梯缔约的一方单方面履行政治义务。

单向引渡作为赫梯国王手中政治工具的性质是明显的，赫梯国王利

[1] 参见本书绪论部分。

用这一方式约束、控制各附属国。与此相比，双向引渡规定由于缔约双方实力相近，达成引渡协议的过程和此类引渡协议在政治方面的性质也更为复杂。

双向引渡协议一般建立在平等国家之间，赫梯在历史上先后与基祖瓦特那和埃及建立过明确的平等引渡关系。考察这两次引渡关系建立的历史背景，可以看出，与基祖瓦特那建立引渡协议时[1]赫梯正处于王室内部内讧严重的古王国末期，基祖瓦特那刚从赫梯的一个行省获得独立地位不久。从赢得独立至和赫梯签订条约的这一段时间里，两国处于敌对状态。理论上讲，相邻且敌对的两个国家是对方的政治流亡者很好的避难场所，再加上历史上曾有过逃亡者逃向他国的先例[2]，赫梯为了暂时缓解内忧外患的压力并防止威胁王位者或携带大量财产者南逃，与基祖瓦特那签订条约、确立引渡协议，是一种无奈的权宜之计。此时的赫梯由于国力相对衰退，面对基祖瓦特那的进逼很可能无法自保，而后者作为新独立的国家，由于实力积累不够，也不太可能迅速击败前者。经过博弈与权衡，双方只好达成妥协，妥协的表现就是包含引渡条款的和约的签订[3]。但是，从铁列平至图塔里亚二世，赫梯与基祖瓦特那签订的包含引渡内容的条约不止一篇，如果说最初的签约是迫于无奈，但条约在签订之后，本身就成为巩固双边关系的法理依据，双向引渡原则的一再确认很可能是两国关系友好的表现之一。

在哈吐什里三世与拉美西斯二世的引渡纠纷中，赫梯希望通过引渡协议的达成尽早将逃亡至埃及的乌尔黑-泰苏普引渡回国，而埃及方面则很可能试图通过合乎自己利益的引渡条款，在和平建立起来之后与赫梯的新一轮外交博弈中获取最大的潜在利益。因此，保护被引渡者生命安全的内容很可能就是双方外交博弈的产物。赫梯希望对这一条的应允至少可以换来事实上对人犯的成功引渡和控制，但实际上，只要被引渡

[1] 即赫梯国王铁列平和基祖瓦特那国王伊什普塔赫苏在位时期，参见 Beal 1986：445。

[2] 如《赫梯法典》第 23 款的两则“引渡”条文。

[3] 相关讨论参见 Beal 1986：424—445；李政 2006b：254—256。

的人可以被保证拥有人身不被残害的权利，就足以构成赫梯潜在的不稳定因素，埃及很可能在缔约时考虑了这一点。这说明，表现为“政治协助”的双向引渡协议的签订过程暗含着相互博弈，最终表现出来的“合作”，是一种妥协的结果。毕竟，在当时的历史发展条件下，不太可能出于人道主义的原因而制定保护被引渡者人身安全的条款。因此，《银板条约》中双向引渡协议的建立过程实质上也是缔约双方外交博弈和相互妥协的过程，但是，一旦这种类型的引渡协议建立，则在法理上确立了互惠对等原则，双方得以在这种基础上巩固和发展外交关系。

（二）某些情况下，赫梯国家的引渡具有经济协助的性质。目前，法学界对于古代国家间的引渡具有政治性色彩是有一定认识的，但关于它具有经济协助性质的认识则是缺位的[1]。根据赫梯文献的记载，中王国时期条约中的引渡条款常有具体生产工具和财产的引渡规定，即使是在赫梯占优势地位的情况下，关于具体物品的归还规定也大都是双向的[2]，因此，这种引渡情况具有比较明显的经济互助的性质。

帝国时期的经济协助更为明显。在大量的附属国条约中，赫梯一般不承担引渡义务。但是，赫梯承诺可以向附属国引渡两类人员，其中之一就是未完成预定工作的手工艺人。在当时的技术发展水平下，各行各业的手工艺人很可能掌握着社会生产和生活中重要的、不可或缺的技术，此类情况属于可引渡的范围，表明引渡具有经济协助的性质。在现存赫梯与埃及唯一一份和平条约《银板条约》中，有这样的条款：

§15（如果一个男子逃了，或者如果两个身份卑微的男子从）埃

[1] 1990年代，法学界把“财产引渡”这一命题作为引渡概念和国际司法协助形式的发展趋势予以讨论，参见马进保 2007:294—295。1990年12月14日第45/116号决议通过的联合国《引渡示范条约》中包含财产移交的条款（第13条　移交财产），参见黄风1997:216。但是，赫梯文献的记载表明，财产移交在赫梯时代的引渡条款中已经出现，并不是一个现代才出现的新命题。中王国时期，财产移交内容常和人员引渡内容并列，有时甚至出现于同一条款中。因此，本书绪言部分对于赫梯国家引渡概念的界定，包括财产和工具的移交。

[2] 如赫梯语文本的《苏那苏拉条约》（CTH 41.2+CTH 131），赫梯国王阿尔努旺达一世与卡什卡人的条约（CTH 138）。

> 及(国王的领地逃了),并且(不愿意继续他的义务,那么,哈吐什里,大王,赫梯国王)将把他们交到他兄弟的手上,(不允许他们住在赫梯)。
>
> §16(如果一个贵族逃离赫梯并来到埃及——或者如果两个)男子——为了不(继续履行对哈吐什里,大王),赫梯(国王的义务),(那么,拉美西斯,阿蒙神的宠爱必须抓住他们)并把他们交给(哈吐什里,大王,赫梯国王),他的兄弟。

根据时代背景和赫梯条约中引渡条款的惯例来看,“身份卑微的男子”有可能指包括农民、织工、木匠或皮匠在内的各类手工业者,相应地,“义务”可能指身居这些种类职业的人所从事的各种不同的工作。

帝国时期关于大量移民的引渡记载则表明补充人口和劳动力资源对于赫梯国家的重要性。哈吐什里三世承诺向乌伽里特引渡其逃至赫梯哈皮鲁人区域内的逃亡者的敕令表明了赫梯作为宗主国对于乌伽里特改善劳动力资源匮乏状况的政策支持,因而也是一种经济协助。因此,从中王国时期至帝国时期,从双向引渡规定到单向引渡规定,经济事务始终在赫梯国家引渡规定的关注范围之内,经济协助是赫梯国家引渡的性质之一。

(三)赫梯国家的引渡活动部分程度上已经具备国际司法协助的一些要素。现代引渡制度的重要特征之一就是具备国际司法协助的性质,判断一种引渡是否具备司法协助性质的主要标志是分析其是否针对普通罪犯进行引渡[1]。法学学者认为17—18世纪以前的引渡几乎没有发生过引渡普通罪犯的情形。但纵观赫梯史上的引渡记载,应当被引渡的人员中包含与经济犯罪相关者,如携带工具的逃亡者、未完成工作而逃亡的手工艺人等。他们的“罪行”属于与政治无关的普通犯罪类型,对这种逃亡犯罪人员的引渡在形式上可以被视为一种国际司法协助。并且,在古代世界,对于国王或王室成员的谋杀虽然很多是出于政治目的,但

[1] 普通犯罪指民事或刑事犯罪,与此相对的是政治犯罪。相关讨论参见黄风 1997:164—189。

也可能有普通的谋杀或威胁行为，理论上对于犯有这类罪行的逃亡者的引渡也可以依具体情况判断其究竟是属于普通犯罪，还是属于政治犯罪。如果是前者，则赫梯国家的引渡具有更多的司法协助的色彩。但实际上，根据赫梯条约中引渡条款的表述，人们几乎无法做出这种区分。在关于引渡对国王有威胁的逃亡者的规定中，对这类逃亡者罪行的表述一般只是简单地说明他们“对国王作恶”。无法判断这种作恶哪些是出于政治目的，哪些是普通的谋杀。另外，从立法目的的方面来说，赫梯国家对于逃亡者的引渡规定显然不是出于建立国与国之间的司法协助。因此，虽然在某些情况下与现代引渡规定在司法协助的形式上有相似之处，但由于立法精神截然不同，赫梯时代的引渡尚只能视为具备了真正意义上司法协助的某些要素而已。

通过对引渡记载的历史背景和引渡请求发生的具体原因、达成引渡协议的本意等多方面的综合考虑，笔者可以对赫梯国家引渡性质的已有看法作些补充：赫梯国家的引渡在一定的发展阶段、一定的区域范围内是赫梯国王手中的一件政治工具，在双向引渡协议确立之后，引渡在法理上成为一种国家间政治合作的方式，同时兼有经济协助的性质，有利于维护缔约双方的经济利益，且一定程度上具备了国际司法协助的一些要素。

综上，赫梯国家的引渡和赫梯历史的发展进程、赫梯国家的对外交往有着密切联系。引渡协议的种类、引渡的对象和引渡纠纷的结果均随着具体环境和历史条件的不同而有很大差异。在性质上，赫梯国家的引渡具有政治、经济等多重属性和国际司法协助的一些要素。因此，从上述几个方面进行讨论，才能充分认识这一历史现象的复杂性。

第二节　赫梯国家的引渡机制与引渡活动

有学者认为，“古代既没有引渡制度，也没有引渡理论”[1]，根据

[1] 相关论点参见本书绪论部分。

赫梯文献的记载来看，赫梯人确实没有留下关于“引渡理论”的讨论，但赫梯国家是否已经形成引渡制度，则是一个需要慎重考虑的问题。笔者认为，即使赫梯国家可能尚未形成行之有效的完善引渡制度，但至少从条约中的引渡规定来看，引渡机制已经在赫梯与许多国家间建立起来。

赫梯与他国签订的条约，是双方对神明所立下的“誓言”，这虽与当代条约是双方彼此向对方做出的承诺不尽相同，但在对于缔约双方具有约束力这一方面，二者是相似的。因此，无论双方订立条约的初衷和条约的本质如何，条约本身在客观上是一种双方认可的处理共同事务的规范，也就是双方共同制定（或一方制定而强迫另一方接受）、理论上应当共同遵守的法令——尽管这种“法令”可能以“誓言”或其他名义呈现。在这种背景下，引渡作为重要组成部分出现于大部分赫梯条约中（只有封侯条约例外），意味着引渡是赫梯与他国以具有国家法令效力的条约的形式确定的双方共同的行为规范。正是在这种基础上，我们可以认为，一种规范化的引渡机制在赫梯与许多国家的外交往来过程中已经建立起来。

但凡机制，总需要有一定的操作流程，用一定的措施来确保其实现，赫梯国家的引渡也不例外。大致来说，赫梯条约中的引渡条款在这样几个方面做出了详细规定：(1) 何种身份的人因何种理由应当被引渡[1]，(2) 何种情况下不予引渡[2]，(3) 被引渡者的命运问题[3]，(4) 违反引渡条款的后果[4]。我们可以根据有限的记载来尝试再现条约

---

[1] 之前的章节对于这一点已有说明，即应当被引渡者的身份包括政治逃亡者、手工艺人、奴隶、移民等，引渡理由包括对国王或其他王室成员作恶、分配的任务没有完成等。

[2] 这类条款主要是在赫梯和附属国之间签订的条约中出现，即赫梯不承诺向附属国引渡逃亡者。此外，也有附属国可以不向赫梯引渡的特例，如乌伽里特因苏皮鲁流马一世的优待而不用向赫梯引渡逃犯。

[3] 即《银板条约》签订之后，被引渡者的生命安全受到保护。

[4] 在条约的引渡部分中，针对缔约国不履行规定的引渡义务的行为，至多只有“如果……不抓住他，并把他交给赫梯国王，你将违背誓言”，或“誓言之神将不停地追杀你”之类简短的话。但引渡条款作为整个条约的组成部分之一，同样适用一般在条约结尾才出现的关于违反条约的行为的大段惩罚性诅咒。因此，条约中所体现的引渡机制，应当也包括在行文顺序上和单独的引渡条款间隔有一定距离的对不履行条约的行为的诅咒。

文献所规定的赫梯国家引渡机制的运作过程：

第一，引渡要求的提出。一些早期条约中明确指出引渡要求的提出方。例如，赫梯国王塔胡尔瓦伊里与基祖瓦特那国埃海亚国王的条约（CTH 29）、一位赫梯国王与基祖瓦特那国帕达提苏国王的条约（CTH 26）中均有类似说明，如“如果……大王派人追寻（要求送回）逃犯”，“若……帕达提苏派人追击逃犯”，这说明应当先由发生逃亡的一方的国王提出引渡要求。但在之后的条约中，已没有这种独立的提出引渡要求的表述，而是直接采用“如果某人逃亡至某国，则某国国王必须抓住他（们）并把他（们）送回”一类的表达方式。这种表述方式在赫梯关于引渡记载的文献中占大多数，规定了发现对方逃亡者的一国有主动向对方引渡逃犯的义务。因此，从这种规定本身的要求来说，赫梯国家的引渡机制在程序上经历了初始时期短暂的被动引渡[1]之后，逐步走向主动引渡的发展阶段，并一直沿用到赫梯国家灭亡。

第二，对引渡要求的回应。在被动引渡阶段，收到引渡请求的一方将验证引渡要求的正当性和指控的真实性，这一“验证程序”由提出异议的逃亡者的争辩和之后指控逃亡者的一方的“立誓”组成，验证程序通过后，引渡方可进行[2]。当引渡发展至主动引渡的阶段后，这一验证程序就从文献中消失了。如果说单向引渡规定中这一程序的缺失可能是由赫梯的强权所致，但作为典型平等条约的《银板条约》也同样没有这一程序，这就说明这一程序在文献中的消失与条约是否具有平等性质无关。很可能随着条约政治合作和彰显“友谊”的作用日益明显，缔约双方更看重向对方所承诺的引渡义务本身所具有的“合作”与“联盟”的象征意义，而引渡要求本身是否“正义”，指控是否“真实”，是否需要“验证”，则不在关注的范围之内。

---

［1］“被动引渡”指A国的逃亡者逃至B国，A国向B国提出引渡该逃亡者的要求，B国根据这种要求向A国遣返逃亡者；“主动引渡”指A国逃亡者逃至B国后，B国主动提出向A国移交、遣返该逃亡者。参见黄风 1997：39—40。

［2］如赫梯国王塔胡尔瓦伊里与基祖瓦特那国埃海亚国王的条约（CTH 29）、一位赫梯国王与基祖瓦特那国帕达提苏国王的条约（CTH 26）。

第三，引渡活动的具体实现。条约中对这一方面的记载比较简略，基本句式是“某人（或某国王）抓住某人并送交某国王”。条约中显示，引渡要求的发起者与被引渡人员的接收者均为缔约国的国王。但是，和古今中外的许多王室文献一样，这种说法在更多的情况下很可能只是一种文体上的修辞手段。正如不可能是某位国王本人建立了一座城池或纪念碑一样，赫梯国王也不可能每次都亲自完成发起引渡请求或接收被引渡人员的工作。条约是以国王的名义来签署的，功绩是以国王的名义来实现的，但具体负责这些事务的一定另有其人，至于究竟是哪些人在肩负这种职责，赫梯国家是否有常设的人员或机构管理引渡事务，目前我们尚无法从记载引渡规定的文献中获取更多的信息[1]。

尽管具体负责运作引渡活动的管理人员或机构在引渡规定中难觅其踪，但文献中赫梯国家引渡的各项内容已经比较完备。引渡活动很可能从赫梯古王国末期即已存在，经中王国至帝国时期，赫梯在与他国签订的条约中不断确认引渡义务，关于引渡的详细规定不断演变，不可能仅仅是一种“外交礼仪”。因此，由条约中的引渡条款所规定的赫梯国家的引渡机制，已经可以在某种程度上被视为一种制度。

但是，条约中的引渡条款所确立的引渡机制，是为了应对现实问题而提出的解决方案，在付诸实践之前，仍然只是一种理念，可能与现实有一定的脱节；并且，引渡内容作为条约的一部分，一些条款的表述也要适合双方的政治需要。因此，即使缔约双方已经建立起共同认可的引渡机制，在实际操作过程中，也很可能与条约中的规定并不完全相符。

如在引渡的规定中，在短暂的早期被动引渡阶段之后，条约文献中显示的均为主动引渡，但实际上可能并非如此。以哈吐什里三世时期试图引渡乌尔黑-泰苏普为例，拉美西斯二世和哈吐什里三世、普杜海帕

---

[1] 苛求赫梯国家的引渡规定达到现代引渡条约规定的详细程度是不恰当的。并且，即使是现代引渡条约，在引渡程序方面，也只是规定引渡请求的相关函件应当“通过外交渠道在司法部或缔约国指定的任何其他当局之间直接传递”；对于移交人员的过程，也只是规定“一经通知准予引渡，缔约国应毫不迟延地安排移交所通缉者”，移交人员的其他相关规定则是时间方面的一些细则，具体内容参见联合国《引渡示范条约》，黄风 1997：213。

的书信中涉及此事，哈吐什里三世在坚持要求引渡侄子。这说明，虽然《银板条约》中的引渡条款表面上看来是主动引渡，但实际运作起来，依然是被动引渡的模式。另外，哈吐什里三世致卡达什曼-恩利尔二世的信中也提到赫梯国王本人曾致信埃及法老，要求“把我的敌人交给我”，这也表明实际上是赫梯国王要求埃及法老引渡逃亡者，而不是法老主动提出向赫梯归还逃亡者。因此，大量以主动引渡的表述方式出现的引渡规定，很可能只是修辞上的手段，用来突显双方合作的“诚意”。在实际践行这一规定时，由发生逃亡的一方向逃亡者所在国首先提出引渡要求，而不是相反，可能才更加贴近历史的原貌。

在赫梯国家与各国的引渡机制逐步确立的过程中，文献中关于引渡纠纷或引渡活动的记载并没有大量增加，这可能是因为这类事件未被记载，或相关的文献被毁，或尚未被发现，也可能是条约文献中规定的引渡机制并未被普遍实践，一些可能存在的引渡实践也会由于各种客观条件的限制[1]而失败。但是，在当时的历史条件下，作为一种预防逃亡行为和惩戒逃亡人员的机制，其建立的意义并不在于根据这一机制展开的引渡活动甚至是成功引渡的情况必然增多，或成功引渡的可能性必然增加，而是在于缔约双方认可的这种共同行为规范能够至少在法理上加强同盟关系，在道义上约束双方，也能够对可能或已经存在的逃亡者产生威慑作用，从而一定程度上维护双方的政治稳定[2]。这也就可以解释，在《银板条约》签订之后，为了遵守双方共同确立的引渡机制，即使乌尔黑-泰苏普仍处于埃及的掌握之中，拉美西斯二世也不能直接拒绝哈吐什里三世的引渡要求，而必须寻求合理的借口，以表明埃及方面是出于“无法做到”，而非出于不情愿，以致违背双方的“誓言”。在乌尔黑-泰苏普方面，他很可能切实感受到了《银板条约》中引渡条款的确

[1] 如逃亡者的刻意隐匿或再次逃亡导致被请求国无法抓获逃亡者时，引渡失败是不可避免的。拉美西斯二世在回应无法向赫梯引渡乌尔黑-泰苏普时就使用了这一理由。尽管赫梯方面表示并不相信法老的争辩，但乌尔黑-泰苏普在感到《银板条约》中引渡条款的威胁之后选择再次逃亡是有可能的。

[2] 这主要指双向引渡机制，因为单向引渡作为赫梯控制附属国的手段之一，显然主要维护的是赫梯的利益。

立所带来的威胁，再次逃亡他方。毕竟，埃及在与赫梯建立双边引渡机制之后，很可能已经不是他的理想避难地。因此，双边或单边引渡机制的逐步建立，对逃亡者尤其是逃亡贵族，可能产生了巨大的威慑作用，文献中关于引渡实例记载的匮乏可能真实反映了引渡机制有效发挥了应有的预防作用[1]。

应当注意的是，即使是各类文献中记载的引渡活动或引渡纠纷，也未必和引渡机制有必然联系。引渡是国与国之间的行为，因此，引渡机制的形成需要缔约双方共同确认。在没有条约约定的情况下，赫梯国王向某一国发出引渡逃犯的要求[2]常被拒绝，这就谈不上赫梯与该国之间已经建立引渡机制；即便引渡要求得到满足，对方同意向赫梯引渡逃亡者，但如果双方之前并无成文的引渡协议，这种偶发事件也不能作为双边引渡机制已经在赫梯与该国之间建立起来的证据。引渡机制本身是引渡思想的具体化，因此，在只有赫梯单方面提出引渡要求，但并无双边引渡协议的情况下，这种引渡活动不能看作是引渡机制的实践。也就是说，在赫梯史上的引渡活动中，由制度化的引渡机制所规范的引渡实践的范围是相对狭窄的，并不是所有的引渡活动都是引渡机制的产物。

总之，赫梯国家的引渡从仅仅是一种观念变成现实，从赫梯和他国之间的一种偶然行为发展为相对固定的引渡机制，一个个分散的引渡机制在一定程度上可以被视为构成了赫梯国家的引渡制度，新形势的出现又反过来促进引渡机制和“制度”本身向更加复杂的方向演变，这是一个引渡思想不断具体化、引渡机制不断规范化和进一步完善的过程。引渡的出现和引渡机制的形成、演变过程既折射出赫梯国内政治局势的走向，也表明赫梯国家外交关系和对外政策渐趋复杂。尽管条约文献中赫梯国家的引渡机制尚有一些细节内容有所缺失，在实际运行中也受到多

[1] 这与一般的机制或制度——如赋税制度所起的作用——的表现有很大区别。后者一般以常规的财政收入逐渐增长、经济状况在调节下健康有序运行为表征，但引渡机制作为突发事件的预防性规则，其作用不仅体现在使逃亡行为有了规范化的应对方案，可能更体现在对逃亡行为的有效预防方面。

[2] 赫梯大王穆尔什里二世的十年记（CTH 70）中记载了这种情况。

方面制约，无法完全实现引渡条款所规定的要求，但它毕竟在维护国家的政治稳定、加强对外交往等方面发挥着一定的功能性作用；更重要的是，这一机制的建立使赫梯与他国在逃亡者问题的处理上有章可循，一定程度上有利于维护赫梯国家的安全和持续发展，因此，引渡机制的确立和演变是赫梯文明取得的成就之一。

第三节　引渡与赫梯国家的对外关系

赫梯国家的引渡也是青铜时代晚期东地中海世界重要的历史现象，与该地区的政治、军事、外交、经济的发展变化密切相关，有必要从这一区域视野来进一步考察赫梯国家引渡发展的状况。

对于赫梯来说，青铜时代晚期的东地中海世界可以分为三个区域：一是赫梯国家的核心区域；二是安纳托利亚半岛上除赫梯核心区域之外的部分（包括北部卡什卡人占据的地区、西部的阿尔扎瓦地区、东南部的基祖瓦特那/塔尔浑塔沙地区和东部的哈亚沙、伊苏瓦等地）和叙利亚北部、中部以及阿拉什亚等赫梯的附属国和封侯国地区；三是近东世界与赫梯地位平等的诸大国，主要有米坦尼、亚述、巴比伦和埃及[1]。在数百年的历史发展过程中，赫梯与第二、第三两个区域中除亚述外的其他国家均发生过引渡活动，或一方向另一方提出过引渡请求，并建立起时间或长或短的双边或单边引渡机制[2]。赫梯国家开始对外交往的时间很早，但最初多以战争方式为主。《赫梯法典》中关于带回被诱拐

[1] 图塔里亚四世与阿穆鲁国沙乌什卡-穆瓦的条约中曾明确将阿黑亚瓦与其他近东大国并列，表明阿黑亚瓦甚至在这篇条约签订前不久，对赫梯来说，仍是一个大国。但后来书吏将其抹去，表明在图塔里亚四世对阿黑亚瓦的战争之后，后者已经丧失了大国地位。参见 Van De Mieroop 2004:151。

[2] 赫梯和巴比伦之间是否正式建立起引渡机制尚难以确定，目前发现的文献中没有赫梯与巴比伦之间达成引渡协议的确切记载，仅有的书信中透露的双方曾就引渡商人的谋杀者的问题所进行的交涉并不能证明引渡机制已经在这两个国家间建立起来。但考虑到双方曾签订条约（哈吐什里三世致卡达什曼-恩利尔二世的信中提到哈吐什里三世曾和卡达什曼-吐尔固签订过条约），尽管这篇条约现已不存，其中包含有引渡条款是可能的。

或逃亡奴隶的条款表明，在古王国时期已经有了一定的引渡思想，在与他国的双边外交关系尚未建立之时，赫梯国家已经在试图进行从他国索回本国逃亡者的最早实践，并以法律的形式确立了引渡逃亡者这一原则[1]。可能直至古王国末期，赫梯才通过有法律效力的条约与周边国家建立外交关系。之后，引渡逐渐成为赫梯与他国外交关系中的重要内容。在中王国时期，赫梯与安纳托利亚北部的卡什卡人部落、西部阿尔扎瓦地区诸国、东南部基祖瓦特那国与伊什麦里卡诸部落、叙利亚北部的吐尼颇国等均建立了外交关系，在条约中达成了引渡协议，或实现过引渡合作。帝国时期的赫梯巩固了安纳托利亚半岛东南部的版图，持续抗击卡什卡人，将半岛西部的阿尔扎瓦地区诸国、东部的米坦尼、叙利亚北部诸邦与阿拉什亚收为附属国，与埃及、巴比伦、亚述均有外交往来，在留存下来的各类有关这一时期各国交往的文献中，引渡的内容更为多见，尤其集中出现于赫梯与附属国、平等国签订的条约和往来书信中。需要指出的是，对外交往既包括建立外交关系等和平方式，也包括军事对抗的非和平方式，而达成引渡协议或顺利实现引渡的事例通常出现于与赫梯交好的国家[2]。在赫梯与其敌对国家之间，留下了大量关于引渡纠纷的记载，这类内容多保存在国王的年代记中，多是赫梯发出引渡某人或某类人的要求，对方拒绝，在诉诸战争手段后，赫梯一般达到了其“引渡”的目的。据穆尔什里二世的年代记中引渡要求的内容判断，某些情况下，在发出这类“引渡”的要求之前，赫梯人很可能已经预料到对方将会做出拒绝的反应[3]，因此，这种引渡要求的提出更多的是作为发动战争的一种借口。但无论如何，从中王国初期至帝国时期，引渡始终是赫梯国家对外交往过程中的重要组成部分。

---

[1]《赫梯法典》直至帝国时期仍在修订，引渡的条款始终存在，这说明从古王国至帝国时期，赫梯以国内法的形式始终对引渡原则加以确认。

[2] 阿黑亚瓦虽曾长期威胁赫梯西部疆域的安全，但在穆尔什里二世时期，两国关系友好，当时对赫梯要求引渡阿尔扎瓦国王乌哈兹提之子问题的顺利解决证实了两国和平、平等的关系。参见刘健 1998：98。

[3] 相关讨论参见 Beal 2000：83。

赫梯与各国建立起来的引渡机制在赫梯国家的对外交往中具有不可替代的重要作用。对于安纳托利亚半岛和叙利亚北部、中部的附属国来说，赫梯与附属国之间的引渡规定很可能在一定程度上削弱了附属国的政治独立性，加深了它们对赫梯的政治依赖。但与此同时，赫梯承诺可以向附属国引渡特定的政治犯和手工艺人，这有利于附属国保持大致的政治稳定和一定的经济实力。赫梯和叙利亚北部国家签订的针对亚述的引渡规定则旨在限制亚述和阿黑亚瓦之间的贸易往来。对于埃及和巴比伦等与赫梯地位平等的大国[1]来说，引渡协议通常作为和平条约的一部分，具有严格的双向性，是地区关系整合的结果之一，理论上为维护双方国内的政治稳定和经济利益提供了外部保障和支持。

青铜时代晚期，古代近东又一次“国际化”的时代[2]已经到来，形成了六大核心区域[3]并存的“地区体系”。这一体系形成之后，各个核心区域势力的消长与国际关系的整合时有发生，但体系本身保持了大致的稳定，直至公元前 1200 年左右彻底崩溃。与之前的“国际化”时代相比，这一时期的国际关系在复杂程度上大大增加且日益规范化，国际间的司法和行为准则被拥有不同文化传统的国家共同接受[4]，官方和民间的远程贸易延续了自埃卜拉和玛里时代以来的繁荣并有进一步发展，与征服战争相伴的是人口的大量流动，即古代近东的大规模移民[5]。在这一国际背景下，赫梯人“接受其他地区的东方文明，并与自身的印欧文明结合，形成独具特色的赫梯文明”[6]，这一文明“是一个

[1] 包括和赫梯中王国同时期的基祖瓦特那国家。

[2] 之前有史可考的有两次国际化时代：一是玛里文书所反映的“玛里时代”（公元前 18—前 17 世纪）；二是埃卜拉文书所反映的“埃卜拉时代”（公元前 24 世纪）。参见 Liverani 2001：2。

[3] 指伊朗西部地区的埃兰王国、两河流域南部的伽喜特巴比伦、安纳托利亚帝国时代的赫梯、北非帝国时代的埃及、两河流域北部先后居于统治地位的米坦尼和亚述、爱琴世界和安纳托利亚西部地区的阿黑亚瓦。参见 Van De Mieroop 2004：122—125。

[4] 由于没有一个国家在军事上、技术上或制度上达到更先进的水平，所以地区体系发展的更高阶段——“帝国体系”——直到青铜时代结束之后方才实现。相关讨论参见 Liverani 2001：2—3。

[5] 向征服者表示臣服的结果就是大量移民，“生存要以服役来交换”这一观念被埃及和赫梯征服的国家普遍接受。参见 Liverani 2001：99。

[6] 刘健 1998：104。

多种外来文化成分并存的文明综合体”[1]，本身就是国际化的一个表现，是公元前两千纪世界主义的很好例证[2]。范德米罗普指出，这一地区体系内所有的参与者都明白自身在国际交往的政治等级中的位置，清楚应当如何与他国交往。他们就像居住在一个大村落中的人们，在这里，人与人之间互相联系在一起，彼此的交流非常密切[3]，整个东地中海世界在此时已经成为一个“近东村”。地位对等的国家的君主间以“兄弟”相称，地位有较大差异的国家的君主之间则以“父子”相称[4]，再加上各国间的政治联姻，这种同属一个“村落”之内且以血缘为纽带巩固的联盟，缓和了国与国之间可能形成的冲突和紧张关系。

在这样的国际背景下，逃亡与引渡作为一对矛盾体出现在古代近东世界的国际舞台上，不是偶然的。历史上，逃亡它国寻求庇护或支持很久以来便是无法忍受国内重负的政治失意者或奴隶的选择之一。到了这一时期，随着贸易、人员流通国际化的趋势日益明显，各国官方和民间交往增多，至少在理论上逃亡比从前更为便利了。对逃亡者来说，逃亡避难的前景似乎也更加诱人。但相应地，各国交往程度的日益加深、外交手段日益成熟也为彼此提供了打击逃亡、促进引渡合作的可能。

赫梯文献中关于引渡的记载频繁出现，表明至少在此时引渡已经成为赫梯与近东世界各国外交合作的重要方式之一，与政治联姻、军事互助、王室赠礼[5]等手段分别担负起国际交往中不同的功能性作用，巩固了赫梯与他国的友好关系。

赫梯国家的引渡机制是当时的近东世界外交领域为数不多的规范化合作方式之一。从此，逃亡行为在法理上有了一套可预期、规范化的应对措施，这在稳定各国政治局势、保障各国经济秩序方面功不可没。赫

[1] 李政 1996:14。

[2] 布罗代尔 2005:123。

[3] Van De Mieroop 2004:127。

[4] 相关内容参见 Nemet-Nejat 1998:242；Van De Mieroop 2004:127；Liverani 2001:135—138。

[5] 阿玛尔那书信中留下了大量王室间的联姻和赠礼记录，参见 Van De Mieroop 2004:128，Moran 1992。

梯国家在具体规定引渡活动的各个环节和将其规范化用以推进对外交往等方面对古代近东国际关系发展做出了贡献。除此之外，赫梯与他国之间的诸如攻守同盟、政治联姻、继承人保护等外交合作方式，均由于各种因素的限制而未能发展到像引渡一样，在某种程度上已经是制度化的高度。“相对于其他近东大国，赫梯国内的政治结构比较松散”[1]，在这种松散的结构中，“引渡”作为一项将赫梯与其他国家联系起来的比较规范的机制，重要性也就更为突出。

赫梯国家的引渡发展顺应了青铜时代晚期国际化局势的要求，自然也有这一特定时代背景下固有的历史“局限性”。无论是双边还是单边引渡机制，始终未能达到更大范围内多国合作的规模和程度，这是由当时国际外交发展所达到的深度和各国的国家利益差异所造成的外交政策不同所决定的。客观上，交通不便且费时长久[2]使相距遥远的各国讨论共同的引渡机制颇为不便；主观上，各国的外交政策因国家利益的不同有很大差异，和战关系也不尽相同，未必均有建立国际引渡合作的愿望。如赫梯对附属国实行分而治之的统治策略，不会希望附属国之间结成紧密联盟，以免对赫梯构成威胁。因此，由赫梯主导，与各附属国达成统一的引渡机制是不可能的。赫梯和亚述的关系以竞争为主，双方的关系由于经济利益上的冲突[3]所导致的军事对峙而一度形成僵局甚至兵戎相见，也不会有和平达成引渡协议的可能。埃及由于处于半封闭的地理环境，地缘政治的影响使其相对而言更加明显地奉行近东“均势”政策。当赫梯在中王国时期实力转衰时，埃及积极发展与阿尔扎瓦的关

[1] Van De Mieroop 2004:154.赫梯国家的行政管理机制、军事制度、法律与社会制度等详细情况，参见 Beckman, Beal, Hoffner 1995:529—569。此外，即便是铁列平所颁布的王位继承制度（被认为有效限制了王室内乱），在帝国时期尤其是哈吐什里三世之后，也遭到了破坏，这对王室内部的团结形成很大威胁，直接影响了赫梯帝国晚期政治局势的稳定。

[2] 这种客观条件的限制使当时的大国“峰会”几乎不可能召开，但叙利亚巴勒斯坦诸邦国王在这一地区内显然不受此限，这一时期的“元首峰会”也只可能出现在这种地域范围有限且彼此邻近的国家之间。参见 Van De Mieroop 2004:131—132。

[3] 双方的争执既包括对于埃尔加尼马登铜矿的争夺，也包括图塔里亚四世与亚述国王吐库尔提-宁努尔塔产生争端时，赫梯采取的切断亚述通往叙利亚和地中海商路的行动。参见 Munn-Rankin 1975:285；Singer 1985:104—105；Machinist 1982:266。转引自 Bryce 1998:349。

系以实现对赫梯东西两面的双重牵制[1]。帝国时期，埃赫那吞曾试图利用米坦尼牵制赫梯，利用亚述牵制巴比伦[2]。因此，分属不同的联盟阵营和奉行大国均势的外交政策导致埃及对于和近东各大国达成共同的引渡协议不会感兴趣。

总之，以青铜时代晚期的东地中海世界为背景来审视赫梯国家的引渡，对于这一历史现象的理解会更为深刻：赫梯国家引渡的出现可能和赫梯与周边国家建立外交关系大体同时，此后，引渡成为赫梯国家对外交往过程中的重要组成部分。随着赫梯与周边各国、叙利亚北部和中部地区、两河流域、埃及交往范围的不断扩大，引渡机制作为外交手段之一有利于巩固这一地区的政治稳定，这一机制本身的规范化和制度化演变过程也是古代近东国际关系发展的重要内容，其发展水平也受到这一地区国际关系发展程度的限制。

---

[1] 相关讨论参见 Bryce 1998:160。

[2] 但埃赫那吞没有想到，最终，亚述和赫梯几乎同时行动，联合灭亡了米坦尼。参见 Warburton 2003:84。

第五章

两河流域与埃及：青铜时代东地中海文明圈的双子星座

第一节　从早王朝至加喜特巴比伦时期的两河流域[1]

两河流域的自然地理环境

“两河流域”（美索不达米亚）这一术语是指幼发拉底河和底格里斯河之间的土地，但并非指河流所经全境，而是指其中下游地区，因其形状像一弯新月，也被称作“新月沃地”。这一地区东抵扎格罗斯山，西到叙利亚沙漠，南达波斯湾，北部是山地，包括现伊拉克、伊朗、土耳其、叙利亚和科威特的部分地区。古代的两河流域分为南北两部分，以今天的巴格达为中心，南部是巴比伦尼亚地区，北部是亚述地区。其中，南部巴比伦尼亚又分为南北两部分，南部是苏美尔，北部是阿卡德，以圣城尼普尔为界。

两河流域南北两部分地形地貌差异很大，北部多山，南部整体上为平原。与其他地区类似，山脉经常构成交流的障碍，平原地区有利于人

[1] Liverani 2014：17—33，93—114，133—170，240—255，364—378.

员和物资往来，而河流成为区域内天然的交通动脉。不同的地理环境影响甚至在某种程度上决定了定居点的分布以及相应居民的生活方式，这与各自不同的政治和经济生活方式相结合，既增加了两河流域文明的内在丰富性，同时也是不同区域之间引发矛盾的内容之一。

尽管历史上的气候条件有所变化，但进入文明时代以来，两河流域南部降水稀少，主要灌溉水源来自每年春季北部山区的高山融雪引起的河流泛滥。巴比伦尼亚地区作为一个相对较大的地理单元，地势平坦，河流冲积层土壤深厚，这为系统的土地管理和兴建灌溉工程提供了有利条件。同时，水道两侧人工修建的堤坝会导致河道区域日益升高，在河流和人工运河较为密集的地方，土地实际上被河岸分割成大小不一的盆地，其中的耕地经常面临丰水期洪水冲垮河堤和河流改道的威胁。即使在平原地区，人工干预和自然条件的叠加也使得区域内部的地理环境变得更为复杂。北方山地间的耕种地带与此不同，是沿着等量降水线均匀向沙漠地区延展，不受河道分割，但被山地自然分隔。在南北两大区域之间的土地则大都因地理环境和气候的限制，未被开垦。

大河向南注入波斯湾的入海口是一片开阔的沼泽地，这里生长着一人多高茂密的芦苇丛，当地的人们用芦苇编织和搭建房屋。在近代以来欧洲旅行家的眼中，两河流域南方沼泽地的居民日常划着芦苇船捕鱼，鸟鸣阵阵，水牛嬉戏，一派水乡泽国的浪漫风光。但实际上，水牛是伊斯兰文明早期方才引入此地，且沼泽地居民很难真正独立于不断更迭的王朝统治，将这里的生活方式想象成数千年来不曾更改的两河“桃花源”，只能是“东方主义”观察的一种视角。

两河流域的南北区域之间尽管有地理环境的巨大差异，但也有相连的通道供贸易和人员往来，通道上的一些定居点逐渐发展成举足轻重的城市，如幼发拉底河的玛里和底格里斯河的阿舒尔。它们都位于河床变宽的地方，周围有足够的耕地进行粮食供给，但其重要性无疑也来自其处于河流上下游交通要冲的关键地理位置。

进入文明时代后，尤其是青铜时代中晚期以来，人类活动对两河流域环境产生了重大影响。通过对于历史时期花粉的研究可知，伴随着人类栽培作物（如葡萄和橄榄）区域的扩大，森林覆盖率在降低。巴比伦尼亚地区的统治者早在公元前三千纪就记载了他们从遥远的地方，尤其是叙利亚和黎巴嫩山区获取木材，亚述国王经常需要从黎巴嫩或阿马努斯获取神庙的横梁木材，这些记载都说明两河流域南北地区的可用森林在减少[1]。

从早王朝到乌尔第三王朝

两河流域南部在乌鲁克城为代表的文化期（约公元前3600—前3100年）出现一系列重要的发明和进步，其中包括陶轮制造陶器、文字的出现，以及建造塔庙。乌鲁克文化晚期，文字进一步发展，滚印大量使用，城市的基本组织形态形成，且神庙成为其所在城市的政治和宗教中心。一般认为，这一时期是两河流域文明史的开端，苏美尔人是两河流域文明最早的创立者。

公元前29世纪至前24世纪中叶是苏美尔文明的早王朝时期。这一时期两河流域南部政治分裂，城邦林立，相互竞争和征伐，产生了政治甚至宗教联盟，在竞争中获胜的城邦会获得暂时的霸权地位。主要城邦有南部的乌鲁克、乌尔和埃瑞都，东部的拉伽什和温玛，中部的阿达布、舒如帕克和尼普尔，以及北部的基什和埃什嫩那。阿舒尔和玛里则成为苏美尔扩张的新中心。

苏美尔王表是了解这一时期王朝序列传统的重要文本，虽成文较晚，但其内容可以追溯至早王朝时期。王表由一系列来自苏美尔不同城市的前后相继称霸的王朝组成。但同时代的纪念碑和铭文显示，这一时期实际上可能是诸多并存的王朝相互竞争的态势。苏美尔王表主要被后世两河流域的国王用来合法化自身的统治，虽然其中的部分历史信息可以与其他类型的文本（如经济档案）进行互证，但有一些信息经过不同程度的选择和虚构，只能视作一种政治构建的传统。

[1] Postgate 1992：3—21.

来自拉伽什的文献表明，该城市与温玛之间围绕一片拥有富饶农田和牧场的土地展开了长期争夺，这是这一时期普遍存在的城邦竞争的缩影，这种对地区霸权的争夺逐渐升级为建立世界帝国——两河流域版本的统治“天下”——的野心。在统治者看来，通过将两河流域与世界的概念重合，苏美尔城市或受苏美尔文化影响的城市向各个方向延展为城市网络，最终有可能抵达世界的边界，即上海（地中海）和下海（波斯湾）。这一观念始于曾调解拉伽什和温玛之争的“基什之王”麦西里姆的时代，并在所谓“原始帝国”的早王朝末期达到顶峰[1]。

早王朝末期的温玛一度在城邦争霸中取得优势地位，但随即被崛起的阿卡德取代。阿卡德的萨尔贡作为政治新人，一度担任“基什之王”乌尔扎巴巴的近臣和高级官员“持杯者”，后趁乱攫取王位。他在混战中不仅征服了两河流域南部诸城邦，还将叙利亚和迦南等诸多周边地区纳入版图，建立了势力范围西至地中海（甚至包括塞浦路斯）、南至波斯湾、东至埃兰、北抵安纳托利亚的庞大阿卡德“帝国”。

新建立的阿卡德国家始终面临苏美尔各城邦和新征服地区的叛乱问题，尽管萨尔贡采取军事手段成功镇压，但叛乱在之后即位的里姆什和马尼什图苏统治时代仍时有发生。纳兰辛在统治时期同样进行了一系列平定暴动的战争，并对四方边地进行再征服，号称“天下四方之王”，并成为两河流域首个在生前即自封为神的国王。除军事征服外，国王还采取直接让子女占据关键宗教和行政职位的方式控制苏美尔地区，如萨尔贡之女恩赫杜安娜和纳兰辛之女埃美南娜均曾担任重要城市乌尔的守护神——月神辛的高级女祭司，国王的儿子经常担任具有重大战略意义区域的地方最高长官，国王有时也会以联姻的方式将女儿嫁给周边区域的统治者，借此巩固双方的关系。

尽管属于闪族的阿卡德人征服了苏美尔诸城邦，但闪族人和苏美尔人的关系并非简单的征服与被征服关系，而是呈现出相当复杂的互动图

---

[1] Liverani 2014：112.

景。阿卡德时期的王权观念从苏美尔时代侧重于敬神和行政管理转变为对国王作为战争英雄形象的塑造，苏美尔城邦争霸时代即已初现雏形的建立世界帝国的理念在阿卡德时期继续发展并成为现实，早王朝时期形成的商业网络得以维护和延展，这也是阿卡德王国扩张的重要目的之一。

阿卡德时期是对多元地理和文化分布的两河流域进行统一政治控制的首次尝试，同时期的埃及早已建立广域国家，其内部在语言、政治、人口和环境方面相对更为同质化。尽管阿卡德王国通过军事征服、革新王权观念、整合宗教传统、维护并扩建商路方面作出了许多尝试，且不少措施在长期看来是促进区域整合的成功策略，但终究未能扭转纳兰辛之后危机四伏的局面，阿卡德王朝最终亡于来自扎格罗斯山脉的古提人之手。

古提人终被乌鲁克驱逐出去，但乌尔城的乌尔纳木趁机称王，建立乌尔第三王朝，并在与拉伽什的战争中取胜，获得“苏美尔和阿卡德之王”称号，重新统一两河流域。

乌尔纳木在统治方略上试图强调他对两河流域不同地区的统一王权，城邦失去了传统的自治权，其最高管理者由乌尔任命并代表乌尔国王行事。正是在这种意义上，乌尔第三王朝尽管被称为“苏美尔复兴”，但它延续了阿卡德王权意识形态中神化国王的政治遗产，只是国王不像阿卡德时期那样被视为英雄人物，而是被视为主要承担中央宗教和行政管理职责。乌尔国王有意弱化苏美尔城市间的冲突，突出自己作为团结、和平的两河流域捍卫者的角色。

乌尔第三王朝在管理上的重要贡献之一是创建法律法规。这些法律法规在思想上可以追溯至之前时代的改革法令，但在这一时期通过确立新的结构，国家试图创建一个统一的系统。国家不仅在度量衡方面设定标准，对各种罪行所涉罚金制定金额标准，同时对全国的土地进行登记造册，表明国王希望在这片土地建立“正义与公平”，法典展示了国王对国家进行统一的重新组织的意图。舒尔吉即位后进一步巩固了其父乌尔纳木的建设成果，对内强调自己作为和平建设者和管理者的角色，对外推行扩张政策，确保国家有能力保护连接周边商业中心的贸易路线。乌尔国王对外交往的手段多样，以对埃兰为例，既有军事远征，也有王室联姻，杂以遏制与威胁，同时亦会签订和平条约。这些令人眼花缭乱方式的背后是乌尔第三王朝从未稳定控制埃兰的事实。

伊比辛在位时期，闪族的一支阿摩利人大量进入两河流域，给乌尔第三王朝带来很大压力。伊比辛远征埃兰失败，反被埃兰攻入乌尔城，伊比辛本人亦遭囚禁，乌尔第三王朝灭亡，苏美尔人建立独立国家的历史结束。

古巴比伦时期的两河流域

埃兰人摧毁乌尔第三王朝之后，对两河流域进行了约二十年之久的军事占领。随后，来自黎凡特北部、操西北闪米特语的游牧部落阿摩利人来到两河流域，建立伊辛王朝，将埃兰人逐出乌尔，重建了这座城市，并归还了埃兰人掠走的月神南纳的雕像。阿摩利人约在公元前19世纪占领了两河流域南部的大部分地区，从半游牧的生活方式定居下来，在一些城邦建立独立王朝，最著名的是伊辛、拉尔萨、埃什嫩那、拉伽什，后来又建立了古巴比伦王朝。

由于巴比伦城的地下水位较高，影响了考古地层的保存和发掘，古巴比伦王朝的早期历史较为模糊。通过保存下来的王室和还愿铭文、文学文本和年名表等书面记录，可以重建这一时期的大致年代序列。汉穆拉比之前的历代国王似乎并未在开疆拓土方面取得重要进展。在汉穆拉比之前，控制苏美尔地区的是拉尔萨的瑞姆辛。他在位时期，拉尔萨开始扩张，击败了得到巴比伦支持的乌鲁克及其盟友伊辛，但仍处于埃兰、埃什嫩那和巴比伦等强邻的包围之中。瑞姆辛通过建造和修复城墙、神庙和运河等增强国家防卫能力，在内政治理方面下令免税和免除债务奴役，重视公共土地管理，重振波斯湾贸易。但这一切努力都未能阻止汉穆拉比的崛起。在瑞姆辛征服伊辛后的第二年，汉穆拉比继位成为巴比伦新王。他打断了瑞姆辛称霸两河流域南部的进程，在其统治的三十年后，击败了拉尔萨、埃什嫩那和玛里，统一了两河流域南部，并与亚述作战。

从整体来看，汉穆拉比时代的巴比伦主要征服的区域仍然集中于两河流域南部，即苏美尔和阿卡德地区，很大程度上与乌尔第三王朝的控制范围重合。巴比伦的统一有效消除了个别城邦的扩张野心。城市变成了省级行政中心，该地区的政治分裂不再在单个城邦层面发生，而只能通过数个城市为一个地理单元的地域国家来实现。从汉穆拉比时代开始，以主要城市巴比伦来命名的区域概念出现了。巴比伦（尼亚）从此成为古老的“苏美尔和阿卡德”地区名称的继承者，并最终成为与北方的亚述地区并立的两河流域南方的地理概念[1]。

《汉穆拉比法典》是古代近东最著名的文献之一，以阿卡德语楔形文字书写在一块 2.25 米高的闪长岩石碑上，顶部的画面描绘了太阳神和司法神沙马什赐予汉穆拉比王权的场景，其下是法典正文。这部文献提供了了解汉穆拉比治下的巴比伦社会的重要信息。法典描述了三种不同身份的人：阿维鲁（自由人）、穆什根努和奴隶。自由人在经济上独立，包括自由地主和王室的中高级官员以及神职人员；穆什根努可能是“半自由人”，在经济上不完全独立，需要依附于宫廷生活。

法典以其以牙还牙、以眼还眼的同态复仇法闻名，且根据加害者和受害者相对身份等级的差异，对同一罪行也可能出现有差等的可量化的惩罚。就苏美尔和阿卡德人的法律传统而言，对犯罪行为进行经济赔偿是普遍原则，施以肉刑作为惩罚的做法来源于阿摩利人。但学者们对《汉穆拉比法典》的性质长期以来有许多讨论，它可能并非断案时被援引的法律文书，在刑罚方面的威慑意义更为重要。另外，法典中私有财产权和租赁、工资、投资等方面的规定，是对当时的巴比伦经济运行中诸多程序和状态的规范性进行官方确认。在刑法和民法方面都建立公平正义秩序的基础上，结合法典前言中汉穆拉比的声明，可以看出，巴比

[1] Liverani 2014:242.

伦国王意图向臣民和神明展示自己是一位虔诚的父亲和公正的国王。

汉穆拉比的统治在宗教领域同样带来了变革。苏美尔城邦诸神退居次要角色，以恩利勒神和他所在的圣城尼普尔为首的旧万神殿等级制度不复存在。阿摩利人偏好不同类型的神祇，尤其是具有星光性质的众神，如沙马什、伊西塔和阿达德。古巴比伦时期，巴比伦城的马尔杜克一跃成为国家主神；但在个人崇拜中，最受欢迎的似乎是身兼司法神的沙马什，这反映了当时巴比伦社会对正义的渴望。从恩利勒到马尔杜克的转变，以及两位神祇的整合，直到尼布甲尼撒一世时期才完成。值得注意的是，与一般统一王朝继续发展时出现的王权神化趋势不同，巴比伦国王并没有继续阿卡德王朝的国王神化做法。尽管完成统一后的汉穆拉比如日中天，但他和他的继任者并未自封为神。国王离开了神界，返回人间，成为一个仁慈而公正的牧羊人。既然他不在神界寻求统治的合法性，便将注意力投向了遥远的祖先世系，这反映了阿摩利人的亲族结构和祖先崇拜传统。

汉穆拉比及其继任者对两河流域南部的征服仍是不彻底的，经常面临内部如拉尔萨和埃什嫩那的叛乱，以及外部如南部海国王朝和西北部位于玛里以北、幼发拉底河中游的哈纳王国的威胁。古亚述国王沙玛什阿达德一世曾一度统治的城市舍纳（今 Tell Leilan）位于今叙利亚西北，这里发现的档案文件（约公元前 20—18 世纪）表明，附近的一些王国曾签订和平条约。此外，古巴比伦王朝从未征服埃兰，在汉穆拉比之后不久，埃兰甚至成功实施了对巴比伦地区城市的远征，这清晰表明强敌环伺下的巴比伦王朝的统治并不稳固。

公元前 1595 年，巴比伦城沦陷于来自小亚细亚的赫梯国王穆尔西里一世之手，马尔杜克神庙惨遭洗劫，古巴比伦王朝宣告覆灭。

加喜特巴比伦时期的两河流域

赫梯人攻占巴比伦城后，并没有试图在两河流域南部建立稳固统治。在马尔杜克神的雕像被赫梯人掠至哈纳王国二十四年之后，加喜特国王阿古姆二世将其从哈纳带回巴比伦，这意味着哈纳可能被加喜特国王击溃。加喜特人来自两河流域东部的扎格罗斯山脉，他们的语言并非闪语或印欧语，可能是一种孤立语言，族属亦不清楚。在南方，加喜特王朝最终控制了海国王朝（可能在阿古姆三世时期）。至此，继古巴比伦王朝灭亡后，两河流域南部再次实现了统一，加喜特巴比伦又称中巴比伦时期。

中巴比伦王朝断代在公元前16—前12世纪，正值近东地区的青铜时代晚期，国际化程度之深史无前例。在这一时期近东国际政治的几大玩家中，加喜特巴比伦的地位颇为微妙。一方面，这一地区拥有悠久的文明传统，另一方面，中巴比伦的军事实力颇为有限。二者之间的矛盾导致国际政治中的中巴比伦几乎沦为边缘国家，尤其在与埃及和中亚述的交往中尴尬频现。

据阿玛尔那书信中的历史回顾部分可知，加喜特王朝与埃及的外交往来始于公元前15世纪后期，加喜特国王卡拉因达什和埃及法老阿蒙霍特普二世是两国之间最早确立外交关系的统治者。之后，两国王室建立了姻亲关系，加喜特国王将公主远嫁埃及，充实了法老的后宫。但埃及法老本着历史上超然的大国和自我中心地位，拒绝实践互惠和对等的原则向加喜特国王外嫁公主。加喜特国王对此并无实质性反制措施，向埃及大量索要黄金可能是其反应之一。这种做法是如此出名，以至于其他国家普遍认为加喜特国王是在故意向埃及卖女换金。

加喜特王朝面临的头号对手是北方的亚述。亚述曾一度沦为米坦尼的附属国。在与赫梯帝国夹击米坦尼成功后，亚述逐渐获得独立地位，并迅速取代米坦尼成为新的地区强国。在这种情况下，求取埃及公主不成的加喜特国王布尔那・布里亚什二世主动要求与亚述联姻，迎娶了亚述的一位公主。但这位公主的儿子在继承王位时死于一场宫廷政变，这招致亚述国王的军事报复。亚述人在巴比伦扶立公主的另一位儿子（或侄子）为王，但其长大后明显更亲加喜特而非其母亲一边的亚述，两国关系自然疏远，甚至发生争端。亚述国王阿达德尼拉里一世曾击败加喜特国王纳兹玛鲁塔什，但双方控制的区域并未发生大的变化。数十年后，加喜特国王卡什提里亚什四世趁年轻的亚述国王图库尔提尼努尔塔一世继位之际，发动战争，但遭到对方毁灭性的打击。不仅加喜特国王本人被俘，亚述军队还征服了巴比伦，并扶持代理人在此统治了七年，直到亚述国内发生叛乱，加喜特人才趁势收回统治权。但加喜特王朝后期的统治并不稳固，东部的埃兰趁两河流域南部的政局动荡，多次试图浑水摸鱼，直至最终征服了巴比伦尼亚，将马尔杜克神雕像和其他神圣纪念物作为战利品带回了都城苏萨，加喜特巴比伦时期结束。

加喜特王朝时期，巴比伦尼亚面临持续的人口、经济和生产危机，尤其是南部地区的土地灌溉系统失效和土壤肥力下降，大片地区变成牧场或沼泽。即使在相对能够较好抵御衰退的两河流域中部地区，城市和其他类型的定居点也在古巴比伦时期的基础上减少了一半以上。权力中心因此向北移至巴比伦、杜尔库里加尔祖、博尔西帕和尼普尔一带，杜尔库里加尔祖甚至由国王库里加尔祖一世建为新都（约公元前 1390 年），这里发现了加喜特王朝与赫梯王室的外交书信。

土地方面，除由神庙管理、位于巴比伦地区原有城市周围的大片土地（庙田）之外，还有一种由王室分配给军事、行政和宗教精英人群的土地（王田），这种土地通常会由最初的仅使用权可以世袭转变为得到国王保证的私人田产。大量界石（*kudurru*）保存在神庙中，记录了王田再分配以及相关土地免税的情况。

与权贵精英不同，这一时期的农业人口更为贫困。法律文本显示了包括土地管理、买卖、租赁和有偿劳动等在内的经济活动相对于古巴比伦时期发生了很大变化。失去土地的农民沦为耕作庙田和王田的佃农，形势进一步恶化后，奴役劳动进一步取代了有偿劳动，永久的人身依附关系取代了临时的合同关系，口粮取代了工资。随着私人田产庄园的发展及依附其中的农奴日益增多，相对自由的官员居住在城市，农村只有一群依赖城市和神庙的仆人，这与古巴比伦时期的城乡居民结构形成鲜明对照：在那时，城市中居住着宫廷侍从，自由的私人地主居住在乡间。

加喜特人对中巴比伦时期的文化影响很有限。作为外来族群，他们在拥有深厚苏美尔—阿卡德文化传统的书吏看来，只是一群不知“礼乐”为何物的山野村夫。加喜特人提供了马的一些不同皮毛颜色的名称，驯马成为这一时期文书内容中的主要革新之一。

标准化是这一时期重要的文化现象之一。首先是语言的标准化。阿卡德语的巴比伦方言从古巴比伦语发展为中巴比伦语，但它更常用于日常文书，如信件以及法律、行政文本。文学文本所使用的语言则是书吏将古巴比伦语和中巴比伦语折中之后人为创造的标准巴比伦语。出现这种情况的部分原因是以古巴比伦语写成的诸多文学作品已经成为值得模仿的经典，书吏希望部分保留古巴比伦语的特征，使其作为一种文学语言保持活力。相应地，文学作品和更为实用的文本的标准化也出现了，如预兆和医学文本、词表等书写于古巴比伦时期的文献。知识精英认为巴比伦文学的形成阶段已经结束，是时候保存和传承过去时代大师们的作品了。这要求精准地复制整个“语料库”，一系列作品的标准版本应运而生。

但标准化显然不是这一时期文化成就的全部，书吏们仍在创作新的原创作品，并对早期作品进行再诠释。以著名的《吉尔伽美什史诗》为例，在标准版本之前，在其众多版本中，似乎有一个加喜特时期的版本具有一些学术上和反英雄方面的细微差异。故事的主人公，英雄吉尔伽美什的目的在于实现永生，但他的一系列失败成为让他更深层地认识自己的极限并寻找更现实的解决方案的路径。在文士圈层中，这一时期更加关注人类个体的倾向和加喜特的国家危机相结合，导致人们日益思考更为宏大的主题，如神圣正义和人类命运的本质等，这构成了“智慧文学”的基本主题。

总体而言，加喜特王朝时期国力相对较弱，文化水准下降，但它毕竟是巴比伦国祚最为悠久的王朝，它的历史轨迹一方面反映了知识精英对两河流域自身文明传统的整理和反思，另一方面也反映了近东世界国际化趋势的影响，它所经历的一系列危机是更大历史语境中青铜时代晚期文明系统性崩溃的一部分。

第二节 从两地统一至帝国（新王国）时期的埃及历史[1]

古代埃及的自然地理环境

埃及位于非洲东北部，北濒地中海与希腊隔海相望，东临红海同阿拉伯半岛一衣带水，南接努比亚（今埃塞俄比亚和苏丹），西面是利比亚。从地貌上看，埃及的北边是烟波浩淼的地中海，东西两侧都是沙漠，南面分布着几条大瀑布，这使得埃及同外界交往甚是困难，只有通过东北方向的西奈半岛与西亚交往较为便利。根据地形和地貌特点，埃及全境通常被划分为五大部分：尼罗河流域、三角洲地区、法雍地区、西部沙漠和东部沙漠。

埃及有“尼罗河的赠礼”之称。尼罗河发源于赤道南部的东非高原上的布隆迪高地，干流注入地中海，全长 6 670 公里，是世界流程最长的河流，由卡盖拉河、白尼罗河、青尼罗河三条河流汇流而成。尼罗河从每年的 7 月开始水位逐渐上升，通常 8 月开始出现洪水，8 月中旬到 9 月末洪水基本淹没了河谷，10 月末开始进入减水期，适合种植农作物，一直到次年的 4 月至 6 月河水水位达到最低，农产品收获。当尼罗河洪水泛滥之时，含有大量的矿物质和腐殖质的泥沙也随洪流而下，等到洪水退去，这些淤泥便沉积下来，致使河流两岸的土地每百年就会增高几厘米，成为肥沃的黑色土壤，埃及人称之为“麦凯特”，意为“黑土地”，有利于农作物生长。因此，尼罗河的规律性泛滥和肥沃土壤的累积对于古埃及农业文明的产生和经济社会的发展具有关键作用，这也是希罗多德将埃及称为“尼罗河的赠礼”的缘故。但是，尼罗河谷在孕育古代埃及文明的同时，因其宜居之地过于狭长，人员只能在这一范围

[1] Shaw 2000:57—307.

内流动，一旦进入河谷东西两侧，生存环境急剧恶化，这种生存空间在整体上形成了人口的“牢笼”，其人口增长和内部交流的活力受到限制。古代埃及文明发展到一定阶段后停滞不前，不能不考虑尼罗河谷这一独特的地理环境特征的影响。

尼罗河干流流至开罗附近散开汇入地中海，裹挟而下的泥沙在此处沉淀，形成了尼罗河三角洲。它以开罗为顶点，西至亚历山大港，东到塞德港，海岸线绵延 230 公里，面积约 2.4 万平方公里。古代的尼罗河三角洲地貌以沼泽地为主，适于农业耕种和定居的土地较少。沼泽地繁衍生息着各种野生动物和鱼类，以及纸草、芦苇和蘸草等植物，非常适合从事畜牧和渔猎活动。尼罗河三角洲因其靠近近东和希腊的地理位置和海路交通便利的自然条件，在后期王朝发挥着重要的作用。

法雍位于埃及西部沙漠之中，也是重要的定居点。这里拥有埃及最大的绿洲，东西向最宽处有 65 公里，南北向则有 50 公里，面积达 300 多平方公里。由于该地区气候适宜，每年农作物可以生长两季，其开发价值在中王国时期尼罗河谷面临人口增多的压力时得到突显。到了托勒密时期，法雍更是成为埃及经济最繁荣、人口最密集的地区之一。

除了临近地中海的北部埃及属于地中海气候以外，埃及的绝大部分区域属于热带沙漠气候，这是导致埃及东、西部沙漠形成的直接原因。与河谷地区的黑土地相对应，埃及人称沙漠为红土地。虽然同为沙漠，但是东部沙漠对于埃及历史的影响要超过西部沙漠，因为东部沙漠中分布着重要的矿产资源，如绿松石、铜矿石、石英石、雪花石膏和黄金（新王国时期埃及黄金的年产量为 450 多公斤）。东部沙漠还分布着三条通向红海的通道，对于加强红海贸易和促进矿产开采有重要作用。西部沙漠自南到北分布着拜哈里耶、费拉法、达赫莱和哈里杰四大绿洲，此外还有位于西部边陲的锡瓦绿洲。西部沙漠长期以来是抵御利比亚人入侵的天然屏障。

埃及的统一和金字塔时代

如果以文字的出现为最重要的指标之一，埃及文明约在公元前 31

世纪诞生，在此之前是漫长的史前时代。在上埃及文化群的涅伽达文化Ⅱ时期（约公元前3500—前3200年），埃及已经形成了各自分散或暂时联合的城市国家。这些城市国家之间存在着既相互合作又相互竞争的关系，具体表现在城市国家之间的争霸和联合，调色板是这一时期政治局势最为典型的图像表达器物。

大约在公元前3400年到前3100年，埃及出现了两个独立的王国。古埃及的国家以城市的形成为基础，以王权的出现为标志。涅伽达出土的王冠、王衔和希拉康坡里斯出土的权标头、调色板都证明了以王权为标志的国家的出现。一般认为，上埃及的纳尔迈（文献中的美尼斯）经过武力征伐，击败了下埃及政权，实现了国家的统一，埃及历史进入早王朝时代。希腊化时期托勒密王朝的祭司曼涅托所著的《埃及史》是为古代埃及进行历史分期的基本依据。综合各类材料，埃及学家将早王朝（第一王朝至第二王朝）断代为公元前3000年至前2686年。但考古材料表明，在此之前，古代埃及很可能已经进入国家阶段，因此，更早存在的王朝遂得名“零王朝”（约公元前3200—前3000年），甚至部分学者认为往前还有“零零王朝”存在。

埃及国家的形成是一个复杂和渐进的过程，必然涉及贸易、技术、意识形态、政治环境、交流媒介、社会分层等多个方面的共同作用。从城市国家过渡到广域国家是从前王朝到早王朝时期的重要发展，埃及也是世界历史上第一个进入广域国家的古代文明。这一时期已经出现埃及文明的一些基本特征，如关于“玛阿特”（秩序、公正等）的观念。在此基础上，“大人物”征服俘虏或猛兽的图像表达，逐渐发展成为代表秩序的国王征服代表混沌的外族人这一主题，贯穿古代埃及文明王权观念的始终。早王朝时期的埃及并非是一个成熟的君主制国家，很多管理制度和政府机构仍有待于进一步改进和完善。

经过第一、二王朝数百年的发展，埃及巩固了南北统一，进入了一个新的历史发展阶段，因这一时期出现大型建筑金字塔，后世也将其称为“金字塔时代”。

第三王朝的乔塞尔国王采纳其维西尔和首席建筑师伊姆霍太普的设计，建造了取代马斯塔巴墓的阶梯金字塔，之后，第四王朝的胡夫、哈夫拉和门卡拉三位国王先后建造了吉萨墓区享誉世界的三大金字塔和狮身人面像。此王朝最后一位国王在位时期，虽然也依前例完成了金字塔建筑工程，但他在远离吉萨的萨卡拉南部地区还建有一座大型马斯塔巴平顶陵墓。金字塔本是权威和太阳神崇拜的象征，这位国王重建废弃已久的马斯塔巴墓，也许是对太阳神庙日益增长的祭司势力的抵制。

太阳神崇拜在第五王朝时期继续发展，可能成文于喜克索斯时代的韦斯特卡尔纸草所载《魔法师的故事》讲述了第五王朝的前三位国王都是太阳神祭司之子，表明这一时期赫利奥坡里斯的太阳神及其祭司在宗教上占据重要地位，太阳神庙也因此成为这一时期最为显赫的建筑。与第四王朝的维西尔经常由王子担任不同，整个第五王朝没有一位维西尔是王子，这说明第四王朝时期牢固掌握在国王直系家族手中的中央权力正在逐渐削弱。这一过程有可能与金字塔建筑工程中权力和资源向地方的扩散同时发生，成为金字塔时代的阴影。第六王朝培比二世长达九十四年的漫长统治伴随着地方权力逐渐扩张和中央权威的衰败，来自北方和东方的游牧民族连年入侵，南方叛乱不断，国家陷入无政府状态，最终分裂，古王国时期结束。

古典时代的政治变革

古王国末期，中央权力的崩溃引发了一段政治分裂时期，学者们通常将其称为“第一中间期”（约公元前 2152—前 2065 年）。在这一阶段，孟斐斯失去了作为首都与政治、经济中心的地位，各地方割据势力蜂拥而起，互相征战。埃及人尊重固有的王朝传统，特别是某些地方统治者为了取得合法的王权，更是继承和维护传统的王朝体系。第六和第七王朝的势力局限在孟斐斯周围地区，同时代的尼罗河三角洲地区为来自亚洲的贝都因人所据，而中埃及则被第九与第十王朝的赫拉克利奥坡里斯城的地方王朝所控制。不久之后，这些王朝与建立第十一王朝的底比斯政权发生冲突。最后，在中埃及的尼罗河河谷地带建立霸权的是底比斯的安太夫二世，他将领土由第一瀑布拓展至阿西尤特地区。他的继任者孟图霍太普二世最终实现了埃及的再次统一，是为中王国时期。

孟图霍太普二世的胜利具有重大的历史意义，传统上给他以崇高的地位。西底比斯拉美西斯祭庙的铭文上，把第一王朝的美尼斯、第十一王朝的尼布赫帕特拉（孟图霍太普二世的王位名）和第十八王朝的雅赫摩斯诸王的名字并列在一个名单上，表明他们是人所共知的新时代的创建者。中王国时期的埃及经历了一段长期的和平与繁荣，成就了埃及文学中最伟大的篇章，并奠定了后世长期仿效的艺术形态基础，也因此成为埃及历史上的“古典时代”。

中王国时期，地方势力对国家经济和政治生活的影响不断增强。这一现象始于古王国末期王权衰微之际，并成为第一中间期国家分裂的重要原因之一，但并未随着中间期的结束而消亡。直到中王国后期，许多地方贵族还在以自己的年号记事，仍然根据自己的意愿崇拜当地神祇，像国王一样称自己为神之子。这些地方贵族统领着实力可观的地方军队，拥有大批幕僚、卫士和仆从。即使是在王权较为强大的第十二王朝，他们的势力也没有削弱，甚至还有所发展。在中王国时期，地方贵族不再是单纯听命于国家的地方管理人员，而是具有相当独立权的新势力。他们的职位世袭，国王对新地方长官的任命流于形式。

在这种情况下，整个中王国时期的历史始终贯穿着地方势力与中央政权的矛盾和斗争，如何妥善解决这一难题使这一时期的国王们忧虑不已，许多政策都是围绕着解决这个矛盾而实行的，其中，最重要的一项是父子共治制的确立。这一制度由阿蒙涅姆赫特一世首创，目的是减轻政变给国家带来的威胁和混乱，内容是规定在位的国王与王子共同治理国家，国王在宫中主持国政，而作为其继承人的王子要承担最高军事长官的职责，统率军队驻守边疆。一旦发生国王去世或在内乱中被谋杀等突然情况，握有军权的王子可以立即班师回朝，继承王位，迅速稳定局面。阿蒙涅姆赫特一世的这一部署似乎有着非凡的先见之明，为自己日后遭遇的不测做好了准备。

中王国在塞索斯特里斯三世统治期间国力达到了鼎盛。在对待地方势力的态度上，他延续了前代国王们所采取的软硬兼施的政策，进行了一次大的行政改革，以进一步扼制地方势力的发展。他将全国划分为四个行政区，其长官直属中央。从现有的文物古迹来看，这个时期大规模的贵族陵墓几乎消失，有人认为这就说明改革使贵族势力受到严重打击。但也有人持不同意见，指出这一时期王陵的规模也在缩小，有可能是受到当时社会经济整体状况不佳的影响。除了对国内行政区划进行改革，在塞索斯特里三世在位时期，埃及军队开进努比亚，最远推进到第二瀑布地区。这位国王在当地建造了一连串的堡垒，以保卫疆界，控制尼罗河道，抵御来自努比亚第三瀑布区域的克尔玛王国的威胁。

加强王权的另一项措施是进行国内建设，包括大规模的工程建筑和对矿产尤其是石料的开采。中王国时期的埃及不仅恢复了对西奈山区的铜和绿松石的开采，而且在尼罗河和努比亚境内的红海之间不断开发新的矿源。除原有的上埃及东部沙漠以外，埃塞俄比亚北部的尼罗河谷成为新的金矿基地。

第十二王朝在法老阿蒙涅姆赫特四世与王后涅弗鲁索布克的短暂统治后告终，埃及再次陷入政治动乱，来自亚洲的喜克索斯人则趁虚而入。

帝国的建立与繁荣

第十二王朝结束后，埃及再度陷入政治上的无政府状态，学者们称此时期为“第二中间期”（约公元前 1781—前 1550 年）。在尼罗河三角洲，来自亚洲的闪族人趁虚而入，掌控了这个区域。古埃及人称他们为“HqA(w)-xAswt”，意即“外族统治者”。他们以三角洲东部的阿瓦里斯作为首都，统治埃及北部，甚至被承认为正统的法老（第十五王朝及第十六王朝），同样崇敬埃及神祇，尤其是塞特神。新的战争技术与冶金技术也随着喜克索斯人一起传入埃及，这使得更为耐用与有效的武器得以普及，并使埃及人得以开始使用马拉战车与复合弓。牲畜养殖、陶器制作与纺织也得益于外来新技术的引进。第十六王朝的底比斯贵族们以他们所掌控的上埃及为基地，开始组织反抗喜克索斯人的力量。为争夺埃及霸权的主要斗争发生在底比斯的塞肯拉·陶二世、卡摩斯与雅赫摩斯一世三位国王在位期间。最后雅赫摩斯一世将喜克索斯人逐出了尼罗河三角洲地区，第二中间期也随之结束，继之而来的是第十八王朝。古埃及的历史又迈向了另一个新的阶段"新王国时期"，又称"帝国时期"。在底比斯墓葬群中，第十七王朝国王们的陵墓至今仍在。其中，雅赫摩斯一世的母亲陵墓中出土了许多陪葬品，包括她的石棺与首饰、一些属于雅赫摩斯的仪式用武器，以及贵金属制成的长艇模型。

第十八王朝的阿蒙霍特普一世对努比亚地区发动了几次远征。他的继任者图特摩斯一世最为人知的事迹是对叙利亚与努比亚采取了军事行动，并且在卡尔那克建造了阿蒙神庙的一部分。图特摩斯二世为庶子出身，为了强化继承王位的合法与正统性，他娶了野心勃勃的同父异母姐妹哈特谢普苏特。在他去世后，他的儿子图特摩斯三世年幼即位，由哈特谢普苏特摄政。稍后，哈特谢普苏特自封为埃及唯一的统治者，正式登基，并把自己打扮成男性法老的形象示人。

虽然考古学家对于一具被认为是哈特谢普苏特女王的木乃伊的真实性尚有争议，但是现在已知在她过世后，王位传给了图特摩斯三世。这位法老的军事行动使得埃及国威远播近东区域，四海宾服，在现代有"埃及的拿破仑"之称。阿蒙霍特普二世接续其父对叙利亚东北方米坦尼帝国的军事行动，最后双方签署了和平协议。阿蒙霍特普二世也继续了自图特摩斯三世以来在努比亚的建筑计划。这位法老以长于各种运动闻名，在一些绘画和雕塑中，他被描绘成驾着马车，缰绳系在腰间，向铜制箭靶射箭的形象。1898 年，考古学家在阿蒙霍特普二世位于帝王谷的陵墓（KV35 号陵墓）中，发现了数具新王国时期的王室木乃伊，这些木乃伊是被第二十一王朝的祭司藏起来的，目的是避免被经常光临底比斯陵墓群的盗墓者所窃。图特摩斯四世则因他修复吉萨人面狮身像后，在人面狮身像脚边竖立的石碑（即所谓的"记梦碑"）而为人所知。他建造了目前所知古埃及最高的方尖碑，现被安放在罗马的一个广场上。

阿蒙霍特普三世在位期间是埃及帝国的黄金时代，第十八王朝的艺术成就也在此时达到高峰。他在统治之初，没有延续传统与同父异母的姐妹结婚，而是选择了相对而言出身不高的泰伊为后。泰伊对阿蒙霍特普三世的活动和国家的政治形势产生了很大影响。柏林博物馆中她的头像具有敏锐的目光和厚厚的嘴唇，呈现了一个意志坚毅的女性形象。阿蒙霍特普三世作为建筑和艺术的保护者赢得了巨大声誉。在宫廷建筑师哈普之子阿蒙霍特普精心的擘画下，他完成了许多建筑计划，不仅在底比斯建造巨大的宫殿群，还在卡尔那克的阿蒙神庙中建造了一些建筑，并开始营建卢克索神庙。1989 年，在卢克索神庙中发现了法老的巨大雕像。他在底比斯西岸建造的祭庙非常巨大，但令人遗憾的是，原址现仅存地基和两尊原先置放在入口处的巨大雕像，也就是所谓的“美侬巨像”(Memnon Colossi)。他的晚年在疾病的折磨中度过，有人据此推测有可能他和其子共治了一段时间。他甚至向他的异国“兄弟”或“父亲”米坦尼国王图什拉塔索要一座尼尼微的伊西塔女神像，企图用魔法减轻他最后时光的病痛。

阿蒙霍特普四世（即埃赫那吞）在历史上以宗教改革而闻名。在这一时期的许多雕像和浮雕中，埃赫那吞本人及其家庭成员形象呈现出长脸、腹部和臀部突出以及四肢细长的特征，迥异于正统的人物造像风格。这位国王最初在阿蒙神主宰一切的传统宗教的熏陶下生活，但不久之后，可能从其统治的第五年起，他的宗教信仰有了明显转变，废除了阿蒙神崇拜，代之以太阳圆盘神阿吞的崇拜，甚至把自己的名字阿蒙霍特普（“让阿蒙神满意的人”）改成埃赫那吞（“对阿吞神有益的人”）。为了摆脱阿蒙僧侣集团的敌对情绪和牵扯，他离弃古都底比斯，在中埃及的阿玛尔那兴建新都埃赫塔吞（意为“阿吞的地平线”）。城市周遭以十四座地标为疆界，城中央是一条穿越全城的大道，也是王宫所在地。同样在城中区域的建筑，还有一座供奉太阳神的大神殿、一间小圣殿及一些政府办公室。城市的南方区域则是贵族的住宅区。再往南则是工匠的作坊，考古学家在这里发现了举世闻名的奈弗尔提提半身像（现藏于柏林埃及博物馆）。正是在新都还在营建之时，阿蒙霍特普四世将他的名字改为埃赫那吞。他的这些做法，表明与埃及官方宗教及太阳神阿蒙—拉信仰的决裂。在一开始这位法老还允许他的子民崇拜埃及传统的许多神灵，但很快他就禁止多神信仰，要求人民只能崇拜太阳圆盘神阿吞。埃及全国最重要的神庙都被关闭，其他神祇的绘画及雕像都被抹掉。这次改革也影响了法老的角色，因为只有埃赫那吞及他的家人才能与阿吞神沟通。而阿吞的形象是一个象征太阳的圆盘，四周发散出长长的光线，每束光线都延伸出一只手，代表神与人类之间的中介者。因此，王室成员成为半人半神般的崇拜对象，并且以家族成员间的亲密形态一起出现在当时主要的建筑物上。一般认为，除了宗教信仰的改革之外，这一时期在文学艺术创作上也出现了新的思潮，强调自然主义创作法则，歌颂阿吞神和埃赫那吞本人，在风格上对埃及艺术产生了深刻的影响，也有人认为这种“阿玛尔那风格”是一种近乎讽刺漫画式的写实主义。

以太阳为宇宙的创造者这一观念本来在古王国时代就已经是埃及宗教中的一个重要内容，崇拜太阳圆盘神阿吞的观念也并不新鲜。因此，埃赫那吞对阿吞的崇拜并不真正与埃及传统宗教有根本冲突。埃赫那吞的“新宗教”很难称得上排斥一切其他神灵的“一神教”，他也没有直接否认其他神的存在，但这无疑在承认多神的埃及传统宗教系统中已经是一种比较激进的想法。尤其是他对底比斯各神庙采取的关闭措施，已经不仅是一种宗教政策，更是一种重要的经济和社会政策。如不能处理好曾经手握重权和重要社会资源的阿蒙祭司等人群，改革很难不受掣肘。

埃赫那吞及其王后奈弗尔提提之后，经过一系列政治动荡，年轻的法老图坦哈吞继位。可能在大臣阿伊与将军霍连姆赫布的监督下，他把自己的名字由“图坦哈吞”改为“图坦哈蒙”，宣布重新恢复传统的多神信仰，并废弃新都阿玛尔那。

图坦哈蒙的早逝让埃及王位一度空缺。经过激烈的政治博弈，阿伊和霍连姆赫布相继即位。后者积极地恢复埃及的旧秩序，力图将所有关于埃赫那吞及阿玛尔那时代的印迹全部摧毁抹消。

第十九王朝第一位重要的君主是塞提一世，他重新展开了对近东地区的军事行动，此项行动原本从阿玛尔那时期即告中断。这位法老一连串的远征使得埃及的势力再度远达今日叙利亚的卡迭什。

塞提一世之子拉美西斯二世是古代埃及历史上最著名的法老之一。他即位之初，埃及与赫梯帝国之间的冲突隐而不发。直到他即位的第五年，双方的军队在卡迭什城附近交战。拉美西斯二世将这场战役视为一场重大的军事胜利，将其刻在许多神庙的墙上以彰显其功绩。但事实上，这并非是一场决定性的战役，况且埃及军队还差一点就在这场战役中惨败。在拉美西斯二世即位第二十年时，与赫梯帝国间的长期冲突终告落幕。两国签订了和平条约，拉美西斯二世迎娶了一位赫梯公主，实现了与赫梯的政治联姻。拉美西斯二世也对南方的努比亚地区用兵，镇压当地的反叛。但是他在努比亚地区最大的成就，还是在当地的建筑：他在当地建造了七座神庙，大部分都是开凿山壁而成。这位法老在努比亚真正的旷世巨作，是位于阿布辛贝的两座从岩壁开凿而成的神庙。这两座神庙在1960年代被拆迁至更高的地方，以避免阿斯旺水坝建成后纳塞尔湖上升的湖水将其淹没。

拉美西斯二世在位六十七年后辞世，继位的是他年迈的第十三子美楞普塔。这位新法老甫一即位就被迫面对威胁整个近东地区的“海上民”的冲击，他积极固守疆界，成功抵挡住侵扰。一座美楞普塔祭庙的石碑记载了这位法老大胜敌人的功绩，其中提及以色列人，这是埃及历史上第一次出现关于以色列人的记载。

拉美西斯三世是新王国时期最后一位伟大的法老。他面对的是利比亚人与“海上民”交相进逼的压力，前者已经入侵了尼罗河三角洲地带，而后者已经摧毁了安纳托利亚高原上的赫梯帝国，此时正继续对埃及寇边滋扰。在此状况下，拉美西斯三世的功业更显可贵。拉美西斯三世在位的最后几年中，埃及的政治、经济状况问题重重。他遭到王后伙同一部分嫔妃的密谋暗杀，但是密谋失败，相关人员被处以极刑。

拉美西斯三世死后将近八十年的岁月里，共有八位法老都以“拉美西斯”为名，以此向第十九王朝的先王们表示崇敬之意。但他们皆是有先王之名而无其能之辈，在这段期间，整个国家深陷于各种危机的泥沼之中：财务丑闻、经济危机、贪腐、罢工不断，而且宵小猖獗，连王家陵墓都不得幸免。这些法老们庸弱无为，大权旁落，在位短暂，继而使得阿蒙神的祭司们权力高涨，尤其是底比斯的阿蒙最高祭司。在第二十王朝与新王国时期的最后一位法老拉美西斯十一世在位期间，严重的政治危机终于爆发，进而演变成内战。内战使得中央权力土崩瓦解，王国分崩离析为数个小王国：在北边，名义上的统治者是拉美西斯十一世，但实权则掌握在高官斯门德斯手中，他也是未来第二十一王朝的开国法老；底比斯周遭则由阿蒙神的祭司们统治；在努比亚地区，将军帕奈赫斯自立为王。新王国就在这样的政治动荡中走到了尽头。

第三节　近东国际关系体系的形成与发展：从埃卜拉到玛里时代

古代近东地区国际关系框架的建立基于三组重要档案文献，前两组分别是叙利亚的埃卜拉档案（公元前 24—前 23 世纪，1975 年发现）和玛里档案（公元前 18—前 17 世纪，1933—1939 年发现），第三组由埃及的阿玛尔那档案（1887 年发现）、博阿兹卡莱的赫梯档案（1906—1907 年发现）和叙利亚的乌伽里特档案（1951—1957 年发现）等组成，反映了约公元前 16—前 12 世纪青铜时代晚期东地中海世界的国际关系[1]。这些档案均以发现地命名，其中无一是两河流域的区域中心城市，但这

[1] Liverani 2001:2.

并不表明巴比伦尼亚或亚述地区的政权在同时代的国际交往中不重要，相反，从这些档案中可以看到，随着时间的推移，近东地区国际舞台上的主要角色在不断变幻，两河流域核心区的巴比伦、亚述，北非的埃及，小亚细亚的赫梯，以及埃兰、米坦尼等都曾煊赫一时，叙利亚地区的邦国则多数时间需要在各大国影响力的夹缝中生存。而且，外交档案的幸运留存可能源于所在地被焚毁而非繁盛，埃卜拉和玛里即是如此。在汉穆拉比攻陷并烧毁玛里宫殿时，以楔形文字书写的泥板档案受到焚烧烘烤，变得更加坚硬，覆于地下，成千上万份档案得以保存至今。因此，档案以发现地命名只是出于惯例，与发现地是不是同时代国际交往的中心并无必然联系。这在一定程度上反映了古代文献保存和发现的偶然性，也是文献的时空分布经常处于不均衡状态的原因之一。

公元前24世纪，叙利亚地区伊尔卡布达穆国王治下的埃卜拉正处于繁荣时期。这个国家在当时已经存在了约六个世纪，占有约200平方公里的土地，有很多城镇和村庄，它的中心埃卜拉城有1.5万—2万名居民。埃卜拉的主要农作物是大麦，用来制作面包和啤酒。农民还种植大量的橄榄树、葡萄和亚麻，用来榨油、制作葡萄酒和纺织亚麻布。埃卜拉城离草原不远，畜牧羊群是重要产业，织工可以制作精美的羊毛纺织品。同时，还有其他各行各业的劳动者来确保城市和国家的正常运转。相当一部分家庭都在直接或间接地为王室提供服务，王室通常以口粮的形式发放工作报酬。

伊尔卡布达穆国王去世数十年后，宫殿被烧毁，其中的泥板档案保存下来。这些泥板大多数是行政管理文本，也有一些内容是外交事件的记录。根据两河流域历史的分期，这一时期被划为早王朝时代，其时代特征是大大小小的城邦国家星罗棋布，互相结盟或争战。对埃卜拉来说，东南部幼发拉底河沿岸的玛里、东北方哈布尔河畔的纳伽尔和更远处两河流域南部的城邦基什最为重要。

埃卜拉与玛里的关系变化是这一时期叙利亚和两河流域的城邦国家之间关系的一个缩影。两个国家在公元前24世纪的近半时间中，主导着叙利亚北部地区和幼发拉底河中部区域。其他城邦必须“选边站”，有时也会倒向对方。到了公元前 24 世纪后半叶，根据玛里国王恩纳达干给埃卜拉国王（很可能是伊尔卡布达穆）的一封充满威胁口吻的信来看，这两个国家之前曾有过很长时间的边界争端，玛里似乎占据了上风。为了防止玛里入侵，埃卜拉向后者共支付了约 1 028 公斤白银和 63 公斤黄金。但在埃卜拉的伊尔卡布达穆国王在位时期，其中的一年为“……玛里被阿提尼（Atini）击败之年”，这表明二者的关系很可能发生了逆转。尽管如此，两国在伊尔卡布达穆时代还是有官方友好往来。埃卜拉曾在玛里的一位国王去世时派遣四位官员前往吊唁并赠送慰问礼物。两国之后维持了约三十年之久的和平，在平等的基础上每年互派使者并交换礼物成为惯例[1]。

伊尔卡布达穆时代的两份文献在国际交往史上具有划时代的意义。其中之一为伊尔卡布达穆的一位高官伊布布写给埃卜拉的盟国哈玛兹国王的使节的一封信[2]。信中不仅反复表达两人互为“兄弟”，而且认为对兄弟来说，无论对方表达什么愿望，自己都应当满足，这才是合适的。伊布布紧接着就向哈玛兹提出获取最好的马的要求，并补上一句：你是（我的）兄弟，我是（你的）兄弟。可能是认为这样索要礼物毕竟有些过分，他告诉对方，随这封信送到的还有礼物，希望用这种提前送礼的方式换来对方的回礼。书信的最后是兄弟关系的再次确认，只是这次不再是两位官员之间，而是他们各自代表的国王之间确认兄弟关系，同时提醒说埃卜拉国王和他的书吏已经送出了礼物。

这封书信的重要意义在于，它揭示了人类早期国家间建立平等外交关系的方式。两个独立国家的可能从未谋面、以后也未必会见面的君主互称“兄弟”，把国与国的关系变成血亲家庭成员之间的关系，并在此基础上自然要求彼此之间的相处应当像“兄弟”相处时那样，互相满足对方的需要。利益互换掩盖于温情脉脉“兄弟情”的面纱之下。

[1] Archi 2003：1，2，3，4，10.
[2] Michalowski 1993：13—14.

另一份文献是伊尔卡布达穆在位初期与阿巴尔萨勒城签订的条约，属于世界历史上已知最早的数份国家间的条约文本之一。这份条约并没有写明签约的双方国王名字以及相关历史背景，这在格式上与后世的“标准”条约有所不同。波达尼（Amanda H. Podany）认为，这有可能是双方故意为之，为了使条约长期有效，不限于具体签约国王的在位时间[1]。条约以逐个列举埃卜拉控制的土地开始，但对阿巴尔萨勒的土地描述则很笼统。之后宣称：无论谁诅咒统治者、众神和国家，他必死。接下来是具体条款，内容多样，包括互相引渡流亡人员；双方互相保护信使、商人的安全并为其提供后勤保障；任意一方如果出现杀害对方人员的行为，则以 50 只公羊赔偿；禁止与已婚妇女通奸；允许埃卜拉通过水路与阿巴尔萨勒进行贸易，但阿巴尔萨勒则无此权利；等等。条约的最后是众神的见证和对于违反条约行为的诅咒[2]。这份条约在整体格式上已经颇为完备，很可能在之前的时代已经有类似文献存在。值得注意的是，条约的具体条款多次以“如果……就……”的句式规定，一旦发生了某种特定情况，则会引起相应后果（惩罚），这与两河流域之后的法典条文的格式完全一致。

条约的具体条款表明，埃卜拉和阿巴尔萨勒的地位并非完全平等，在有大量平等条款存在的同时，一些条款对阿巴尔萨勒的限制也非常明确。而且，这份条约中完全不见双方的国王互称“兄弟”，这也是不对等，至少是无意表明平等的体现。

此外，条约中反复出现“如果……你就没有遵守誓言”的说法，且在最后的神证和诅咒部分再次确认，“如果任何人有恶语恶行，众神的话语将立即毁灭（他们），他们的使节得不到饮水，也没有住处；如果你（指阿巴尔萨勒国王）走上邪路，你就没有遵守誓言”。条约的确认是一个庄严的仪式，泥板将会放置在神庙中的神像前，这符合条约中请众神见证的内容；在此之后，条约会转移至另外安全的位置存档。因

[1] Podany 2010：30.
[2] Kitchen 2012a：17—30.

此，条约的缔约双方尽管是人间的君主，但鉴于没有世俗的第三方强权可以为两个国家主持“公道”，他们引入了众神作为见证并附加违约诅咒进行履约保证，条约最终以缔约双方在神明见证下的誓言的形式出现。

公元前三千纪两河流域南部处于苏美尔城邦时代，近千年的城市国家之间的交往必定形成了一系列友好、结盟、休战等规则。这一时期的一件著名器物“安纳吐姆鹫碑”反映了拉伽什对温玛的胜利，其上铭文表明二者达成了一项协议，但并无“兄弟情谊”。双方约定了边界，温玛国王单方面向拉伽什作出一系列不对后者造成威胁的承诺，否则将招致大神恩利勒对温玛的惩罚[1]。这显然也是一份不平等条约。

阿卡德的纳拉姆辛与埃兰的一位国王之间则达成了一份形式上酷似“颂诗”的协议，协议以埃兰国王的第一人称口吻展开，每部分均是首先向神王致意，然后表明自己的义务，如埃兰的将军将击退对阿卡德不利的麻烦，将不会对心怀敌意的人手软；埃兰将珍视纳拉姆辛的礼物，并在适当的位置为苏萨（埃兰的都城）和阿卡德的众神准备纳拉姆辛的雕像；为纳拉姆辛的妻子向众神祈福，期待她生下王位继承人；埃兰将应要求引渡纳拉姆辛的敌人等。该文本最终以对纳拉姆辛的祝祷结束[2]。它在格式上不似一份典型的条约，但具有条约中某些常见的条款。无论如何，即使不是条约，在最低限度的意义上，它也可以被视为规范两国关系的一份文件。两个国家在达成这一协议之前，必定已经经过长期的明争暗斗，这份明显不平等的协议就是两国博弈告一段落的成果之一。

除通过王室之间互通书信、交换礼物、签订条约或协议等方式外，维系和加强两个国家友好关系的另一个重要方式是政治联姻。埃卜拉档案中提到这种情况在不同的城邦国王之间发生，埃卜拉有一位公主嫁给了基什的王子，这件事情是如此重大，以至于埃卜拉用此事为联姻发生

[1] Kitchen 2012a：1—16.
[2] Kitchen 2012a：43—45.

的这一年命名[1]。两国联姻是大事，公主离开母国前往夫家时携有许多随从、珍宝和其他个人物品，还包括 3 290 头牛、1 680 只山羊、159 只骡子以及驴、猪、野牛和熊等[2]。可想而知，作为迎娶方的基什的“彩礼”亦会非常丰厚。联姻互换礼物可以视为两个国家借机进行大规模商品交易的方式之一。公主抵达基什后会举行盛大的婚礼和庆典活动。两国随后的往来会更加频繁，关系也将得以巩固。

古代近东地区第二组国际关系材料较为集中的时代是玛里档案所涉的公元前 18—前 17 世纪。这一时代最为耀眼的政治人物是公元前 18 世纪上半叶在位的古巴比伦国王汉穆拉比。但在他统治的前二十年间，巴比伦在两河流域中南部地区并不是一个占据主导地位的国家。与早王朝时期不同，此时虽然仍是多国各霸一方，但每个王国控制的区域更大，不再仅是一个城市及其周边区域组成的城邦国家。一封写给玛里国王的信中提到当时的情况：没有一个国王可以独自强大：有 10 个或 15 个国王追随巴比伦的汉穆拉比，拉尔萨的瑞姆辛、埃什嫩那的伊巴尔皮艾尔和卡特纳的阿姆特皮艾尔亦是如此，有 20 个国王追随亚姆哈德的亚瑞姆里姆[3]。这一时期的巴比伦面临南部拉尔萨、东部埃兰和北部野心勃勃的亚述国王沙玛什阿达德一世的竞争。沙玛什阿达德吞并了埃卡拉图姆和玛里。但在他死后，其子无法维持对王国的有效控制，玛里很快由当地统治者齐姆瑞林接管。齐姆瑞林的玛里宫殿中保存的文书即为玛里档案，成为了解汉穆拉比时代叙利亚和两河流域国际关系史的重要材料[4]。

玛里文书中各国的“友好”关系仍是放大版的家庭关系，但各国地位的差异以及这种差异的变化，导致相应的兄弟、父子关系出现和变

[1] Biga 1987:41—47.
[2] Catagnoti 2003:232—233.
[3] Dossin 1938:117—118.
[4] 玛里宫殿终被烧毁于汉穆拉比之手，其中的泥板文书得以留存。玛里发掘工作主要由法国学者完成。相关情况参见 Akkermans 2003:313—316。

化[1]。总体来说，平等国王之间互称“兄弟”，大国和小国国王的关系是“父子”；新王初登基时，可以是他父亲盟友的“儿子”，但当他日益强大，得到平等认可时，就成了他父亲盟友的“兄弟”；如果一个国王娶了他的“兄弟”国王的公主，根据家庭关系的延伸，他就成了对方的“女婿”，但在国王的意义上两人仍是平等的“兄弟”。这意味着根据不同的标准，一个国王可以同时拥有多个角色，他可以同时是另一位国王的“女婿”和“兄弟”，也是比他更强大的国王的“儿子”，是比他更弱小的国王的“父亲”，但前提是二者之间确实有强关系。如果一个小国是某大国的附庸，但与这一大国并无直接联系，他则不必自称是这一大国君主的儿子，只简单称其为国王即可。这一拟家庭关系网络会随着各国关系和实力的变化而变动：强国变弱，则会从“父亲”的地位降为“儿子”；弱国则渴望跻身于强国俱乐部，将自己的身份变成大国的“兄弟”和小国的“父亲”。同时，由于普遍联姻的存在，每个大国的君主都希望迎娶他的“兄弟”国王的公主，毕竟能做国王妻妾的女性必须身份高贵，与自身平等的外国国王的公主正是合适人选。这在客观上使各国王室之间确实结成或远或近错综复杂的亲戚关系。从这个意义上说，“兄弟”“父子”一类的称谓并非全是“拟真”，也有反映真实情况的一面。

齐姆瑞林和汉穆拉比最初是盟友关系。这一时期国家间尚无常驻外交大使，两国使节须定期携带礼物往来，在武装力量的陪同下进行长途旅行。汉穆拉比知道齐姆瑞林的使节会把在巴比伦期间的所见所闻尤其是和国王的直接交流，以及自己受到的款待汇报给齐姆瑞林。这其中既有两国共同关心的具体问题，有与其他国家的使节接触过程中获得的重要信息，也有礼仪方面是否受到对方重视的问题。如果对使节招待不周，或者对玛里使节的款待级别不如其他国家的使节，都可能被玛里方面解读为对他们国王的轻视，反之亦然[2]。同时，使节及其团队天然具

[1] 玛里国王收到的书信中反映了这种复杂的关系及其变化，参见 Heimpel 2003。
[2] 相关例子参见 Charpin 2004:293—294；Sasson 1984:116—117。

有搜集“情报”的任务，注定使其在某种意义上身兼“间谍”的职责。

这一时期玛里和巴比伦的关系在一位名叫延西布阿杜的玛里使节写给齐姆瑞林汇报情况的信中可见一斑[1]。他正式代表齐姆瑞林会见汉穆拉比，在赠送礼物之后，开始阅读齐姆瑞林致汉穆拉比的书信。他特别提到汉穆拉比在他传达齐姆瑞林的信息时，全程仔细聆听，没有开口说话。这一时期的国际环境复杂，埃兰国王作为相较于当时的汉穆拉比地位更高的国王，向玛里移交了数个城市，作为玛里盟友的汉穆拉比对此颇为不满。这封信中便涉及此事。好在汉穆拉比虽然可能脾气暴躁[2]，但仍然是成熟的政治家。他表示：玛里和巴比伦永远是一座房屋和一根手指，不会自己分裂；自从两国相交，自己从未对齐姆瑞林国王作恶，而是对他充满善意，对方也深知这一点。至此，延西布阿杜作为信使的任务已经基本完成：送礼、传信、获得对方国王对两国关系的积极表态。但他所做的不止于此。他提醒汉穆拉比不要忽视齐姆瑞林的意见，应当针对齐姆瑞林关心的埃兰移交给玛里的城市这一问题给出明确答复。因为玛里是巴比伦的重要盟友，曾经派遣军队支持汉穆拉比；作为“兄弟”之国，巴比伦之后会继续需要玛里的帮助。汉穆拉比对此进一步作出回应：我们（衣服）的下摆将永远“打结”在一起。这是一个表示友好关系的强烈信号，将衣服的下摆系在一起或抓住，表示与穿衣者建立了亲密的个人关系。因此，该行为既可用来象征“喜结连理”，亦可用来表达结成“兄弟之盟”的关系[3]。

在正式的国王结盟仪式中，除将衣服下摆“打结”系在一起外，还需要献祭动物，通常是驴，别的动物不被接受，这是两河流域和平条约谈判流程中的一个必要环节。到双方议定的各项条款都确定无误后，最后一个环节是双方在各自国都分别举行使条约生效的宣誓仪式。双方会

---

[1] 信件内容参见 Heimpel 2003:372—374。

[2] 埃卡拉图姆国王伊什梅达甘（沙玛什阿达德一世之子和继承人）的使者在信件中记录了汉穆拉比听闻其阅读伊什梅达甘信件内容时暴躁发怒的举动。信件详情参见 Heimpel 2003:332。

[3] 所谓将衣服下摆（sissiktum）打结或系在一起，有学者认为既然可以打结，则应是衣服下摆垂缀的流苏，但亦有不同意见。详见 Munn-Rankin 1956:91—92。

提前将各自的神（雕像或其他象征物）送至对方的国都，并指定特使代表本国国王出席仪式，以便两位国王（或其代表）共同进行宣誓且有双方的神祇同时见证[1]。国王会触摸自己的喉咙，也有学者认为，他们会交换并触碰各自涂在一块布上的血液（由使节携带送达）[2]，表示两位国王已经建立起血脉相连的牢固纽带，成为名副其实拥有血缘关系的“家人”和“兄弟”。

汉穆拉比统治早期，延续了祖先和这一地区其他国王的统治传统，对外或结盟或争抢地盘。在既定的空间和资源总量范围之内，各国或各同盟之间的争夺本质上是零和游戏，任何一方的胜利都意味着必有一方受损。在这种长期的博弈中，汉穆拉比明显不再满足于维持现状，起源于早王朝末期的成为天下四方之王、建立世界帝国的征服理想再次出现于两河流域。汉穆拉比一路征服，南至“下海”波斯湾，北至玛里。在统治的第三十五年，他袭击了曾发誓结为同盟的玛里，将其“兄弟”齐姆瑞林的王宫付之一炬，并以该征服事件为这一年命名。汉穆拉比长达四十二年的统治、外交和战争，充分践行了“穷则兄弟结盟，达则唯我独尊”的现实主义价值取向。两河流域南部自此进入了新的历史时期。

[1] Charpin 2004:300, 302.
[2] Eidem 2003:748—749.

第六章

青铜时代晚期的东地中海世界[1]

第一节　古巴比伦城的陷落与初登近东国际舞台的赫梯王国

直到汉穆拉比时代，近东外交的整体特征维持了稳定性。外交活动的参与者彼此认识，他们有着共同的文化，崇拜许多相同的神；他们理解信使、外交官、跨国婚姻、和平条约和礼物交换在彼此关系中的作用。除了乌尔第三王朝的国王可能与马甘之间，以及沙姆什-阿达德与迪尔蒙的短暂关系之外，所有的外交伙伴都是位于西起卡塔尔（叙利亚西部）东至波斯湾的广阔弧线上统治的国王。他们的互动也是博弈，都试图在对手面前获得优势。但在战争与和平方面，他们都遵循相同的规则。即使汉穆拉比通过打造他的帝国来颠覆这一体系，他也是在遵循先例，他很清楚数百年前萨尔贡和乌尔第三王朝时期国王们的征服活动。

---

[1] 对青铜时代晚期的古代近东世界进行深入理论探讨的代表性著作是利维拉尼的《古代近东的国际关系（公元前1600—前1100年）》（2001年）；综合运用史料对这一时期国际关系的演进进行全景式生动历史描述的代表性著作是波达尼的《诸王的兄弟情谊：国际关系如何塑造古代近东世界》（2010年）；反映青铜时代晚期的埃及、赫梯、米坦尼、巴比伦、亚述和爱琴海地区历史研究最新成果的综合性著作是穆勒等主编的《牛津古代近东史》（卷三，2022年）。本章对青铜时代晚期东地中海世界国际关系的整理和讨论主要参考了上述研究成果。详见 Liverani 2001；Podany 2010：119—304；Moeller 2022：147—868。

在他死后的几年里，新的力量开始在近东形成，威胁着古老的外交体系。然而，最终是外交体系占了上风，它改变了新兴的大国，反过来又被这些国家改造成一个真正的国际社会。

汉穆拉比死后，他的帝国由一系列继任者统治，国势日衰。两河流域南部的大量城市遭到废弃，人们可能搬进了农村。这场灾难可能始于一场猛烈的洪水，导致幼发拉底河偏离了城市。土壤的盐碱化程度加剧，粮食相应减产。这一时期，加喜特人出现在两河流域南部，与汉穆拉比的继任者们冲突不断。

但是，一般认为，灭亡古巴比伦王朝的并非加喜特人，而是另一个新敌人——来自巴比伦西北 1 100 多公里之遥的安纳托利亚的赫梯军队。公元前 1595 年，赫梯国王穆尔什里一世率兵出现在巴比伦城墙外。赫梯人在安纳托利亚高原的哈吐沙建都之后，很快开始扩张领地。早期的赫梯国王就像几个世纪前的萨尔贡一样，主要以军事征服者的形象出现，而不是成熟的外交家。

穆尔什里的前任君主都为他们所造成的破坏感到自豪。后来的国王铁列平用相同的字句描述哈吐什里一世和拉巴尔纳两位国王的征服："无论他在哪里作战，他都以自己的力量征服了敌人的国家。他一个接一个地摧毁了这些土地，剥夺了它们的权力，并使它们成为海洋的边界。"

据哈吐什里一世的年代记记载，他似乎一直在战斗，控制了整个安纳托利亚。他两次带领军队离开安纳托利亚，进入叙利亚北部、巴比伦的北方邻国亚姆哈德国的领地。哈吐什里一世自夸地描述了他对叙利亚一座名为兹帕斯纳的城市的突然袭击："我进入兹帕斯纳，在夜深人静的时候登上兹帕斯纳。我与他们交战，在他们身上堆积灰尘……我像狮子一样……摧毁兹帕斯纳。我占有了它的神，并把它们带到了阿瑞娜太阳女神的神庙。"带走众神的雕像是对所征服城市的最大侮辱，因为这剥夺了市民们神圣支持的主要来源。通过把这些神像带到赫梯人崇高的女神的神庙，这意味着被征服城市的诸神也象征性地服从赫梯人。

哈吐什里一世似乎对保持赫梯在叙利亚的长期控制不感兴趣，在将一些城市大肆洗劫后，撤回了安纳托利亚。当穆尔什里一世登上王位时，他通过再次征服叙利亚，重申了赫梯人在叙利亚的影响力，最终他征服了阿勒颇，完成了祖父的心愿。

波达尼用文学的浪漫笔法对穆尔什里一世攻打巴比伦城之前的心境进行了合理化推测。在他看来，穆尔什里此时一定已经知道在阿勒颇附近的幼发拉底河以前是一片富饶的土地，这是基于七个世纪前幸存下来的关于萨尔贡的故事。这位赫梯君主也可能听说过两个世纪前富有的亚述商人和他们带到赫梯土地上的巴比伦纺织品和锡的故事。当年的亚述贸易殖民者早已消失，但关于他们的记忆或许仍然存在，并激发了赫梯国王攻占巴比伦的雄心。如果能征服富裕的巴比伦，穆尔什里将留下比祖父更大的遗产。

穆尔什里的军队不必离开阿勒颇很远就能到达巴比伦王国的北部边境，靠近哈纳地区的特尔卡城。哈纳的当地居民对巴比伦没有太多好感，他们曾反抗过巴比伦，也许他们把穆尔什里的到来视为重新获得独立的机会。

穆尔什里和他的部队在向南行进时似乎没有遇到什么阻力，关于他攻占巴比伦的战斗没有留下任何细节记录。铁列平的文献中简短记载了赫梯人突袭了巴比伦。然后他们转身带着战利品再次行军一千余公里返回安纳托利亚，甚至没有留下一个代理人来控制被征服的土地。这一时期的赫梯人似乎对建立帝国没有兴趣，仅采用“进攻、劫掠、撤退”的征服模式。在他们所有的战利品中，最有价值的“人质”甚至不是人类，而是巴比伦城的主神马尔杜克和他的妻子萨帕尼图姆的雕像。

如果确实是赫梯军队洗劫了巴比伦，这标志着两河流域历史上的一个转折点。对巴比伦人来说，赫梯是一个位于世界边缘的遥远而陌生的文明，这个国家的军队居然将坚不可摧的巴比伦攻陷并掠走了它的神像，这表明赫梯似乎拥有和巴比伦一样的权力，甚至可以君临其上。更糟糕的是，这个新敌人似乎不遵守既有的交往规则。在巴比伦熟悉的国际规则中，尽管战争时而发生，但也存在定期互相通信、贸易和辩论。赫梯人同样也会经历文化冲击。他们不会认为自己是边陲之地的乡民，对他们而言，安纳托利亚才是宇宙的中心。这是古老的文明中心论在赫梯人心中的自然反映。即便如此，他们仍在巴比伦发现了传说中的巨大财富，既供其掠夺，也可以从这里学习新知。

但是，赫梯人的入侵很可能并不是导致巴比伦城覆灭的唯一因素。在一份巴比伦神谕问题中，提到了萨姆苏-迪塔纳这位古巴比伦最后一位君主在位的日期，将胡里人视作巴比伦的潜在威胁。占卜师向神提出这个问题，试图询问一个被许多敌人围困的未具名城市的命运，这些敌人包括埃兰、加喜特、米坦尼，以及其他多个族群的军队[1]。值得注意的是，这些人是巴比伦军队中有代表性的族群和语言团体，有可能本身即是巴比伦的雇佣军。当巴比伦的局势日益恶化，这些人的忠诚度可能日益降低，甚至倒戈相向。

因此，巴比伦的沦陷可能是多个敌对势力共同作用的结果：赫梯、埃兰、胡里，甚至是海国王朝，以及由于经济困难而起义的巴比伦自己的雇佣军。后来的记载主要强调赫梯军队将马尔杜克及其配偶的雕像从神庙中掠走，但居民区暴力破坏的迹象表明，袭击者很可能并没有将抢劫活动局限于宫殿和神庙。

与通常受到贬低的末代国王不同，萨姆苏-迪塔纳在之后两河流域的历史传统中并未收获更多的恶名。在《早期国王编年史 B》提到巴比伦陷落时，用较小的字体在两个常规条目之间写道：在萨姆苏-迪塔纳时期，赫梯人向阿卡德进军[2]。显然，这位亡国之君仅仅成为一种时间的标记，这种态度本身清晰表明了他在后世的政治传统中微不足道的历史地位[3]。

令人出乎意料的是，对于赫梯军队征服巴比伦一事，赫梯文献并未

---

[1] Lambert 2007:24—27, no.1:ll. 31—40.
[2] *Chronicle of Early Kings B*, rev. 11′; 参见 Boivin 2018:49—50。
[3] Boivin 2022:636—639.

大肆夸耀。相反，一段零碎的古赫梯文本（保存在后来的泥板上）似乎对这一事件持负面看法，因为对巴比伦城的劫掠甚至可能是穆尔什里一世遭到谋杀的正当理由之一。赫梯人的历史书写经常在历史事件中寻找假定罪孽的起源，以及随之而来的神之愤怒，这是当下国家遭受的灾难的根源。相比之下，后来的一篇致阿瑞娜太阳女神的祈祷文中包含了对这一事件的纪念[1]，祷文的作者希望赫梯人能够在神灵的帮助下回归这一过去的荣耀。至少从对这一事件的态度中可以看出，赫梯人对于过去没有一个统一的、由国家所认定的观点[2]。值得注意的是，古王国时期赫梯历代国王在位年表至今仍不甚清晰，但古巴比伦王朝覆灭与穆尔什里一世征服古巴比伦这两个事件的历史同步性为赫梯古王国时期的年表提供了一个关键节点。

加喜特王朝建立后，王朝初期的国王们一直被一个难题困扰，即被赫梯人掠走的巴比伦主神马尔杜克及其配偶萨帕尼图姆的雕像一直没有回归。直到阿古姆二世时期才终于解决了这一问题。显然，如果他把两位神明的雕像带回来，证明国王对他们的忠诚，他的臣民会认为他更合法；反之，如果这两位神明没有归来，巴比伦这座城市永远不会安全。

有关当时巴比伦政治局势的重要信息主要来自阿古姆二世的铭文。铭文讲述了对神殿和马尔杜克神夫妇雕像的修复和装饰。两位神明当年离开巴比伦被美化成是他们自愿的，并不是被赫梯人俘虏或被迫的。现在他们决定是时候回到他们在巴比伦城的神庙中了。对这段话的常见解释是，赫梯人在袭击巴比伦期间偷走了马尔杜克的雕像，并将其留在了哈纳附近的特尔卡。后世的文学作品《马尔杜克预言》也提到了马尔杜克如何自愿离开巴比伦，并在赫梯待了二十四年之久。

目前没有证据表明阿古姆二世是通过战争的方式从赫梯夺回神明的雕像。相反，阿古姆二世的铭文记载，马尔杜克夫妇引导他前往哈纳迎接他们。这表明，哈纳作为赫梯和加喜特王朝之间的缓冲，有可能发挥

[1] 穆尔什里二世对阿瑞娜太阳女神的祷文，参见 Singer 2002：53。
[2] Weeden 2022：549.

了调停作用。在两河流域的传统中，战争中被劫持的人质可以通过谈判并缴纳赎金来赎回。对胜利者而言，这通常比将人质杀死更有利可图。此时的巴比伦和赫梯面临着类似的问题，只不过人质变成了神像，或许赫梯国王甚至期待阿古姆以赎金赎回神像。两国很可能通过谈判实现了这一交换，神明的回归在巴比伦应当被视为一场外交胜利。赫梯人可能同样受益于对外交规则的学习，此后不久，赫梯国王开始与其附属国和盟友签订和平条约，这些条约在格式和内容方面有明显的叙利亚和两河流域的影响。

阿古姆二世的铭文还提供了有关巴比伦沦陷后加喜特王朝统治范围的重要信息。阿古姆自称为“加喜特和阿卡德人的国王”和“巴比伦广袤土地上的国王”，这很可能表明他控制了巴比伦北部地区。但这些头衔中没有苏美尔，这表明巴比伦尼亚南部仍处于海国王朝的控制之下。

公元前 16 世纪晚期，加喜特人开始正式确定他们与外部世界的关系。这一时期西北方向的米坦尼国家迅速崛起，可能刺激了加喜特王朝与亚述签订了一项条约，确定了二者的边界。

第二节　埃及帝国进军黎凡特

埃及与两河流域的接触由来已久，但官方意义上的往来似乎始于埃及第二中间期的喜克索斯王朝。喜克索斯人是来自亚洲的游牧部落，尽管埃及文献中充斥着对喜克索斯统治的负面评价，但考古材料显示这一时期几乎没有大规模入侵或破坏的证据。有可能他们是通过长期移民在埃及北部积累了大量人口，在埃及中央权力衰微时趁机建立了自己的统治。在喜克索斯王朝的首都阿瓦里斯的宫殿中发现了一封来自巴比伦的信，这是两河流域和埃及之间最早的通信证据。无论如何，喜克索斯人不受本土王朝欢迎，并最终在约百年后被逐出埃及。埃及由此进入国力强盛的第十八王朝。

外族人在埃及建立王朝产生了持久的影响：一旦喜克索斯国王被驱逐，埃及国王就从根本上改变了他们对王国及其与外部世界关系的看法。后来的国王一再证明，有必要攻击埃及以外的土地，以打击可能试图染指埃及的外族人。如果自然地理条件不足以像过去那样将外族统治者拒之门外，那么埃及需要建立一个自己的帝国，一部分原因是为了控制任何可能近在咫尺的潜在入侵者，另一部分原因是为了在尼罗河流域和世界其他地区之间建立一个巨大的缓冲区。当然，可以从帝国新征服的领地中征收的贡品也会受到欢迎。最终，对帝国的渴望以法老从未预料到的方式将埃及带入了近东国际社会。

公元前 1504 年，大约在阿古姆二世将马尔杜克和萨帕尼图姆神的雕像从赫梯带回巴比伦近七十年后，埃及法老图特摩斯一世登上王位，他将把埃及这个古老的大国推向近东国际舞台。他带领新组建的军队穿过黎凡特，一直行进到幼发拉底河，这些地区是埃及国王从未到访过的。在他之前，埃及征服的重点是南部的努比亚（哈特谢普苏特时期亦是如此），有意或无意地与叙利亚和两河流域保持距离。随着将喜克索斯人驱逐出埃及，并一路向北，出尼罗河谷后继续追击，埃及与西亚各国官方意义上的密集正式接触拉开帷幕。

图特摩斯的军队有可能乘船抵达埃及在西亚的前哨毕布罗斯港口。从那里，他们通过陆路进入新的领地。叙利亚西部与尼罗河谷在自然景观方面差异巨大，这令埃及人感到奇怪，也有些不安。这里绿色的山丘和森林、多云的天空和频繁的阵雨对埃及来说都是罕见的。士兵们来自尼罗河谷的平原，东部和西部是红色的沙漠悬崖；那里没有森林，三角洲以南地区对降雨几乎闻所未闻。后来的一位法老将这种不熟悉的降雨现象称为“天空中的尼罗河”，认为这是神为外国土地创造的，就像埃及人自己的尼罗河出于同样的目的从地下流出一样。

正是埃及在米坦尼西部叙利亚地区发动的攻势可能激发了巴比伦和亚述结盟。米坦尼被埃及人称作纳哈林。图特摩斯一世进军叙利亚的军事行动没有任何正式记录保存下来。然而，两位名为阿赫摩斯的士兵在自传中保留了关于这位国王在位时期进行的叙利亚远征的一些情况。其中一个阿赫摩斯在他的自传中只写了一句与米坦尼的战斗相关的话："我再次代表上埃及和下埃及国王奥凯帕尔（图特摩斯一世）行事，当我在纳哈林土地上为他俘虏（敌人）时，二十一只手，一匹马和一辆战车。"一只"手"从一名倒下的士兵身上砍下，是军功的重要证据，意味着一个敌人被杀了。马和战车则作为战利品上缴国家。

第二位阿赫摩斯首先解释了图特摩斯为什么要在米坦尼战斗；据他说，国王"随后对雷杰努（Retjenu，即黎凡特）发动战役，以满足他在外国领土上的欲望"。根据阿赫摩斯的说法，国王开战只是因为他想开战。阿赫摩斯将大部分胜利归功于图特摩斯一个人："陛下到达纳哈林，发现倒下的人（米坦尼国王）已经集结了他的军队。然后陛下在他们中间进行了一场大屠杀，在他的胜利中抓获了无数活着的俘虏。"阿赫摩斯本人也在胜利中发挥了作用，正如他所指出的："现在我是我们军队的领袖，陛下看到了我的勇敢，因为我把一辆战车和它的马匹作为战利品送给了陛下。"从这一点可以清楚地看出，图特摩斯一世和他的军队至少在一些战斗中取得了成功，杀死了敌方士兵，拿走了战利品，并俘虏了敌人。为了证明他在离埃及很远的米坦尼取得了胜利，图特摩斯一世在幼发拉底河畔竖立了一块石碑。在他们看来，这已经是世界的尽头。在这里竖立纪念碑意味着将这片土地带入了已知的世界。

上述讨论立足于文献记载、地缘政治的基本利害关系以及埃及人关于秩序与混乱的一贯观念，是传统上对新王国时期的埃及将势力范围扩展至西亚地区的主要解释。但葛朗台通过对新王国时期战争和外交的整体分析，认为获取特定资源是埃及向东方进发的实际主要原因。鉴于新王国时期的埃及在获取黎巴嫩的木材方面并未遇到实质困难，很可能确保锡的供应是埃及最为看重的，无论是未加工的锡，还是已经成为青铜合金一部分的锡。在新王国之前，埃及可以通过和平的商业贸易获得这一资源，但与埃及新王国同时代的米坦尼和赫梯帝国的先后崛起，改变了黎凡特地区的局势，这些新兴国家在锡的供应问题上与埃及的利益发生了冲突。强盛时期的米坦尼可以控制连接扎格罗斯山和幼发拉底河的贸易路线，以及从波斯湾通往幼发拉底河的路线，影响力贯穿叙利亚和巴勒斯坦地区，威胁所有经这一地区进行的贸易。埃及和赫梯要么被切断锡的供应，要么付出高昂代价。当赫梯人通过征服叙利亚和米坦尼在幼发拉底河以西的势力范围后，他们成为新的掌控锡的贸易路线的主要势力，仍旧对埃及不利。如果能控制黎凡特地区的阿穆如，特别是其西米拉港，则相当于控制了塞浦路斯的铜进入黎凡特的主要入境口岸，埃及将能够监管甚至阻止西亚对铜的进口，并以此为筹码，换取锡的充足供应[1]。因此，埃及在新王国时期不断经略黎凡特地区，先后与米坦尼和赫梯开战，不仅有地缘缓冲的考量，还有争夺关键物资贸易路线控制权的不容退让的实际需要。

就像一个世纪前赫梯人进攻巴比伦一样，埃及人最初似乎没有统治所征服的原米坦尼属国的计划。他们进攻、掠夺，然后撤离。没有制定条约，也没有任命总督。图特摩斯一世的目标可能只是恐吓外国人和掠夺战利品。国王也许期待着回国后吹嘘他的胜利，并炫耀他从米坦尼掠夺的所有马匹、战车和其他财富。他甚至似乎花了一些时间在回来的路上猎杀大象，但士兵们对回家的前景可能不太有信心。在文学作品《职业讽刺诗》中，书吏讲述了一个士兵的生活，描述了从一场战役中归来的筋疲力尽的士兵，他们生病又贫穷："他回到埃及，就像一根被蠕虫吞噬的棍子。他生病了，疲惫不堪。他骑着驴回来了，他的衣服被偷了。"不过，这篇文献是通过讨论各种职业的优劣，来论证书吏比任何其他职业都优越，因此其中定然充满对书吏以外其他各种职业的偏见。但其中的叙述应当有一定的真实性，对一片完全陌生的土地发动远征，对普通士兵来说，艰苦是完全可以想象的。

米坦尼是图特摩斯一世在叙利亚的主要竞争对手，约从公元前

[1] Grandet 2022：401—406.

1560年代开始，繁荣了近三个世纪。鼎盛时期的米坦尼疆域从安纳托利亚南部的基祖瓦特那一直延伸到底格里斯河以东的扎格罗斯山脚下，横跨上两河流域，西南到迦南北部的卡叠什城。米坦尼首都瓦苏卡尼位于今叙利亚和土耳其的边境，在玛里以北，尚未发掘。因此，我们仍没有属于米坦尼的王家档案，只能通过米坦尼境内其他地方发现的少量文本以及其他国家关于米坦尼的记载来重构米坦尼的历史。

与图特摩斯一世同时代的米坦尼国王可能是帕拉塔尔纳一世，他也是一位好战的国王，通过多年争战，将自己的国家扩张为一个帝国。在这一过程中，收服叙利亚地区小国阿拉拉赫的经过保留在该国国王伊德瑞米雕像的自传铭文中。作为一个小国君主，伊德瑞米的雕像毫不起眼。从其上的铭文中我们可以了解到，他从家乡阿勒颇的一场变乱中逃亡，七年中历尽艰辛，寻求神的帮助，召集了军队，回到阿勒颇附近的阿拉拉赫。他与几个国家签订了条约，包括基祖瓦特那，后者此时是米坦尼的附属国。但伊德瑞米与米坦尼的条约无疑是战败后保全颜面的无奈之举，他在条约中宣称，因自己的祖先从前是胡里人（建立米坦尼政权的族群）的附庸，所以现在他同意成为米坦尼国王帕拉塔尔纳一世的附庸。双方通过该条约各取所需，米坦尼获得了一个忠实附属国，伊德瑞米的王位得到保障，并可以米坦尼为后盾，与其他小国展开争夺，甚至进攻赫梯人的势力范围。赫梯此时很虚弱，无力应对来自叙利亚的挑战。

与图特摩斯一世和穆尔什里一世类似，伊德瑞米征服的手段也是突袭、掠夺和摧毁城市。在这样一个充满暴力的时代，居住在黎凡特城镇的人们很可能生活在恐惧之中。他们的庄稼可能随时会被他们自己的统治者或其他国王的军队夺取。平民可能会受到统治者保护，但在其他国王进攻时，平民也可能被放弃。他们的房子可能会被烧毁，他们可能会发现自己作为人质被带到某个遥远的国度。然而，尽管如此，米坦尼帝国仍然走向繁荣。伊德瑞米显然拥有相当大的自主权；他能够为自己建造一座宫殿，并为一些“以前不住在建筑物里”的市民建造房屋。

与埃及法老在文献中宣称自己在叙利亚地区的战争取得重大胜利不甚符合的是在这一地区的考古发掘中，没有发现图特摩斯一世战争的证据。波达尼认为，考虑到当时该地区似乎发生了大量战争，也许埃及的袭击并没有给当地人留下太多印象。尽管埃及声称取得了胜利，但它对埃及人的影响可能比对米坦尼人的影响更大。埃及人现在知道了米坦尼，并且发现它是一个强劲的对手。

数代人之后，埃及法老图特摩斯三世再次挥师北上，在麦吉多一役大败叙利亚诸小邦联军，取得了决定性胜利。但这一次远征并未与米坦尼军队作战。数年后，图特摩斯三世再次出兵，饮马幼发拉底河，进入米坦尼的中心地带。但米坦尼军队似乎仍未与埃及正面作战，图特摩斯三世的铭文中留下大量描述埃及人胜利的段落，基本是对胜利之后劫掠的描述。之后，图特摩斯三世还与米坦尼至少交手过一次，结果似乎不太成功。图特摩斯三世的劳师远征确立了埃及在黎凡特地区，尤其是黎凡特南部地区的统治地位，但并未对米坦尼造成毁灭性打击。米坦尼在此后的力量甚至还有所加强。

第三节　米坦尼与埃及实现和平

在埃及和赫梯尚且没有对黎凡特地区的附属国进行有效管理时，米坦尼已经通过与附属国签订条约的方式管理帝国的广大疆土。这些条约得到了当地神明的见证，并包含了所有通常的条款和诅咒。附庸和大王都发誓遵守协议。近东各国国王知道，如果一个帝国想要平稳运行，条约是必不可少的。米坦尼国王就像许多世纪前的玛里和埃卜拉国王一样，给了他的附属国想要留在帝国中的理由。他发誓如果附属国国王们受到攻击，他会帮助他们，支持他们在当地的王权，他有时赐予他们土地，并把他们当成自己的“儿子”。这些附属国国王们向他致敬，并派遣军队为帝国君主作战。

埃及国王并不熟悉或者说至少没有采纳这一制度。在法老看来，附属国需要宣誓效忠国王，但法老完全不需要宣誓，他不需要做出任何承诺以回报附属国的忠诚和朝贡。附属国向埃及朝贡不是因为将其写进了条约中，而是因为法老凭武力可以强迫对方这样做。图特摩斯三世可能已经开始从他的叙利亚邻居那里学到了两河流域的通行做法，并在努哈塞建立了一个附属王国。在相关仪式上，法老在他的附庸头上“膏了油”。新娘在婚礼上也会被膏油，因此，签订条约仪式上的附属国国王以类似的方式被纳入帝国大家庭。通过这种方式，帝国本身也得以壮大，埃及法老花了很长时间才理解并认可这一做法。

从图特摩斯一世至图特摩斯三世，由于对黎凡特地区的争夺，埃及与米坦尼基本处于互相敌视的状态。米坦尼如日中天，吞并了亚述和基祖瓦特那；埃及则手握努比亚和迦南，对米坦尼控制的叙利亚地区虎视眈眈。赫梯在这一时期退回安纳托利亚，对二者不构成威胁。埃及和米坦尼的关系是相当长一段时间内近东国际关系的主线。

图特摩斯三世之子阿蒙霍特普二世在位时期，埃及与米坦尼的关系发生了变化。法老在位的第七年曾再次远征叙利亚西部，但没有与米坦尼军队直接厮杀。埃及取得了巨大的胜利，带回无数战利品，惩罚了迦南叛乱的诸小国。阿蒙霍特普二世在位的第九年又一次远征迦南，没有向北进入米坦尼属地。根据这一时期法老的宣传，他不仅是埃及的国王，也是全世界的君主。作为一个世界统治者和无敌的英雄、征服者，他不承认帝国之外还有与他平等的人，自然也不可能成为平等外交的缔造者。但埃及之前的历次亚洲远征使法老不得不承认一个事实，尽管理论上他是天下之主，但实际上他无法亲自征服四极之地。因此，埃及对域外世界的看法正在悄悄起变化。在阿蒙霍特普二世的孟斐斯铭文的最后一部分记录亚洲战役的成就时，不再强调战无不胜的武力或战利品，而是记录他从强大的邻国获得的尊重。在他的描述中，米坦尼、赫梯和巴比伦的“首领”听闻法老取得的伟大胜利后，都带来了礼物，并恳求法老赐予他们“生命的气息”，把赋税送到法老的宫殿。阿蒙霍特普二世还在卡尔纳克神庙的一处铭文中提到了只有米坦尼首领的另一次访问，没有提到巴比伦或赫梯。他指出，米坦尼人带着贡品，向法老寻求和平，渴望他甜美的生命气息，这是自神话时代以来从未有过的事：这片并不熟知埃及的国土在恳求陛下。这是一个标志性的事件，“寻求和平”不是一个用于附属国的短语，而是伟大的国王们之间看待彼此的方式：互相是和平的伙伴，而不是战争中的敌人。在此之后，阿蒙霍特普二世的统治变得相当和平，精力转向在国内大兴土木。他很可能已经同意与米坦尼签订和平条约。

对于米坦尼来说，转变长久以来与埃及为敌的态度并不容易。但阿蒙霍特普二世在位第九年严厉镇压迦南反叛邦国、处决邦国国王并将其大量人口掳至埃及为奴的做法具有切实的震慑作用。在此之前，没有国王使用过这种令人恐惧的极端策略。赫梯人在这一时期也开始复兴，图塔里亚一世通过新的条约，令基祖瓦特那站在自己一边，并将米坦尼视为潜在敌人。赫梯国王明确表明：关于我们击败的胡里土地上（米坦尼）的任何城市——我将拿走我想要的一切。这种对米坦尼赤裸裸的觊觎无疑令此时的米坦尼国王沙乌什塔塔尔非常不安。对米坦尼更为不利的是，图塔里亚一世行动迅速，已经带领军队一路开拔到安纳托利亚西部的爱琴海沿岸，沿途与诸敌对王国作战。他在叙利亚战斗，成功说服富裕的城市阿勒颇从米坦尼转而效忠赫梯。他还在赫梯国内镇压了一场可能是米坦尼煽动的叛乱。在两国关系紧张之际，双方的使节来回穿梭，持续争吵。考虑到重新强大的西邻赫梯的威胁日益临近，埃及本土则极为遥远且过于强大，因此，与埃及修好，以免在叙利亚南北两线作战，成为米坦尼最为现实的选择。埃及无法被征服，但有可能被既有规则驯服。如果埃及法老参与近东历史悠久的外交实践，他就不太可能继续造成破坏：送他礼物并要求回礼；派大使到他的宫廷；用友好的信件取悦他；让他同意他与你平等；让他以你可以预测的方式行事。一旦埃及准备接受规则的约束，秩序终将取代混乱。最重要的是，让埃及成为“兄弟”，这肯定是米坦尼君主和他的大臣们已经决定尝试的：一旦一个人认识到与对方有家人关系，他将不再是陌生人、敌人或蛮族。

第四节　协和万邦：阿蒙霍特普三世时代的埃及与东地中海世界

19 世纪末在埃及发现的阿玛尔那书信成为青铜时代晚期近东世界国际交往发展的关键见证。其中只有四十四封书信与国际交往尤其是大国交往有关，另外三百零六封是法老与迦南的附属国统治者之间的通信。在四十四封国际交往书信中，有三封已难以辨认字迹，十三封是米坦尼国王写给埃及国王的，十一封是巴比伦国王写给埃及的，七封是阿拉什亚写给埃及的，三封是赫梯国王写给埃及的，两封是亚述国王写给埃及的，一封是阿尔扎瓦国王写给埃及的。只有四封是法老写给其他国王书信的副本（一封写给阿尔扎瓦，三封写给巴比伦）。国王在一封信中暗示，通常情况下，使者每年在母国和埃及之间旅行一次，所以档案中应当至少包括每一位外国国王在阿玛尔那时期约三十年间与埃及国王每年一封的书信。显然，这些书信中的大多数都未能保存至今。此外，再加上赫梯首都哈吐沙的档案和乌伽里特档案，这些文献可以帮助理解当时国际社会的外交机制。

无论是在文献还是考古材料中，阿蒙霍特普三世在位时期的埃及都是一个罕见的和平年代，尤其难得的是，这也是埃及帝国如日中天的鼎盛时期。他仅有的军事行动是针对南方的努比亚地区发起的，对新王国时期的埃及君主来说，这更像是一次例行的征服活动。对国王胜利的描述也是惯用的手法，如国王像一只狮子，爪子抓住了邪恶的库什，他在山谷中将所有的库什首领踩在脚下，敌人全都倒在血泊中。

这一时期的主要大国如米坦尼、巴比伦和赫梯都与埃及保持盟友关系，阿拉什亚和阿黑亚瓦亦是如此。每一位国王都从这种和平中受益，阿蒙霍特普三世本人也许是最大的受益者。他没有把时间和财富花在武器、战车以及训练士兵上，而是对狩猎活动乐此不疲，监督大型建筑工程（其中许多工程中都有他自己的巨大雕像），并享受王后泰伊和妃嫔的陪伴。

在阿蒙霍特普三世的铭文中，与之前君主好战的语气相比，他对邻国的描述非常有分寸。尽管他像几乎所有埃及国王一样，仍会用“可怜的库什”或“卑鄙的库什”来指称南部的努比亚地区，但他意识到培养外国王子以使他们成为忠诚的附庸的价值。一些迦南和库什的王子被带离家园，定居在埃及。他们被指定居住在特定地点，如一处要塞“被通往天堂的长墙包围，居住着努比亚弓箭手首领之子”，阿蒙霍特普三世的葬祭庙则“被叙利亚定居点包围，居住着酋长们的孩子”。这些异域王子可能在他们的埃及居所接受了治理国家所需技能的教育，自然会在潜移默化中受到埃及文化的熏染，一旦他们回国继承王位，对埃及的亲近或至少不敌视是大概率事件。

尽管目前没有米坦尼王室档案出土，但米坦尼在相当长一段时间内是近东国际关系的关键角色，这是由地缘政治形势的变化决定的：极盛时期的米坦尼西部与赫梯为邻，东南部是加喜特巴比伦，西南部与埃及的亚洲属地接壤；当其西部的赫梯逐渐恢复国力，东部原本臣服的亚述开始崛起，加喜特此时相对边缘，米坦尼唯一的选择是与埃及交好，借助埃及在黎凡特地区强大的存在感增加自身地位的确定性。因此，米坦尼与埃及的外交在这一时期的文献中格外活跃，阿蒙霍特普三世在位时期即见证了埃及与米坦尼这一段互相需要的关系，米坦尼在其中无疑更为积极主动。

图什拉塔是与阿蒙霍特普三世同时期在位的米坦尼君主之一。他的即位是一场宫廷政变的结果。在兄长被谋杀后，他被立为国王，但因年幼，谋杀者保留了摄政权。年轻的图什拉塔别无选择，为了保住自己的生命，只能默许摄政王的专权。尽管法老娶了图什拉塔的姐妹，他仍被要求切断与埃及的所有联系，事实上，摄政王切断了图什拉塔与任何可能威胁其控制的人的联系，以至于图什拉塔后来哀叹，“他不允许我与任何爱我的人交朋友”。

图什拉塔亲政后，对杀害了他的兄长并在他童年时期控制了他的生活和王国的摄政王充满愤怒，处死了他和同伙。但图什拉塔的麻烦并没有结束。赫梯国王也许认为米坦尼的王室内乱可能削弱了国王的力量，分散了他的注意力，于是抓住机会，对米坦尼发动攻击。但是赫梯此时国力仍显虚弱，败于图什拉塔的军队，但仍保持了对基祖瓦特那宝贵海港和隘口的控制权。这一时期的米坦尼和赫梯可能都与埃及单独签订了和平协议，但似乎并没有同意彼此结盟。

与赫梯人打过交道后，图什拉塔急于恢复他的祖先与埃及国王互为“兄弟”的关系。他决定派遣一个正式的代表团去见阿蒙霍特普三世。毫无疑问，图什拉塔想知道他的姐妹，甚至之前嫁入埃及后宫的他的姑妈是否还活着，他希望获得与埃及结盟所带来的强大支持。

图什拉塔外交使团的首席代表是开利亚。他被图什拉塔描述为“巨头”“特使”和“首席大臣”。“信使”（阿卡德语中的“mar shipri”）可以用来指代任何为国王办事而旅行的人，因此，这个术语相对于开利亚的实际地位来说过于普通了。开利亚的兄弟和叔父也都是国王的“信使”，故而他很可能出身于官员和书吏世家。与开利亚同时前往埃及的还有一位副使图尼普伊布瑞。

开利亚给法老带来一封图什拉塔的书信。在信中，图什拉塔简要介绍了他统治初期的历史，他的国家的内乱，包括他的兄弟的死亡，以及他最近与赫梯人的战斗。他只向埃及国王提出了两个要求：友谊和互派使节。这二者当然是交织在一起的，作为朋友的国王经常派信使在他们的宫廷之间来回穿梭。图什拉塔还要求法老允许开利亚和图尼普伊布瑞迅速返回，并派出埃及使者前往米坦尼。使团带上了图什拉塔在与赫梯的战争中获得的一些战利品——一辆战车和一对马匹，一男一女两个随从，此外还有五辆战车和五组马匹，所有这些都是米坦尼送给埃及法老的礼物。使团可能还带着马夫和随团护卫部队。在他们为旅行打包的货物和物资中，有一些是国王送给他嫁入埃及后宫中的姐妹基鲁海帕的首饰和化妆品等小礼物。

使团可能还携带了一本“护照”：一块密封的泥板（在埃及发现）。上面写着图什拉塔的话：“对我兄弟的仆人迦南诸王说：国王说：我在这里——派我的使者去见我的兄弟埃及国王。没有人能阻止他。让他安全进入埃及，并把他交给埃及的要塞指挥官。让他立即继续（前行），就他的礼物而言，他不欠任何东西。”很显然，如果沿途被埃及属国关卡拦下，使团应当出示这本“护照”。这也是为了防止他们不得不为携带的礼物纳税（或者提供贿赂）。

经过长途跋涉之后，他们最终抵达了埃及。在埃及期间，米坦尼使团会受到很好的接待，这些使节可以期待参加国王出席的宴会。在所有宫廷中，国王们都会向使节展示希望兄弟国王看到的东西，说对方部分希望听到的话，以符合东道主国王身份的方式为使节提供食物。作为本国国王耳目的使者会将这一切报告给他的君主。使者们回国后不仅要阅读他们携带的信件中盟国国王的话，更要告诉本国君主他们在对方国家经历的重要事件和细节。开利亚和图尼普伊布瑞都会收到法老赠送的贵金属和华服，这些礼物与法老送给米坦尼国王的礼物分开，可以由使节们自己保留。

开利亚带着图什拉塔期待的好消息返回了米坦尼，阿蒙霍特普三世同意与米坦尼恢复关系，并派了特使马内抵达米坦尼。图什拉塔为此举办了庆祝宴会，以欢迎埃及使者的到来并庆祝与埃及的新联盟。邀请宫廷的所有“外国客人”以及本国贵族参加盛宴并展示法老送来的问候礼物似乎是米坦尼宫廷的一种传统。这是国王炫耀他的新财富并公开向埃及特使发表讲话的机会。庆祝活动结束后，图什拉塔令开利亚带着新的书信出使埃及，要求法老赠送黄金：“愿我兄弟对我比对我父亲好十倍，愿他送给我很多没有加工过的黄金。”他还欣然同意法老求娶他的女儿的提议，并让埃及特使马内去拜访了公主。于是，两国联盟得以延续。从米坦尼到埃及的漫长旅途上，使节携带信件和礼物来往奔走再次成为常见的景象，两位国王开始为王室联姻做准备。

阿蒙霍特普三世与加喜特巴比伦国王卡达什曼恩利尔二世的关系则更为微妙。阿玛尔那书信中有一封阿蒙霍特普写给后者的回信，信中的每一部分都引用了巴比伦国王来信的开头部分，然后是对这一部分内容的回击，或者用讽刺来贬低对方，如“你为了从邻居那里获得金块，把女儿送了过去，干得漂亮！”法老用这种方式表达他对巴比伦国王同意嫁女后索要大量黄金这一做法嗤之以鼻。需要注意的是，在包括阿蒙霍特普三世时代在内的整个青铜时代晚期，没有埃及曾与巴比伦交兵的历史记录，两国国王尽管经常以书信的方式互相明嘲暗讽，但在整体关系上保持了友好态势。

第五节　和同为一家：兄弟与姻亲关系的建立与巩固

早在迎娶图什拉塔的女儿之前，阿蒙霍特普三世的后宫中已经不止有一位来自米坦尼的公主，他还娶了一位巴比伦的公主，并要求巴比伦王送来另一位公主。阿蒙霍特普甚至向附属国索要女性，要求对方送来“完美无瑕极其美丽的女持杯者”。正因如此，有学者认为他对拥有外国妻子有贪得无厌的渴望。部分原因可能确实如此，但与此同时，至少从现有材料看来，他与王后泰伊相伴多年，泰伊是他早在潜邸时即已迎娶的正妻，遍布埃及帝国各地的所谓“婚姻圣甲虫”铭文表明他与王后的关系牢固无比。在其子埃赫那吞宗教改革前期，身为太后的泰伊仍在王室中拥有极为尊崇的地位，直至去世。因此，阿蒙霍特普追求外国公主，还有一部分原因可能是非常理性和现实的，他希望维持和平、繁荣与法老在国际上的优越地位。他迎娶的外国公主越多，他的外国王室岳父就越多，他们会送给他礼物，支持他而不是反对他。对于米坦尼或巴比伦国王来说，能够成为埃及国王的“岳父”，也给他们带来身份上的优越感，来自埃及的黄金更是他们梦寐以求的贵金属。同时，外交联姻本身意味着双方以彩礼和嫁妆的名义进行的巨大规模的奢侈品交换。从这种意义上来说，阿蒙霍特普三世对卡达什曼恩利尔二世的指责并没有什么道理，无论是公主还是礼物（或者说公主也是礼物的一种），都是双方进行各自盘算和讨价还价后达成的有形或无形的利益交换。很显然，在这种政治联姻中，各种宣称情谊地久天长的盟誓和奇珍异宝应有尽有，唯一缺少的是爱情。

政治联姻是外交关系的重要内容，阿玛尔那书信提供了这一时期外交婚姻的诸多细节，比古代近东历史上其他任何时期都要丰富，包括双方谈判、礼物交换、国王的情感和策略，甚至公主在结婚前所说的话。直到国王们通过婚姻建立姻亲关系，成为真正的家庭成员，而不仅仅是忠诚的“兄弟”，他们的联盟才被视为完全和完整的。在象征意义上，此时他们的土地已经联成一体，两个国度已经和同为一家。阿蒙霍特普三世与米坦尼公主塔杜海帕的联姻记录即是典型例证。

塔杜海帕是图什拉塔的女儿，考虑到阿蒙霍特普三世比图什拉塔年长数十岁，且图什拉塔摆脱摄政王的束缚亲政时可能仅仅二十岁左右，他的女儿不太可能已经长大成人。但他又不想拒绝埃及法老的求婚，所以只能先将公主继续养在米坦尼宫中，直至她成人时方能完婚。好在双方的谈判和礼物的准备尚需时日，法老可以等待。他的特使马内见到米坦尼公主后对其称赞有加，数年后，图什拉塔在写给法老的信中说，“公主已经变得非常成熟……是按照我兄弟的愿望塑造的”。“我兄弟的愿望”这个问题似乎很重要。阿蒙霍特普三世希望将要成为他的嫔妃的女人漂亮。马内不仅被派去见公主，还替法老进行了“颜值”评估，图什拉塔深知这一点，他说“愿沙乌什卡和阿蒙神让她成为我兄弟渴望的形象”。

在图什拉塔同意将公主嫁给法老一段时间后，马内从埃及再次出使米坦尼进行婚姻相关事宜的谈判，并在公主头上膏油。尽管这一行为起源于叙利亚和两河流域，不是埃及的传统，但法老愿意接受，这标志着订婚已经进入关键时刻。自古巴比伦时期以来，平民的订婚协议是在新娘和新郎的父亲之间进行的，而不是由新人自己做主，这与古代中国的情形类似。对于在位国王的婚姻来说，新郎的父亲此时一般已经驾崩，所以是作为新郎的在位国王本人与新娘的父亲进行谈判。作为婚姻的一部分，新郎的父亲（或者在这种情况下是新郎本人）要给他未婚妻的父亲送彩礼。普通民众的彩礼可能包括“铅、银、金”，以及谷物和羊、食物和饮料。在王室婚姻中，彩礼的规模和价值惊人，一旦送出，即属于女方家庭，即使她的丈夫之后与她离婚，彩礼也不会返还。新娘还会从她父亲那里得到嫁妆，她可以把嫁妆传给她的孩子。交换礼物只是订婚的一部分，双方的家人还要参加一个仪式，其中可能包括一个精心准备的宴会。正是在这一时刻，新娘会由她未来的公公膏油，这是该女性被视为丈夫家庭成员的时刻，尽管她暂时仍然可以和父亲生活在一起。一项法律规定，如果新娘的丈夫死亡或失踪，公公将把她嫁给他所指定的其他任何一个儿子。也就是说，在恩膏仪式发生后，丈夫的家庭控制了女人的未来；如果他们愿意，他们可以将她嫁给家庭中的另一个男人。王室联姻在规模上当然更大，但本质上也是平民婚姻的升级版。因此，尽管细节有所差异，但婚礼筹备的整体过程大致如此。马内并不是法老的父亲，但法老本人显然无法亲自前往米坦尼为新娘膏油，他的特使马内就代为承担了这个角色。膏油仪式一定是一个庄严的场合。从那时起，塔杜海帕被视为阿蒙霍特普三世的妃嫔，尽管两人还未见过面。

当双方联姻敲定，结婚礼物的准备工作也会随即展开。大致可分为三套礼物放在一起以纪念这一盛大场合。第一套是阿蒙霍特普三世准备的彩礼，第二套是图什拉塔为女儿准备的嫁妆，第三套是图什拉塔同时直接送给阿蒙霍特普三世的礼物。马内第二次来到米坦尼时，似乎已经带着一批聘礼，图什拉塔后来形容这是“无法估量的，与天地比肩”。阿蒙霍特普三世同时送来了一封信，信上说：“我现在送的这些东西微不足道，我兄弟不要抱怨。我什么也没送。我现在送给你的这些东西，我是这样想的，当我兄弟把我所要求的妻子交给我，他们把她带到这里，当我看到她后，我会送你十倍以上的东西。”十倍于已经“无法衡量”的珍宝，难怪图什拉塔这么快就同意了与埃及的联姻。

虽然迄今没有发现阿蒙霍特普三世送给图什拉塔的彩礼清单，但从他的继任者埃赫那吞后来迎娶巴比伦公主时送给巴比伦国王的彩礼清单可以一窥究竟。在彩礼涉及的财富中，仅黄金一项加起来就重约 1 200 明纳（约合 545 公斤）。按照 2022 年中的价格换算，这批黄金价值超过 1 100 万美元。它们被制成数百件物品，包括珠宝、高脚杯、各式容器、盒子和刀具，以及更大的镀金物品：四辆战车、两张床、六个宝座、三把椅子，甚至包括一艘覆盖着黄金的雪松船，以及它所有的装备，还有六艘拖着的小船。这些似乎是可以在河上航行的全尺寸船只，被拆解后运往巴比伦，毕竟不可能从埃及航行到那里。除此之外，还有三件雕像以黄金覆盖，分别是国王本人、王后和她们女儿的雕像。这同样是图什拉塔所期待的。

埃赫那吞送给巴比伦的礼品清单上还有超过 130 件大小不等的银器，以及 300 多件青铜制品、1 092 件纺织品、超过 1 000 件装满“甜油”的石器皿，以及象牙制品等等，总数超过 3 300 件。吝啬的埃赫那吞所备的彩礼比父亲阿蒙霍特普三世少得多，很难想象图什拉塔究竟从阿蒙霍特普三世那里获得了多少财富。

可以想象，图什拉塔在收到礼物后既心花怒放，同时也觉得一定不能被自己的“女婿”轻视，他必须送出至少在他看来具有同等价值的礼物，以示自己既是埃及法老的“岳父”，也是和法老地位平等的“兄弟”。但他并未直接以法老的礼物为对标对象，而是告诉法老查阅档案记录，找到列出他姐妹和姑妈两位米坦尼公主当年出嫁埃及时礼物清单的泥板，与他送来的东西进行比较，“愿我的兄弟听说嫁妆非常多，非常华丽，非常适合我的兄弟”。

就像来自埃及的礼物一样，米坦尼送给法老的礼物几乎都是制成品，没有送任何原材料。图什拉塔似乎对他送给法老的马和战车特别自豪。这些马排在礼单的首位：四匹跑得（很快）的骏马，以及一辆镀金的战车。马拉战车是当年喜克索斯人带来埃及的先进作战工具，埃及本土的代步和负重牲畜主要是驴。米坦尼的良马在埃及无疑会备受珍视，图什拉塔也深知这一点，这些马匹会以最好的饰品装扮。其他礼物包括马的全套用具，其中许多器具镶嵌着金银。图什拉塔送来了专供国王使用的装饰华丽的武器，包括几件当时非常罕见的铁制兵器和其他仪式用品，所有这些武器都镶嵌着黄金或白银。图什拉塔的礼物中还包括珠宝、衣服、几双鞋，有些镶嵌着黄金，大多数还配有“蓬松羊毛”的紧身裤，有理由怀疑这在埃及的高温下可能没什么实际作用。

礼物中还有成千上万支箭，每一支都是手工制作，代表着熟练工匠的数小时的工作量。标枪、长矛和盔甲紧随其后。这些不是仪式用具，而是具有实用价值的礼物。器皿、银碗和青铜碗是为宫廷生活准备的。

经过书吏的仔细计算，这些礼物合计 13 明纳的黄金和 10 明纳白银，只是埃及法老送给巴比伦人的彩礼中 1 200 明纳金器和 292 明纳银器的一小部分。埃及送出的黄金礼物大约是米坦尼送出礼物的 92 倍。但这并不奇怪，因为埃及以出产黄金著称，黄金首先必须从埃及进口到米坦尼，而不是相反。

图什拉塔所送礼物中有 100 多件纺织物，包括衣服、床罩和其他布匹。鉴于叙利亚诸王国一千多年来专门纺纱、纺织羊毛和亚麻布制品，这些可能是非常精细的纺织品。每一件可能都需要几个月的时间才能生产出来，而且价值肯定比译成埃及的语言后所暗示的要高得多。

塔杜海帕的嫁妆清单则列在一块制作精美的单独的泥板上，比送给阿蒙霍特普三世的礼物清单更大，可能同时送往埃及。与送给法老的礼物不同，这份清单上的物品是供塔杜海帕自己使用的，即使在她结婚后，也将继续直接属于她本人。这些礼物中没有武器、盔甲或马匹，而是有很多耳环、耳钉、项链、戒指和手镯，其中许多是由黄金和青金石制成的。公主还得到了几十把梳子、衣服、木箱、毯子和各种材料的容器。还有些物品是指定留给公主的侍从的。嫁妆包括近 1 500 件物品，其中的黄金重量折合超过 19 公斤，是送给法老的黄金重量的数倍。

礼物备好后，将随着公主的出嫁，由相当数量的士兵一路沿途护送至埃及，整个旅途将耗时数月。就在公主启程之际，图什拉塔向法老发出了一封信，信中为女儿的安全祈祷，并赞扬了埃及特使和翻译官。当公主还在旅途中时，漫长的等待让图什拉塔焦虑，他又发出了一封信，且是用他的母语胡里语而非这一时期近东世界通行的国际语言阿卡德语。这可能是因为米坦尼懂阿卡德语的书吏和翻译官都跟随公主前往埃及了，或者有其他任务，否则无法解释图什拉塔这封信所使用的语言，以及既冗长又杂乱的内容。书写这封信的泥板很大，约 46 × 28 厘米大小（大多数信件泥板的高度在约 15 厘米以内），分为四栏，共 493 行文字，是阿玛尔那时期其他大国国王写给法老一般书信长度的六倍。这封信呈现出的是图什拉塔对两国未来深沉而坚定的信念，他相信两个国家不仅是盟友，更将因联姻而结合成一个国家："我们之间是一体的，胡里的土地和埃及的土地……我是埃及土地的国王，我的兄弟是胡里土地的国王。"他不止一次这样表达对两国未来关系的憧憬。并且，这种憧憬也成为后来新的王室联姻的样板。当《银板条约》签订后，埃及与赫梯也迎来久违的联姻，赫梯至少两位公主嫁给埃及法老拉美西斯二世，安纳托利亚的高原强国与尼罗河谷的老牌帝国也实现了"和同为一家"。

与近东其他大国互嫁公主后，公主一般要成为对方国家的王后，且她的后代要继承王位的协议和做法不同，外国公主嫁到埃及后，不会成为法老的正妻，这是埃及加入近东国际关系体系后的一个没有对外妥协的元素。其他国家以有权向其他大国嫁公主且生育王位继承人作为自己优势的体现，埃及则将把外国公主纳入后宫视为对方向埃及"纳贡"的臣服行为。由于埃及的传统超然大国地位，其他国家对埃及的这种不对等做法虽有怨气，但也无可奈何。这是一种值得玩味的矛盾心态，自己成为对方的岳父，是地位的象征；但如果对方没有嫁公主给自己，则有失颜面。矛盾的标准折射出的仍然是大国君主之间希望既能对等交往，又可不失身份的愿望。

第六节　赫梯帝国的霸业与青铜时代最后的和平岁月

约公元前1355年前后，正是图什拉塔的女儿嫁给阿蒙霍特普三世的时候，米坦尼遭受的来自西部邻国赫梯的压力并未解除。他在给法老的信中担心自己和埃及的国家安全，而且暗示埃及面对的威胁更为迫在眉睫（EA 24）[1]。这是非常奇怪的说法，因为埃及东西皆沙漠或高山，南方为密林，北方是大海，只有东北一角与亚洲有陆路相连，本身即处于易守难攻的地理环境中，且以阿蒙霍特普三世时期的国力之盛，没有什么周边势力能够对埃及本土构成威胁，赫梯显然是米坦尼的威胁，但对埃及来说还算不上。如果一定要说赫梯对埃及的威胁，那它威胁的是埃及在亚洲的领地。图什拉塔非常希望得到阿蒙霍特普三世的确认，如果他的国土受到赫梯进攻，埃及军队会来支持他。

但在阿蒙霍特普三世看来，此时的赫梯已经不再是一个大国，其首都哈吐沙甚至在公元前1360年前后毁于大火。实际上，这一时期的赫梯处于势力相对衰落的中王国的末期，在图什拉塔成为米坦尼国王之后不久，图塔里亚二世登上赫梯王位，他迅速开始南征北战，其中许多征服活动由他的儿子苏皮鲁流马指挥。这位年轻的王子将成为米坦尼的噩梦。就在塔杜海帕公主远嫁埃及不久，年迈的阿蒙霍特普三世与世长辞。继位的埃赫那吞对米坦尼的态度与其父大相径庭，图什拉塔饱含忧虑的信件没有得到埃赫那吞的积极回应。

约公元前1344年，在埃赫那吞在位约九年后，赫梯国王图塔里亚二世去世，苏皮鲁流马一世正式登基。他在位约二十二年，在同时代的几位大国君主，即埃及的埃赫那吞和图坦哈蒙、米坦尼的图什拉塔、加

[1] Moran 1992：69.

喜特巴比伦的伯纳布瑞亚什二世，可能还包括亚述的阿舒尔乌巴里特中，他是最后一位去世的国王。他甫一掌权，就成为近东世界不可忽视的力量。赫梯曾短暂地退出大国俱乐部，但它将随着苏皮鲁流马的崛起而重返近东舞台的中心。这位新任赫梯君主不仅仅是一个“伟大的国王”。像法老一样，他称自己为“太阳”。他从未表达过与图什拉塔治下的米坦尼结盟的愿望。在他看来，米坦尼抢走了赫梯在叙利亚北部的土地，现在是时候夺回它们了。苏皮鲁流马长期以来以他卓越的军事成就著称，赫梯人在现代有“东方的罗马人”之称，也受益于他征服活动的影响。但是，如果详细审视他在位时期的活动，会发现他确实致力于打破既有的近东各国战略平衡，方式是极具破坏性的，意图摧毁其他国家培育的整个和平外交互动网络。但具有讽刺意味的是，外交而不是军事，是这一战略的核心手段。

赫梯在这一时期在该地区活动的史料包括苏皮鲁流马一世的大事记，辅以阿玛尔那书信（米坦尼国王图什拉塔的信件，以及苏皮鲁流马本人和黎凡特小邦的统治者与埃及法老的通信），从叙利亚遗址（特别是卡特纳）发现的书信，但最重要的是苏皮鲁流马与图什拉塔的儿子、一度被流放的米坦尼王位继承人萨提瓦扎签订的条约中的历史叙述部分。

苏皮鲁流马一世得位不正，在谋杀了储君及其他兄弟之后即位。他没有直接攻打米坦尼，而是从与米坦尼关系密切的附属国下手。同时，他对其他的大国君主不仅没有表现出攻击的意思，而且向对方示好，表示希望恢复从前的友好关系。他给埃赫那吞的继任法老写了一封信，回忆了他统治初期第一次与埃及交流的情况。当年的事件证明赫梯是伟大国王“兄弟会”的正式成员，对他们的外交规则和惯例非常熟悉，并且在埃赫那吞统治期间与埃及关系良好。他向埃及派遣了信使并向法老赠送问候礼物，从他的描述来看，埃赫那吞积极回应了他的善意。

然而，与埃赫那吞愿意给赫梯送去丰厚的礼物不同，他对来自米坦尼图什拉塔的信件持冷漠无视的态度。这令图什拉塔感到绝望，甚至不惜卑躬屈膝，声称“我对我兄弟的爱比我们对你父亲的爱大十倍”[1]。埃赫那吞对此依然无动于衷。

图什拉塔给埃赫那吞的最后一封信（EA 29）[2]写在一块巨大的泥板上，尺寸与他之前发送给阿蒙霍特普三世的那封以胡里语写成的书信相当，这次以通用语阿卡德语书写。图什拉塔在信中回顾了他与埃及的长期关系，深情回忆了过去几年阿蒙霍特普三世对他的友爱之举。他在信中六次提到阿蒙霍特普三世曾允诺送来但始终未送出的黄金雕像。在他看来，这象征着一切都变了。他向法老（也许还有他自己）保证，一旦埃赫那吞放米坦尼使者回家，把其父应允的雕像送来，两国正常的关系就会恢复。他似乎感觉到他的埃及盟友正在与自己渐行渐远。

埃赫那吞很可能已经估计到赫梯会攻击米坦尼，尽管有学者认为他沉迷于宗教改革事业不能自拔，但这一时期他的书信和政治活动明确显示出这是一位清醒务实的君主。他当时所面临的局势仍未明朗，但可以确定的是，随着赫梯的崛起，不用因为之前米坦尼与埃及交好，就必须在当下将埃及完全捆绑在米坦尼与赫梯交恶的战车上。在仔细权衡之后，埃赫那吞选择了将前朝的外交政策改弦易辙，站在赫梯国王一边，并确保赫梯国王相信这一点。法老大概希望埃及在迦南的城市免受任何攻击，因此愿意与赫梯为友，这正中苏皮鲁流马的下怀。苏皮鲁流马肯定不会忘记他的一位前任曾与米坦尼正面作战失利的过往。当他在叙利亚北部进攻时，不会希望同时面对米坦尼和埃及两国的军队。

至此，苏皮鲁流马仍然没有立即进攻米坦尼，而是向另一个大国——加喜特巴比伦抛出橄榄枝。他与巴比伦的伯纳布瑞亚什二世就建立联盟进行了接触，并在掌权仅两年后，就以迎娶巴比伦公主的方式来确认他们的盟约关系。根据双方的约定，巴比伦公主嫁到赫梯必须做国王的正妻，但此时苏皮鲁流马已有王后寒媞，他们至少生育了五个儿子。但为了实现结盟，寒媞被果断废黜。这再一次表明苏皮鲁流马一世

[1] Moran 1992:92—97.
[2] Moran 1992:92—99.

的理性与残酷，他不会让任何事情妨碍他削弱米坦尼的计划。他在利用这一时期大国的外交机制，通过互派使者、外交联姻、交换礼物和签订条约的方式，不是为了确保和平，而是为了加强自己的力量，以应对即将到来的与米坦尼的战争。

巴比伦公主在嫁给苏皮鲁流马后成为赫梯王后，并获得塔瓦娜娜头衔，这是一个非常有影响力的职位，她与国王共同管理宫廷，但与继子和后来的王位继承人穆尔什里二世不睦，最终遭到废黜，与她的前任寒媞王后结局相同，这不能不说是一种莫大的讽刺。

苏皮鲁流马为征服米坦尼所做的最后一个重要的布局可能是收留了图什拉塔流亡在外的兄弟和反对者阿尔塔塔马。作为帝裔，他有权声称自己也有资格获得米坦尼王位。苏皮鲁流马一世自然对此表示支持，他们很可能达成约定，一旦阿尔塔塔马获得王位，米坦尼将臣服于赫梯。

图什拉塔此时面临的情况相当凶险，他当年亲密的埃及盟友已经杳无音信，巴比伦国王成了赫梯君主的岳父，东部的附属国亚述在新君主阿舒尔乌巴里特的带领下正图谋摆脱米坦尼的控制，国内还面临自己流亡在外的兄弟——阿尔塔塔马党羽的牵制。举目四望，皆是仇敌，他已经没有真正的盟友。

苏皮鲁流马动作很快，收留阿尔塔塔马后即对米坦尼发动攻击，这时仅是他在位的第四年或第五年，但已为这场战争做好了充分准备。一段零碎的文字提到米坦尼国王袭击了赫梯的一个附属国努哈塞，也许图什拉塔想在米坦尼和赫梯之间建立一个缓冲区。苏皮鲁流马因此决定调转方向，掠夺幼发拉底河西岸的土地。

图什拉塔被激怒了，他认为幼发拉底河以西的土地是他的属国，赫梯国王无权在他的土地上劫掠，从他的臣民那里偷走牛羊。所以他派了特使去向苏皮鲁流马强烈抗议并交涉，但主要目的还是和谈，不要开战。但苏皮鲁流马显然对和谈没有兴趣，他对米坦尼有一系列不满，其中大部分可以追溯到他父亲统治时期征伐米坦尼的失利。

因此，图什拉塔的抗议被苏皮鲁流马视为“放肆”，又给了后者继续向幼发拉底河以西地区进发的理由。苏皮鲁流马开始逐步夺回他认为在他父亲的时代米坦尼从赫梯那里偷走的所有叙利亚北部的土地。每次他与重新征服的土地签订条约时，都包括历史回顾部分，讲述条约是如何产生的。

最终，苏皮鲁流马一世兵锋直指米坦尼首都瓦苏卡尼，但两位积怨已久的君主并未正面交锋，苏皮鲁流马失望地说："图什拉塔逃跑了。他没有来与我对决。"

尽管如此，苏皮鲁流马一世并未真正战胜米坦尼。暂时逃避的图什拉塔仍然是米坦尼国王，牢牢控制着米坦尼腹地。苏皮鲁流马也未恋战，他离开米坦尼本土，向西进军，将一系列幼发拉底河和地中海之间的米坦尼旧地尽皆收入囊中，其中包括珍贵的港口和贸易要道，或者说，这才是他本来的目的。

自公元前1327年始，在赫梯与埃及之间发生的一系列事件几乎改变了近东的版图。埃及的埃赫那吞去世后，他年幼的儿子图坦哈蒙继位，在位约十年后去世。由于图坦哈蒙没有子嗣，埃及的最高权力一度陷入真空。他的王后此时向赫梯国王苏皮鲁流马一世去信，要求后者派一个儿子前往埃及，做她的丈夫和埃及的国王。如此事可成，埃及与赫梯统一为一个国度，这将是世界历史上第一个地跨安纳托利亚高原和北非的帝国，比以往任何帝国都要庞大。几经周折后，苏皮鲁流马派往埃及的一位王子意外死亡，赫梯与埃及开战，瘟疫伴随着埃及俘虏传播到赫梯大地，赫梯历史上最伟大的国王之一苏皮鲁流马一世和他的继承人均死于瘟疫，穆尔什里二世即位后又过了很久方才稳住局势。

赫梯陷入与埃及的争战和瘟疫的折磨，无暇东顾，并不意味着米坦尼可以迎来走向复兴的机会。图什拉塔被他的一个儿子暗杀后，他当年的竞争对手阿尔塔塔马二世成为米坦尼君主。此时的米坦尼风雨飘摇，版图急剧缩小，包括卡尔开美什在内的幼发拉底河以西的土地悉数在赫梯手中，帝国东半部的亚述已经宣布独立。阿尔塔塔马二世并未如苏皮鲁流马一世所愿与赫梯结盟，在他和他的儿子舒塔尔纳三世时代，米坦尼向亚述臣服。阿舒尔乌巴里特的继任者恩利尔尼拉里以在这个时代从未有过的残暴对待被俘的米坦尼贵族，“他们被翻转过来，在泰特城被刺穿”。这是亚述人之后臭名昭著残忍名声的开端。赫梯国王面对这一局面定然是忧大于喜，他希望米坦尼被削弱，但不是以这种方式。赫梯现在少了米坦尼这个老对手，但多了一个更难对付的亚述。

赫梯与米坦尼的纠葛并未结束。米坦尼毕竟曾是一个大国，一位名为阿基泰苏普的将领带着 200 辆战车逃往巴比伦，可惜他投奔错了地方。此时的加喜特王朝正在经历王室动荡，巴比伦城内各方势力错综复杂。当阿基泰苏普抵达巴比伦时，巴比伦国王与一位亚述公主的婚姻谈判即将开始，阿基泰苏普随即被杀。他的悲惨命运只是亚述国王试图在巴比伦建立影响力的后果之一。赫梯的立场则截然不同。苏皮鲁流马面对此时的米坦尼，采用了新策略，他宣布米坦尼新国王舒塔尔纳三世是他的敌人，他要向米坦尼民众提供救济，以对抗他们的暴君舒塔尔纳三世的蹂躏，并宣称他从未到达大河东岸，从未拿走米坦尼国土上的哪怕一根稻草或一块木头。作为米坦尼的朋友，他为米坦尼人民所挑选的新的统治者是图什拉塔的儿子萨提瓦扎。这又是一位在位国王的挑战者，当然具有声索王位的资格。这位王子首先也是向巴比伦逃亡，但发现自己和阿基泰苏普一样不受欢迎，只好转向西北，来到他父亲一生的死敌赫梯国王面前。历史仿佛正在重演，这一次，事情终于向着苏皮鲁流马期待的方向发展。他将儿子皮亚西里任命为附属国卡尔开美什国王，令其助萨提瓦扎出兵米坦尼，并最终获胜，萨提瓦扎获得米坦尼王位。之后，苏皮鲁流马与萨提瓦扎签订条约，但因此时两国的相对地位明显不同往日，萨提瓦扎被降级为“儿子”的地位，与苏皮鲁流马之子、卡尔开美什封王的地位相同，且还要受其节制。赫梯国王将对萨提瓦扎个人的保护转移并扩大为对后者整个王国的保护。直到赫梯受瘟疫困扰时，萨提瓦扎方才得以趁机拒绝“儿子”的地位。但此时的亚述更为强大，萨提瓦扎的继任者被亚述国王阿达德尼拉里所俘，被迫立誓每年向亚述提供贡品。在接下来的数十年中，米坦尼一再反抗亚述，希望重获独立，就像当年亚述反抗米坦尼一样。到公元前 13 世纪中叶，米坦尼的西半部是赫梯帝国的一部分，东半部是中亚述王朝的一部分，曾经煊赫一时的帝国已经彻底消亡。

在米坦尼衰落的同时，赫梯与埃及的关系也日趋紧张。塞提一世袭击了赫梯边境的阿穆如。当阿穆如国王本特西纳最终倒向塞提一世之子拉美西斯二世时，这一事件成为赫梯与埃及紧张多年的关系走向激烈冲突的导火索。

公元前 1275 年，赫梯与埃及正式“摊牌”宣战。穆瓦塔里二世召集了一支庞大的军队，由赫梯人和帝国在安纳托利亚与叙利亚所有附属国家的联军组成，米坦尼也派出了军队，哈吐什里甚至带来了一支卡什卡人军队。当拉美西斯跨入最南端的赫梯附属国卡叠什时，遇到的两个贝都因人告诉他，赫梯军队仍在叙利亚最北部。拉美西斯立即亲率前锋阿蒙军团，希望在遭遇赫梯军队之前，抢先夺取尽可能多的赫梯领土。然而，贝都因人是赫梯间谍，埃及人中了赫梯人的反间计，赫梯军队实际上隐藏在卡叠什的后面。当埃及第二军团（拉神军团）匆匆经过这座城市时，赫梯人袭击并将其分割，然后转向北方袭击现已孤立的阿蒙军团。如果赫梯人一鼓作气英勇作战到底，很可能活捉拉美西斯二世，历史将会改写。但赫梯人误认为这场战斗已经结束，在他们被一支来自西方的小股军队（可能是阿穆如军队，也可能是一支沿岸的埃及海军派出的军队）突然袭击时开始抢劫埃及营地的财物。拉美西斯此时表现出个人的勇气来弥补他的战略失误，设法逃出包围圈，逃回他幸存的两个军团。赫梯人占据了阵地，但精疲力竭，直到几天后才开始追赶。与此同时，主要的战争导火索——阿穆如的本特西纳被罢黜，移交给哈吐什里，阿穆如回到了赫梯阵营。赫梯人与埃及人发现均无力向前推进，随即各自撤兵，拉美西斯在埃及单方面宣布他获得了伟大的胜利。

之后，赫梯与埃及均无力在叙利亚击败对方，双方打打停停，且各自遇到另外棘手的难题。穆瓦塔里去世后，赫梯经历了国内的政治动荡，穆瓦塔里之子，新任国王穆尔什里三世在与叔父哈吐什里的权势争夺中落败被废。篡位的哈吐什里三世迫切需要肃清已被罢黜的侄子的影响力，稳固自己在国内的统治。埃及的边境地区此时也不太平。另外，正在崛起的亚述越来越成为新的威胁。在这种形势下，最终迎来赫梯国王哈吐什里三世和埃及国王拉美西斯二世和平条约的签订，公元前1245年，赫梯公主远嫁埃及，进入拉美西斯二世的后宫。近东地区的两大帝国恢复和平共处，和同为一家。

赫梯与埃及最终和平的确立对双方均有利。从哈吐什里三世的角度来看，他在外获得了埃及这样一个古老且强大帝国的正式承认，有助于他稳固自己在整个近东地区大国俱乐部中的地位和他在国内的统治；从拉美西斯二世的角度来看，《银板条约》取消了自图坦哈蒙时代以来赫梯所有在叙利亚地区额外的领土征服的效果，二者的边界被重新拉回当年埃及与米坦尼的边界，只是米坦尼换成了如今的赫梯。在边界线附近，西米拉是铜进入黎凡特的主要入境口岸，卡叠什则是锡贸易通往埃及的主要过境点。埃及控制了西米拉，赫梯则像当年的米坦尼一样控制卡叠什，双方通过这样一种相互控制系统确保彼此都能获得资源的稳定供应。

帝国时代的赫梯最重要的对手先后是米坦尼、埃及与亚述，加喜特王朝难得地与赫梯保持了从未交兵的记录。同时，鉴于亚述的直接威胁，巴比伦在大部分时间都将赫梯视为重要的盟友。一封赫梯国王哈吐什里三世写给巴比伦国王卡达什曼恩利尔二世的书信提到，在前者的前任穆瓦塔里二世在位时，双方已经建立了友好的外交关系，信中的措辞表明，两国的条约加强了这种关系。但是，信中也提到，卡达什曼恩利尔二世的前任卡达什曼图尔古虽然曾经承诺，若埃及与赫梯发生冲突，巴比伦王将派遣步兵和战车兵支持赫梯国王，但他拒绝引渡哈吐什里三世的一位未具名的敌人，这个人很可能是已从放逐地逃跑的穆尔什里三世/乌尔黑泰苏普，他之后成功逃往阿穆如，继而逃至埃及[1]。赫梯与

[1] 哈吐什里三世致卡达什曼恩利尔二世的信，参见 Beckmann 1999:139, 141。

巴比伦可能因此暂时交恶，直到卡达什曼恩利尔二世时代才逐渐恢复友好关系。

在公元前 13 世纪的后半叶，近东世界再次进入相对和平的时代。各位“大王”之间互通书信，互派大使，互换礼物，王室恢复联姻。但是，这一时期的书信相对于阿玛尔那时代，更多地提及军队和可能的军事威胁。由苏皮鲁流马一世搅动的风云并未完全散去，亚述尽管已取代米坦尼成为新的大国俱乐部成员，但它明显更具侵略性。尤其是在赫梯与亚述之间，矛盾并未随着暂时的和平有所减退。但在很大程度上，国王们能够控制亚述，并享受联盟带来的益处。正如一位赫梯国王写信给巴比伦国王所说，“当你父亲和我建立友好关系并成为深情的兄弟时，我们可不只是一天的兄弟。我们不是建立了永恒的兄弟情谊和友好关系吗?”最终，真正的胜利者不是任何一个大国，而是兄弟情谊的理念。

结　语

上古时期的国际交往早已远离我们的生活和视线，以至于现代国际关系史对相当多概念和活动的溯源经常来自陈旧的材料和陈陈相因的观点，将《银板条约》中的引渡视为世界史上最早出现的引渡记载即是一例。经过梳理相关文献可知，引渡在古代近东有着悠久的历史。即使将考查范围限于赫梯文献，引渡出现的时间也远早于《银板条约》的时间。赫梯国家的引渡现象存在于条约等各类文献的记载中，由于赫梯条约文献的丰富程度在古代近东首屈一指，使得赫梯国家的引渡具有了研究的典型意义和可能性。赫梯人在外交背景的文献中，借用表示“归还”之义的词组来表示“引渡”的含义。

在《赫梯法典》中，成文于古王国时期的某些条款已有关于被诱拐至外国的自由人和逃亡至外国的奴隶的索回内容，说明赫梯人早在此时已经有了初步的引渡思想。古王国晚期，在公元前 16—前 15 世纪之交，赫梯国王铁列平与基祖瓦特那国伊什普塔赫苏国王的条约中可能已有引渡条款。中王国时期，大约在公元前 15 世纪上半叶，赫梯国王塔胡尔瓦伊里与基祖瓦特那国埃海亚国王的条约中已有明确的两国间的引渡逃犯的规定，这是赫梯史上现存最早的关于引渡的明确记载。

《赫梯法典》中涉及的对被诱拐自由人和逃亡奴隶的追讨规定是古代近东各国奴隶逃亡与政府反奴隶逃亡中的一例。当人与人之间要求归还走失的牲畜、逃亡的奴仆等约定俗成的原则和做法扩大至国与国之间时，引渡就出现了。《赫梯法典》中追讨自由人和逃奴的条款所限制的尽管是国与国之间的逃亡行为，但由于王室或政府之间交涉的色彩尚不明确，有可能赫梯国家尚未尝试通过与逃亡者的避难国官方交涉的方式来索回逃犯，法典中所表现的只是赫梯单方面试图将逃亡者追回。因此，文献中这一时期赫梯索回逃犯的行为只能看作是赫梯国家引渡的萌芽。

古王国晚期至中王国时期的一组基祖瓦特那条约是现存最早的赫梯条约，其中，引渡规定一开始就是比较成熟的状态。因此，很可能在此之前赫梯已经进行过相当长时间引渡方面的探索与实践。但毕竟赫梯文献中现存确切的引渡记载最早出现于赫梯国王塔胡尔瓦伊里与基祖瓦特那国埃海亚国王的条约中，如果以此条约中相关条款的出现作为赫梯历史上确切的最早的引渡记载，则引渡产生的主要原因不是试图追讨逃亡奴隶，而是试图阻止和追讨逃亡政治犯。稍后的条约中对工具和财产的追缴也是引渡规定的重要内容，因此，试图防止和应对生产和生活资料流失可能是引渡产生的重要原因。

随着国内外形势的不断变化，赫梯国家的引渡也经历了一个发展演变的过程。从有确切记载的引渡出现时起，直至帝国覆灭，赫梯与安纳托利亚半岛上的其他国家、叙利亚北部和中部的邦国、米坦尼、埃及、巴比伦之间均有引渡交涉的记载，与这些国家中的大部分达成了单向或双向的引渡协议，引渡问题始终是赫梯外交中不可缺少、无法回避的重要内容，甚至在赫梯国王的对内统治中也占据重要地位。

赫梯国家的引渡在演变过程中，包含了日益丰富的历史内容。由于达成引渡协议的国家间的相对地位不同，引渡的种类便有了单向和双向的区别；由于引渡对象的身份和引渡的请求与被请求国的自身利益不同，不同引渡对象的命运之间、不同引渡交涉的结果之间便有了很大差异。引渡的演变与赫梯历史的发展紧密交织在一起，它从仅仅是一种观念发展为一整套赫梯与他国之间比较规范和制度化的预防逃亡行为、追讨逃亡人员的机制，是国家间政治博弈的手段和相互妥协与合作的一种表现形式，在稳定赫梯国家的政治局势和维护帝国同盟的经济利益等方面很可能具有一定作用，在形式上已经具备国际司法协助的某些要素。引渡机制的建立及其体现出的引渡思想的发展是赫梯文明所取得的成就之一。

青铜时代晚期的东地中海世界，国际化程度之深前所未有，赫梯国家的引渡活动就在这一背景下展开，并具备了超越赫梯国界的更广大范围内的重要意义。建立引渡机制作为外交合作的重要方式，与政治联姻、王室赠礼等方式一道，将赫梯与整个近东世界联系在一起。但在赫梯与他国之间所有交往与联系的手段中，以条约中详细规定的引渡最为规范化，这种规范化使各国的外交关系可以具有更少的变数，更加趋向常规化和秩序化，也就具有更强的稳定性。同时，赫梯和外部世界形势的不断变化也反过来推动引渡规定不断调整，赫梯国家的引渡机制在不断地自我完善，并最终出现了保护被引渡人人身安全的内容，这是人类引渡史上极为重要的进步。

赫梯国家的引渡随着赫梯帝国在安纳托利亚的崩溃而结束。虽然现在已经知晓，赫梯人的某些文明成就，如冶铁术，是由赫梯垄断多时，直至其灭亡之后才在东地中海世界扩散开来，但对于一个三千余年前的古老文明的某项具体的机制而言，在它所依附的政权本身灭亡之后，如果没有较多的文献证明，那么，它在不同区域、不同时间中的影响乃至传承则很难追踪。因此，如今尚无法确切地判断，后世的引渡和引渡制度是否受到了赫梯国家引渡的直接或间接的影响。

作为青铜时代晚期东地中海世界的“一极”，赫梯文明是东中海文明圈重要的组成部分。近东地区孕育了人类最早的文明，自公元前三千纪以来，大大小小的国家间的外交往来即已出现在文献记载中。“兄弟情谊”和外交使团的最早记录与有组织战争的最早记录相吻合，这表明战争与和平这一对看似矛盾的现象自人类文明之始即是密不可分的。拥有正式的盟友对古代国王至关重要，这可以使他们互相交换奢侈品以展示权力并获得经济利益，提高地缘政治安全性，通过建立国王与国王之间的兄弟关系从而在混乱中创造秩序。作为诸多人类历史上“第一次”出现的所在，近东地区也是第一批发现和平共处益处的国王们的家园。

在青铜时代晚期，和平和兄弟情谊而不是军事力量，成为外交的目标。在阿玛尔那时期，信件主要是关于礼物、使节和婚姻，几乎没有讨论过战争。部分原因可能是各大国国王的国土相距太远，不适合进入汉穆拉比时代的持续战斗状态。这同时意味着大国国王之间的会面也相当困难，目前没有任何这种情形的记载。和平条约似乎发挥了重要作用，各王国通常处于和平状态。

与此同时，另一个变化发生了。遥远的各国首先通过间接贸易，然后通过直接贸易，之后是外交接触，最终成为受条约约束的盟友。随着时间的推移，世界上越来越多的地方（至少是近东世界）的行为被认为是熟悉和可预测的。人们在路上看到的外国人越来越多，有商人、使节、工匠、翻译员、送货员等等。艺术家们采用了来自其他国家的主题，王室变得越来越国际化。

但这并不意味着不同地区的文化和行为模式的差异性在降低。尽管“文化模式”的分析方式已经老套，但这种标签化的做法可以迅速地将各个不同的族群甚至文化传统区别开来。如果青铜时代晚期的各大国君主确有“峰会”，或可看到赫梯人相当具有法律头脑，总是渴望做“正确”的事；亚述人太急于充当领导者，并希望别人忘记其卑微的出身；自认为高人一等的无聊的埃及人，总是处于“退出游戏”的边缘；颓废传统的加喜特国王身上文雅和粗鲁的举止同时出现。各个国家的君主通过翻译员可以进行交流，并遵守共同的国际交往准则。[1]他们在自己的“兄弟”面前，可以自如地从面向国内受众的宣传方式切换为去中心化的平等沟通方式。

随着东地中海文明世界的“崩溃”，这一切最终在公元前 12 世纪结束。迈锡尼和赫梯帝国的城市被遗弃或烧毁，乌伽里特和其他迦南城市遭到袭击，加喜特巴比伦被埃兰人征服，中亚述的疆域缩小，埃及帝国走向长期衰落。诸多研究表明，这场危机是多方面综合因素作用的结果，之前重新实现平衡的近东国际秩序未能阻挡危机的发生和影响。

[1] Liverani 2001:197.

古代近东没有出现像司马迁和班固或希罗多德和修昔底德那样的古代史家并形成得到现代（西方）史学普遍认可的历史编纂传统。但这不是由于古代近东缺乏历史编纂传统，而是由于现代人缺乏对古代近东相关文献和历史编纂传统的理解。但即便如此，近东地区总量繁杂但时空分布极不均衡的文献和考古资料仍提供了许多可以书写的历史篇章，人们从中可以了解到古代的人们如何发现彼此，并通过战争与和平的方式解决他们的分歧。在所有和平的交往途径中，引渡尤其是赫梯国家的引渡现象，以其复杂性和制度化等特征成为不可忽视的国际合作方式之一。

参考文献

中文部分：

奥本海[德]　2017＝《奥本海国际法》，岑德彰译，上海社会科学出版社。

布罗代尔[法]　2005＝费尔南·布罗代尔：《地中海考古——史前史和古代史》，蒋明炜等译，社会科学文献出版社。

樊文　2016＝《德国的引渡制度：原则、结构与变化》，载《环球法律评论》，第4期，127—146。

胡城军　2019＝《〈欧盟与美国引渡协议〉研究》，载《武大国际法评论》，第5期，123—144。

黄芳　2019＝《美国引渡制度研究》，载《法律适用》，第15期，63—73。

黄风　1997＝《引渡制度》(增订本)，法律出版社。

黄风　2007＝《国际刑事司法协助制度的若干新发展》，载《当代法学》，第6期，10—19。

黄风、陶琳琳　2020＝《关于〈中华人民共和国引渡法〉修订的几个主要问题》，载《吉林大学社会科学学报》，第4期，5—14。

冀莹　2021＝《美加引渡制度：实践与挑战》，载《国际商务（对外经济贸易大学学报）》，第1期，125—140。

金寿福　2005＝《世界古代中世纪史》，黄洋等主编，复旦大学出版社。

李万熙[韩]　2002＝《引渡与国际法》，马相哲译，法律出版社。

李永胜　2020＝《从国际法上看引渡第三国国民问题》，载《国际法研究》，第 6 期，3—25。

李政　1996＝《赫梯文明与外来文化》，江西人民出版社。

李政　2006a＝《赫梯条约研究》，昆仑出版社。

李政　2006b＝《论赫梯历史上基祖瓦特那条约的类型》，载《东方研究·古代东方文明专辑》，经济日报出版社，246—257。

李政　2018＝《赫梯文明研究》，昆仑出版社。

李政　2020＝《论赫梯帝国的建立和巩固》，《古代文明》第 14 卷第 4 期，22—31。

令孤若明　2007＝《世界上古史》，吉林大学出版社。

刘昌玉　2022＝《历史上最早的国际条约〈埃卜拉—阿巴尔萨条约〉译注》，《世界历史评论》2022 年第 3 期，281—290。

刘代华　2004＝《国际犯罪与跨国犯罪研究》，齐文远、刘代华著，北京大学出版社。

刘健　1998＝《赫梯文献中的阿黑亚瓦问题——小亚与希腊早期关系新探》，载《世界历史》，第 4 期，97—104。

刘健　1999＝《赫梯年代学研究的历史及现状》，载《世界诸古代文明年代学研究的历史与现状》，东北师范大学世界古典文明史研究所编，世界图书出版公司，45—68。

刘文鹏　2005＝《古代埃及史》，商务印书馆。

刘文鹏　2007＝《世界上古史纲》，林志纯主编，天津教育出版社。

马进保　2007＝《现代引渡制度及其发展趋势》，载《国际刑事司法协助专题整理》，陈灿平编，中国人民公安大学出版社，281—296，原载《政法论坛》，1993 年第 2 期。

聂国梅　2004＝《论引渡制度》，载《遵义师范学院学报》，第 6 卷第 2 期，12—14。

钱其琛　2005＝《世界外交大辞典》，世界知识出版社。

斯塔夫里阿诺斯[美]　2005＝《全球通史》(第 7 版)，王昶、徐正源译，北京大学出版社。

王铁涯　1996 =《中华法学大辞典：国际法学卷》，中国检察出版社。

吴宇虹　2009 =《古代西亚塞姆语和印欧语楔形文字和语言》，东北师范大学出版社。

颜海英　2004 =《世界文明史》（上），马克垚主编，北京大学出版社。

周鲠生　2007 =《国家法》（上），武汉大学出版社。

周启迪　2006 =《世界史·古代卷》，杨共乐、彭小瑜主编，高等教育出版社。

朱龙华　1991 =《世界历史》（上古部分），北京大学出版社。

邹江江　2019 =《附条件引渡研究》，华中科技大学出版社。

西文部分：

Alp 1950 = Sedat Alp, "Die soziale Klasse der NAM.RA Leute und ihre hethitische Bezeichnung", *JKF* I—II:113—135.

Alp 1991 = S. Alp, *Hethitische Briefe aus Maşat-Höyük*. Ankara: Türk Tarih Kurumu.

Altaweel 2018 = Mark Altaweel and Andrea Squitieri, *Revolutionizing a World: From Small States to Universalism in the Pre-Islamic Near East*. London: UCL Press.

Akkermans 2003 = Peter M. M. G. Akkermans, and Glenn M. Schwartz, *The Archaeology of Syria: From Complex Hunter-Gatherers to Early Urban Societies (c.16000—300 BC)*. Cambridge: Cambridge University Press.

Archi 1980 = A. Archi & H. Klengel, "Ein hethitische Text über den Kult", *AoF* 7:143—156.

Archi 2003 = A. Archi and Maria Giovanna Biga, "A Victory over Mari and the Fall of Ebla." *Journal of Cuneiform Studies* 55:1—44.

Beal 1986＝Richard H. Beal, "The History of Kizzuwatna and the Date of the Sunnassura Treaty", *OrNS* 55:424—445.

Beal 1995＝Richard H. Beal, "Hittite Military Organization," in *Civilizations of the Ancient Near East*, Vol.I—II, Jack M. Sasson, ed., New York: Scribner, 545—554.

Beal 2000＝Richard H. Beal, "The Ten Year Annals of Great King Muršili II of Hatti." in *The Context of Scripture 2*, edited by William W. Hallo, Leiden: Brill, 82—90.

Beal 2011＝Richard H. Beal, "Hittite Anatolia: A Political History." in *The Oxford Handbook of Ancient Anatolia*, *10000—323 B.C.E.*, edited by Sharon R. Steadman and John Gregory McMahon, Oxford: Oxford University Press, 579—603.

Beckman 1995＝Gary Beckman, "Royal Ideology and State Administration in Hittite Anatolia," in *Civilizations of the Ancient Near East*, Vol.I—II, Jack M. Sasson, ed., New York: Scribner, 529—543.

Beckman 1997＝Gary Beckman, "Plague Prayers of Mursili II," in *The Context of Scripture*, Vol.I, William W. Hallo, ed., Leiden, New York: Brill, 156—159.

Beckman 1999＝Gary Beckman, *Hittite Diplomatic Texts*. 2nd ed. Atlanta, Ga.: Society of Biblical Literature.

Biga 1987＝Maria Giovanna Biga, "Femmes de la famille royale d'Ebla." In *La femme dans le Proche-Orient antique*, edited by Jean-Marie Durand, 41—47. Paris: A.D.P.F.

Boivin 2018＝O. Boivin, *The First Dynasty of the Sealand in Mesopotamia*. Berlin: De Gruyter.

Boivin 2022＝O. Boivin, "The Kingdom of Babylon and the Kingdom of the Sealand." In *The Oxford History of the Ancient Near East. Volume 2: From the End of the Third Millennium BC to the Fall of*

Babylon, edited by Karen Radner, Nadine Moeller, and D. T. Potts, 566—655. Oxford: Oxford University Press.

Bryce 1998 = Trevor Bryce, *The Kingdom of the Hittites*, Oxford: Clarendon Press.

Bryce 2003 = Trevor Bryce, *Letters of the Great Kings of the Ancient Near East: The Royal Correspondence of the Late Bronze Age*. New edition. London: Routledge.

Bryce 2005 = Trevor Bryce, *The Kingdom of the Hittites*. Oxford: Oxford University Press.

Cammarosano 2012 = M. Cammarosano, "Hittite Cult Inventories, Part 2: The Dating of the Texts and the Alleged 'Cult Reorganization' of Tudhaliya IV." *AoF* 39:3—37.

Cammarosano 2018 = M. Cammarosano, *Hittite Local Cults*. Atlanta: SBL Press.

Catagnoti 2003 = Amalia Catagnoti, "Ebla." In *A History of Ancient Near Eastern Law*, edited by Raymond Westbrook, 232—233. Leiden; Boston: Brill.

Cavaignac 1932 = Eugene Cavaignac, "L'affaire de Iaruvatta", *RHA* 6:189—200.

Charpin 2004 = Dominique Charpin, Dietz Otto Edzard, and Marten Stol, "Histoire politique du Proche-Orient Amorrite (2002—1595)." In *Mesopotamien: Die altbabylonische Zeit*, 25—480. Fribourg: Academic Press.

Cohen 2002 = Yoram Cohen, *Taboos and Prohibitions in Hittite Society, A Study of the Hittite Expression natta āra ("not permitted")*, Heidelberg: Carl Winter-Universitätsverlag.

Czichon 2016 = R.M. Czichon, "Archäologische Forschungen am Oymaağaç Höyük/Nerik, 2011—2015." *MDOG* 148:5—141.

Doğan-Alparslan 2017 = Meltem Doğan-Alparslan, Andreas Schachner, and Metin Alparslan, eds., *The Discovery of an Anatolian Empire*: *A Colloquium to Commemorate the 100th Anniversary of the Decipherment of the Hittite Language* (*November 14th and 15th*, *2015*; *Istanbul Archaeological Museum - Library*). Beyoğlu-İstanbul: Türk Eskçiağ Bilimleri Enstitüsü.

Dossin 1938 = Georges Dossin, "Les archives épistolaires du palais de Mari." *Syria*: *Revue d'art oriental et d'archéologie* 19 (2):105—126.

Edel 1983 = Elmar Edel, "Der ägyptisch-hethitische Friedensvertrag zwischen Ramses II. und Hattusili III.," in *TUAT*, I, Otto Kaiser, ed., Gütersloh: Gütersloher Verlagshaus Gerd Mohn, 135—143.

Eidem 2003 = Jesper Eidem, "International Law in the Second Millennium: Middle Bronze Age." In *A History of Ancient Near Eastern Law*, edited by Raymond Westbrook, 748—752. Leiden; Boston: Brill.

Elgavish 2003 = David Elgavish, "Extradition of Fugitives in International Relations in the Ancient Near East." *Jewish Law Association Studies* 14:33—57.

Faulkner 1975 = R. O. Faulkner, "Egypt: From the Inception of the Nineteenth Dynasty to the Death of Ramesses III," in *CAH*, II.2: 217—251.

Friedrich 1925 = Johannes Friedrich, "Aus dem hethitischen Schrifttum", 1, Heft. *AO* 24/3:24—27.

Friedrich 1926 = Johannes Friedrich, *Staatsverträge des Hatti-Reiches in hethitischer Sprache*, *I*, *Mitteillungen der Vorderasiatisch-Ägyptischen Gesellschaft 31/1*. Leipzig: Hinrichs.

Friedrich 1930 = Johannes Friedrich, *Staatsverträge des Hatti-Reiches in hethitischer Sprache*, *II*, *Mitteillungen der Vorderasiatisch-Ägyptischen Gesellschaft 34/1*. Leipzig: Hinrichs.

Garstang 1959 =John Garstang & O. R. Gurney., "The Geography of the Hittite Empire" , *Occasional Publications of the British Institute of Archaeology in Ankara* 5, London: British Institute of Archaeology at Ankara.

Gilan 2007 = A. Gilan, "How Many Princes Can the Land Bear? Some Thoughts on the Zalpa Text (CTH 3)." in *VI Congresso Internazionale di Ittitologia*, *Vol.I.*, edited by A. Archi and R. Francia, Rome: Istituto di Studi sulle Civiltà dell'Egeo e del Vicino Oriente, 305—318.

Götze 1930 = Albrecht Götze, "Die Pestgebete des Mursilis, " *Kleinasiatische Forschungen* 1, 204—235.

Götze 1955 = Albrecht Götze, "Treaty between Hattusilis and Ramses II, " in *Ancient Near Eastern Texts Relating to the Old Testament*, 2nd edition, James B. Pritchard, ed., Princeton: Princeton University Press, 201—206.

Götze 1969 = Albrecht Götze, "The Hittite Laws, " in *Ancient Near Eastern Texts Relating to the Old Testament*, 3rd edition with supplement, James B. Pritchard, ed., Princeton: Princeton University Press, 188—197.

Grandet 2022 = Pierre Grandet. "Egypt's New Kingdom in Contact with the World." In *The Oxford History of the Ancient Near East. Volume 3: From the Hyksos to the Late Second Millennium BC*, edited by Karen Radner, Nadine Moeller, and D. T. Potts, 367—454. Oxford: Oxford University Press.

Grayson 1991 = A.K. Grayson, *Assyrian Rulers of the Early First Millennium BC 1 (1114—859 BC)*. Royal Inscriptions of Mesopotamia: Assyrian Period 2. Toronto: University of Toronto Press.

Gurney 1948 = O. R. Gurney, "Mita of Pahhuwa" , *Liverpool Annals of Art and Archaeology* 28:32—47.

Haase 1984 = R. Haase, *Texte zum hethitischen Recht*. *Eine Auswahl*, Wiesbaden: Reichert.

Hallo 1997—2017 = William W. Hallo and K. Lawson Younger, eds., *The Context of Scripture*. Vol.1—4. Leiden: Brill.

Hawkins 1995 = John David Hawkins, *The Hieroglyphic Inscription of the Sacred Pool Complex at Hattusa* (*SÜDBURG*). Wiesbaden: Harrassowitz.

Heimpel 2003 = Wolfgang Heimpel, *Letters to the King of Mari*. Winona Lake: Eisenbrauns.

Heinhold-Krahmer 1977 = Suzanne Heinhold-Krahmer, "Arzawa: Untersuchungen zu seiner Geschichte nach den hethitischen Quellen", *Texte der Hethiter* 8, Heidelberg: Carl Winter-Universitätsverlag.

Heinhold-Krahmer 2007 = S. Heinhold-Krahmer. "Zu diplomatischen Kontakten zwischendem Hethiterreich und dem Land Ahhiyawa." In *Keimelion*: *Elitenbildung und elitärer Konsum von der mykenischen Palastzeit bis zur homerischen Epoche*. *Akten des Internationalen Kongresses vom 3. bis 5. Februar 2005 in Salzburg*, edited by E. Alram-Stern and G. Nightingale, 191—207. Wien: Österreichische Akademie der Wissenschaften.

Hoffner 1975 = H.A. Hoffner, "Propaganda and Political Justification in Hittite Historiography." in *Unity and Diversity*: *Essays in the History*, *Literature*, *and Religion of the Ancient Near East*, edited by H. Goedicke and J.J.M. Roberts, Baltimore: Johns Hopkins University Press, 49—62.

Hoffner 1982 = Harry A. Hoffner, "The Milawata Letter Augmented and Reinterpreted," in *Vorträge gehalten auf der 28. Rencontre Asszriologique Internationale in Wien 6.—10. Juli 1981*., Hans Hirsch, ed., Horn, Austria: Ferdinand Berger and Söhne, 130—137.

Hoffner 1995 = Harry A. Hoffner, “Legal and Social Institutions of Hittite Anatolia,” in *Civilizations of the Ancient Near East*, Vol.I—II, Jack M. Sasson, ed., New York: Scribner, 555—569.

Hoffner 1997a = Harry A. Hoffner, *The Laws of the Hittites*, New York: Brill.

Hoffner 1997b = Harry A. Hoffner, “Deeds of Suppiluliuma,” in *The Context of Scripture*, Vol.I, William W. Hallo, ed., Leiden, New York: Brill, 185—192.

Hoffner 2000 = Harry A. Hoffner, “Hittite Laws,” in *The Context of Scripture*, Vol.II, William W. Hallo, ed., Leiden, New York: Brill, 106—119.

Hoffner 2008 = Harry A. Hoffner, and Harold C. Melchert, *A Grammar of the Hittite Language* (*I—II*). Winona Lake: Eisenbrauns.

Hoffner 2009 = Harry A. Hoffner, *Letters from the Hittite Kingdom*. Edited by Gary M. Beckman. Atlanta: Society of Biblical Literature.

Imparati 1974 = F. Imparati, *Una concessione di terre da parte di Tudhaliya IV*. Paris: Klincksieck.

James 2000 = Alan James, “Egypt and Her Vassals: The Geopolitical Dimension,” in *Amarna Diplomacy*, Raymond Cohen & Raymond Westbrook, eds., Baltimore and London: The Johns Hopkins University Press, 112—125.

Kempinski 1979 = A. Kempinski & S. H. Koëak, “Der Ismeriga-Vertrag”, *WO* 5:191—217.

Kitchen 2012a = K.A. Kitchen and P.J.N. Lawrence, *Treaty, Law and Covenant in the Ancient Near East. Part 1: The Texts*. Wiesbaden: Harrassowitz.

Kitchen 2012b = Kenneth A. Kitchen and Paul J.N. Lawrence,

eds., *Treaty, Law and Covenant in the Ancient Near East. Part 2: Text, Notes and Chromograms*. Wiesbaden: Harrassowitz Verlag.

Korosec 1931 = V. Korosec, *Hethitische Staatsverträge. Ein Beitrag zu ihrer juristischen Wertung*, Leipzig: T. Weicher.

Kühne 1971 = Kühne et al., "Der Sausgamuwa-Vertrag", *Studien zu den Bogazköy-Texten* 16, Wiesbaden: Otto Harrassowitz, 7—21.

Lackenbacher 2000 = Sylvie Lackenbacher, "Ugarit between Egypt and Hatti", *Near Eastern Archaeology*, Vol.63, No. 4:194.

Lambert 2007 = W.G. Lambert, *Babylonian Oracle Questions*. Winona Lake, IN: Eisenbrauns.

Lebrun 1992 = Rene Lebrun, "Les traits hittites," in *Traites et serments dans le proche-orient ancient*, Supplement au Cahier Evangile 81, Jacques Briend et al., Paris: Impressions Dumas, 15—59.

Liverani 1964 = Mario Liverani, "L'estradizione dei rifugiati in AT 2", *RSO* 39:111—115.

Liverani 1990 = Mario Liverani, *Prestige and Interest: International Relations in the Near East ca. 1600—1100 BC*, Padova: Sargon.

Liverani 2001 = Mario Liverani, *International Relations in the Ancient Near East (1600—1100 BC)*, New York: Palgrave.

Liverani 2014 = Mario Liverani, *The Ancient Near East: History, Society and Economy*. Translated by Soraia Tabatabai. London; New York: Routledge.

Luckenbill 1921 = D. D. Luckenbill, "Hittite Treaties and Letters", *AJSL* 37:161—211.

Machinist 1982 = P. Machinist, "Assyrians and Hittites in the Late Bronze Age," in *Mesopotamien und Seine Nachbarn* (Proceedings of the 25th Rencontre Assyriologique Internationale, Berlin, 1978), Berlin, 265—267.

Marchetti 2015 = N. Marchetti, "Karkemish: New Discoveries in the Last Hittite Capital." *Current World Archaeology* 70:18—25.

Matessi 2016 = Alvise Matessi, "The Making of Hittite Imperial Landscapes: Territoriality and Balance of Power in South-Central Anatolia during the Late Bronze Age." *Journal of Ancient Near Eastern History* 3 (2):117—162.

McMahon 1989 = Gregory McMahon, "The History of the Hittites", *The Biblical Archaeologist*, Vol.52, No. 2/3:62—77.

McMahon 1997 = Gregory McMahon, "Instructions to Priests and Temple Officials", "Instructions to Commanders of Border Garrisons", "Instructions to the Royal Guard," in *The Context of Scripture*, Vol.I, William W. Hallo, ed., Leiden, New York: Brill, 217—230.

Michalowski 1993 = Piotr Michalowski, *Letters from Early Mesopotamia*. Atlanta: Scholars Press.

Miller 2020 = J.L. Miller, "Are There Signs of a Decline of the Late Hittite State in Textual Documentation from Hattuša?" in *Anatolia between the 13th and 12th Century BCE*, edited by S. de Martino and E. Devecchi, Florence: LoGismo, 237—255.

Moran 1992 = William L. Moran, *The Amarna Letters*, Baltimore and London: The Johns Hopkins University Press.

Munn-Rankin 1956 = J. M. Munn-Rankin, "Diplomacy in Western Asia in the Early Second Millennium BC." *Iraq* 18 (1):68—110.

Munn-Rankin 1975 = J. M. Munn-Rankin, "Assyrian Military Power 1300—1200 B.C.", *CAH* II.2:274—306.

Nemet-Nejat 1998 = Karen Rhea Nemet-Nejat, *Daily Life in Ancient Mesopotamia*, Westport: Greenwood Press.

Neve 1993 = P. Neve, *Stadt der Götter und Tempel*, Mainz: Verlag P. von Zabern.

Oppenheim 1967 = A. Leo Oppenheim, *Letters from Mesopotamia*, Chicago: University of Chicago Press.

Otten 1967 = Heinrich Otten, "Ein hethitischer Vertrag aus dem 15./14. Jahrhundert v. Chr. (KBo 16.47)", *IM* 17:55—62.

Otten 1969 = Heinrich Otten, "Sprachliche Stellung und Datierung des Madduwatta-Textes", *Studien zu den Bogazköy-Texten* 11, Wiesbaden: Otto Harrassowitz.

Otten 1971 = Heinrich Otten, "Das Siegel des hethitischen Grosskönigs Tahurwaili", *MDOG* 103:59—68.

Postgate 1992 = J. N. Postgate, *Early Mesopotamia: Society and Economy at the Dawn of History*. London; New York: Routledge.

Pritchard 1969 = James B. Pritchard, *The Ancient Near East: Supplementary Texts and Pictures Relating to the Old Testament*, Princeton: Princeton University Press.

Sasson 1984 = Jack M. Sasson, "Thoughts of Zimri-Lim." *Biblical Archaeologist* 47 (2):110—120.

Schachner 2011 = A. Schachner, *Hattuscha: Auf der Suche nach dem Sagenhaften Großreich der Hethiter*. Munich: Beck.

Schniedewind 2015 = William M. Schniedewind and Zipora Cochavi-Rainey, eds. *The El-Amarna Correspondence. A New Edition of the Cuneiform Letters from the Site of El-Amarna Based on Collations of All Extant Tablets*. Translated by Anson F. Rainey. Leiden: Brill.

Seeher 2002 = Jürgen Seeher, *Hattusha-Guide: A Day in the Hittite Capital*. Istanbul: Ege Yayinlari.

Shaw 2000 = Ian Shaw, *The Oxford History of Ancient Egypt*. Oxford; New York: Oxford University Press.

Shearer 1971 = I. A. Shearer, *Extradition in International Law*, Manchester: Manchester University Press.

Singer 1984＝I. Singer, “The AGRIG in the Hittite Texts.” *AnSt* 34:97—127.

Singer 1985＝Itamar Singer, “The Battle of Nihriya and the End of the Hittite Empire”, *ZA* 75:100—123.

Singer 1999 = Itamar Singer, “A Political History of Ugarit,” in *Handbook of Ugaritic Studies*, Wilfred G. E. Watson & Nicolas Wyatt, eds., Boston: Brill, 603—730.

Singer 2000＝Itamar Singer, “The Treaty between Hatti and Amurru”, “Treaty between Mursili and Duppi-Tesub”, “Treaty between Tudhaliya and Sausgamuwa,” in *The Context of Scripture*, Vol.II, William W. Hallo, ed., Leiden: Brill, 93—95, 96—98, 98—100.

Singer 2002＝I. Singer, *Hittite Prayers*. Atlanta: Society of Biblical Literature.

Tischler 2004＝Johann Tischler, *Hethitisches Etymologisches Glossar*, Teil II, Lieferung 11/12, Innsbruck: Institut für Sprachwissenschaft der Universität Innsbruck.

Van De Mieroop 2004 = Marc Van De Mieroop, *A History of the Ancient Near East* (*ca. 3000—323*), Malden, MA: Blackwell.

van den Hout 1994 = T.P.J. van den Hout, “Der Falke und das Küken: Der neue Pharao und der hethitische Prinz.” *ZA* 84:60—88.

van den Hout 1997a＝T.P.J. van den Hout, “Apology of Hattušili III.” in *The Context of Scripture 1*, edited by W.W. Hallo and K. Lawson Younger, Leiden: Brill, 199—204.

van den Hout 1997b＝T.P.J. van den Hout, “The Proclamation of Telipinu.” in *The Context of Scripture 1*, edited by William W. Hallo and K. Lawson Younger, 194—198. Leiden: Brill.

van den Hout 2004＝T.P.J. van den Hout, “Some Thoughts on the Composition Known as Muršili’s Aphasia (CTH 486).” in *Studia Ana-*

tolica et Varia: *Mélanges offerts au Professeur René Lebrun*, edited by Michel Mazoyer and Olivier Casabonne, Paris: Kubaba, 359—380.

von Schuler 1957 = Einar von Schuler, "Hethitische Dienstanweisungen", *AfO* Beiheft 10:9—17, 22—30.

von Schuler 1965 = Einar von Schuler, *Die Kaškäer*. Berlin: de Gruyter.

von Schuler 1983 = Einar von Schuler, "Vertrag zwischen Suppiluliuma I. und Niqmaddu II. von Ugarit," in *TUAT*, I, Otto Kaiser, ed., Gütersloh: Gütersloher Verlagshaus Gerd Mohn, 131—134.

Warburton 2003 = David Warburton, "Love and War in the Late Bronze Age: Egypt and Hatti," in *Ancient Perspectives on Egypt*, Roger Matthews & Cornelia Roemer, eds., London: University College London Press, Institute of Archaeology, 75—101.

Weeden 2013 = M. Weeden, "After the Hittites: The Kingdoms of Karkamish and Palistin in Northern Syria." *Bulletin of the Institute of Classical Studies* 56:1—20.

Weeden 2022 = M. Weeken, "The Hittite Empire." in *The Oxford History of the Ancient Near East. Volume 3*: *From the Hyksos to the Late Second Millennium BC*, edited by Nadine Moeller, D. T. Potts, and Karen Radner, Oxford: Oxford University Press, 529—622.

Weidner 1923 = Ernst Weidner, "Politische Dokumente aus Kleinasien: Die Staatsverträge in akkadischer Sprache aus dem Archiv von Boghazköi," in *Boghazköi-Studien 8—9*, Leipzig: Hinrichs.

Westbrook 2000 = Raymond Westbrook, "International Law in the Amarna Age," in *Amarna Diplomacy*, Raymond Cohen & Raymond Westbrook, eds., Baltimore and London: The Johns Hopkins University Press, 28—42.

Wilhelm 1987 = G. Wilhelm, "Absolute Chronologie und die hethitische Geschichte des 15. und 14. Jahrhunderts v. Chr.," in *High*, *Middle or Low*, J. Astrom, ed., Gothenburg, 74—117.

西文出版物缩写(缩写词表内容及格式之标准皆从 CHD):

ABoT: Ankara Arkeoloji Müzesinde bulunan Bogazköy Tabletleri—Istanbul 1948

AfO: Archiv für Orientforschung—Berlin, Graz, Horn, Vienna

ÄHK: E. Edel, Die ägyptisch-hethitische Korrespondenz aus Boghazköi, I-II—Opladen 1994

AJSL: American Journal of Semitic Languages and Literatures—Chicago

AO: Der Alte Orient—Leipzig

AoF: Altorientalische Forschungen—Berlin 1974ff.

AU: F. Sommer, Die Ahhijava-Urkunden—Munich 1932

Bo: Inventory numbers of Bogazköy tablets excavated 1906—1912

CAH: The Cambridge Ancient History, 3rd edition—Cambridge 1970, 1971, 1973, 1975

CHD: The Hittite Dictionary of the Oriental Institute of the University of Chicago—Chicago 1980ff.

CTH: E. Laroche, Catalogue des textes hittites, 2nd edition.—Paris 1971

FHL: Fragments hittites du Louvre, in Mém. Atatürk 73—107

HFAC: Gary Beckman & Harry A.Hoffner, Hittite Fragments in American Collections (JCS 37/1) —Philadelphia 1985

HT: Hittite Texts in the Cuneiform Character in the British Museum—London 1920

IM: Istanbuler Mitteilungen—Berlin

JCS: Journal of Cuneiform Studies—New Haven, Cambridge, Massachusetts, Philadelphia, Baltimore

JKF: Jahrbuch für kleinasiatische Forschungen—Heidelberg, Istanbul

KBo: Keilschrifttexte aus Boghazköi—Leipzig, Berlin

KUB: Keilschrifturkunden aus Boghazköi—Berlin

MDOG：Mitteilungen der Deutschen Orient-Gesellschaft zu Berlin—Berlin

Mst：Masattext

OrNS：Orientalia，Nova Series—Roma 1931ff.

RHA：Revue hittite et asianique—Paris

RlA：Reallexikon der Assyriologie—Berlin

RS：Ras Shamratext

RSO：Rivistadegli Studi Orientali—Rome

TUAT：Texte aus der Umwelt des Alten Testaments—Gütersloh

VBoT：Albrecht Götze，Verstreute Boghazköi-Texte—Marburg 1930

WO：Die Welt des Orients—Göttingen

ZA：Zeitschrift für Assyriologie und verwandte Gebiete—Leipzig，Wiemar，Strassbourg，Berlin

附录一　主要赫梯文献列表

A. 条约文献

1. 赫梯国王塔胡尔瓦伊里与基祖瓦特那国埃海亚国王的条约 (CTH 29)

2. 一位赫梯国王与基祖瓦特那国帕达提苏国王的条约 (CTH 26)

3. 赫梯国王与胡哈查尔玛的条约 (CTH 28)

4. 赫梯国王图塔里亚二世与基祖瓦特那国苏那苏拉的条约 (CTH 41.1/41.2+131)

5. 赫梯国王阿尔努旺达一世与伊什麦里卡统治者的条约 (CTH 133)

6. 赫梯国王阿尔努旺达一世与卡什卡人的条约 (CTH 137)

7. 赫梯国王阿尔努旺达一世与卡什卡人的条约 (CTH 138)

8. 赫梯国王与卡什卡人的条约 (CTH 139)

9. 赫梯国王与卡什卡人的条约 (CTH 140)

10. 赫梯国王与吐尼颇国拉布的条约 (CTH 135)

11. 赫梯国王苏皮鲁流马一世与哈亚沙国胡卡那的条约 (CTH 42)

12. 赫梯国王苏皮鲁流马一世与乌伽里特国尼克玛都二世的条约 (CTH 46)

13. 赫梯国王苏皮鲁流马一世与阿穆鲁国阿兹鲁的条约 (CTH 49)

14. 赫梯国王苏皮鲁流马一世与米坦尼国沙提瓦查的条约 (CTH 51)

15. 米坦尼国沙提瓦查与赫梯国王苏皮鲁流马一世的条约 (CTH 52)

16. 赫梯国王苏皮鲁流马一世与努哈赛国泰泰的条约 (CTH 53)

17. 赫梯国王穆尔什里二世与阿穆鲁国杜比-泰苏普的条约 (CTH 62)

18. 赫梯国王穆尔什里二世与乌伽里特国尼克麦帕的条约（CTH 66）

19. 赫梯国王穆尔什里二世与哈帕拉国塔尔伽什那里的条约（CTH 67）

20. 赫梯国王穆尔什里二世与米拉-库瓦里亚国库潘达-库伦达的条约（CTH 68）

21. 赫梯国王穆尔什里二世与赛哈河国玛那帕-塔尔浑达的条约（CTH 69）

22. 赫梯国王穆瓦塔里二世与维鲁沙国阿拉克桑杜的条约（CTH 76）

23. 赫梯国王哈吐什里三世与埃及法老拉美西斯二世的条约（CTH 91）

24. 赫梯国王图塔里亚四世与阿穆鲁国沙乌什卡-穆瓦的条约（CTH 105）

25. 赫梯国王图塔里亚四世与阿拉什亚国的条约（CTH 141）

B. 书信文献

26. 赫梯国王苏皮鲁流马一世致乌伽里特国尼克玛都二世的信（CTH 45）

27. 卡尔开米什的沙里-库舒致乌伽里特国尼克玛都二世的信的复本（RS 17.247）

28. 赫梯国王哈吐什里三世致巴比伦国王卡达什曼-恩利尔二世的信（CTH 172）

29. 一位赫梯国王致一位安纳托利亚统治者的信（CTH 182）

30. 赫梯国王阿尔努旺达一世致卡苏的信（Mst. 75/41）

31. 赫梯国王阿尔努旺达一世致皮塞尼的信（Mst. 75/18）

C. 其他涉外文献

32. 赫梯国王阿尔努旺达一世对玛都瓦塔的指控（CTH 147）

33. 关于帕胡瓦的米塔的指控和与几个安纳托利亚政治组织长老的

条约（CTH 146）

34. 赫梯国王穆尔什里二世关于叙利亚争端的裁决（CTH 63）

35. 赫梯国王哈吐什里三世关于乌伽里特流亡者的敕令（CTH 94）

D. 其他文献

36. 《赫梯法典》(CTH 271)

37. 对王子、将领和高官的训文（CTH 255.1）

38. 对高官的训文（CTH 255.2）

39. 苏皮鲁流马（一世）的大事记（CTH 40）

40. 赫梯大王穆尔什里二世的十年记（CTH 70）

41. 穆尔什里二世的瘟疫祷文（CTH 378）

附录二　赫梯国王年表[1]

皮塔那

阿尼塔

胡兹亚

古王国时期

拉巴尔那/塔巴尔那

哈吐什里一世

穆尔什里一世

汉提里一世

兹坦达一世

阿穆那

胡兹亚一世

铁列平

中王国时期

塔胡尔瓦伊里

阿鲁瓦穆那

汉提里二世

兹坦达二世

胡兹亚二世

---

[1] Neve 1993:86.赫梯学界关于赫梯国王年表的其他观点参见刘健 1999:67。

穆瓦塔里一世

图塔里亚一世/二世

阿尔努旺达一世

哈吐什里二世

图塔里亚二世

图塔里亚三世

帝国时期

苏皮鲁流马一世

阿尔努旺达二世

穆尔什里二世

穆瓦塔里二世

乌尔黑-泰苏普（穆尔什里三世）

哈吐什里三世

库伦达

图塔里亚四世

阿尔努旺达三世

苏皮鲁流马二世

附录三　专有名词对照表

阿巴尔萨勒	Abarsal
阿达德尼拉里	Adad-nirari
阿尔-哈勒巴	Ar-Halba
阿尔黑塔	Arhita
阿尔玛	Arma
阿尔努旺达	Arnuwanda
阿尔什	Alshi
阿尔扎瓦	Arzawa
阿尔扎瓦人	Arzawan
阿伽普鲁什亚	Agapurusiya
阿基泰苏普	Aki-tesup
阿拉克桑杜	Alaksandu
阿拉什亚	Alashiya
阿拉万特	Arawant
阿拉旺纳	Arawanna
阿勒颇	Aleppo
阿里皮兹	Arihpizzi
阿鲁瓦穆那	Alluwamna
阿玛努斯	Amanus
阿蒙	Amon
阿姆特皮艾尔	Amut-pi-El
阿穆那	Ammuna

阿穆如	Amurru
阿尼塔	Anitta
阿帕尔胡拉	Aparhula
阿帕沙	Apasa
阿帕维亚	Appawiya
阿瑞娜	Arinna
阿舒尔纳丁阿赫	Assur-nadin-ahhe
阿塔里玛	Attarimma
阿塔里什亚	Attarissiya
阿塔瑞西亚	Attarisiya
阿特鲁斯	Atreus
阿提尼	Atini
阿兹	Azzi
阿兹如	Aziru
埃海亚	Eheya
埃及	Egypt
埃卡拉图姆	Ekallatum
埃美南娜	Emmenana
艾什亚	Aissiya
安纳托利亚	Anatolia
安尼亚	Anniya
巴比伦	Babylon
奔提什那	Benteshina
博尔西帕	Borsippa
达什玛哈	Dasmaha
都伽玛	Duggama
杜比-泰苏普	Duppi-Teshshup
杜尔库里加尔祖	Dur-Kurigalzu

恩赫杜安娜	Enheduanna
阿尔玛	Arma
恩利尔贝尔尼塞	Enlil-bel-nise
恩纳达干	Enna-Dagan
伽苏拉维娅	Gasulawiya
哈尔米斯那	Halmisna
哈玛兹	Hamazi
哈尼伽尔巴特	Hanigalbat
哈尼加尔巴特	Hanigalbat
哈帕拉	Hapalla
哈皮鲁	hapiru
哈沙那	Hassana
哈苏伊里	Hassuili
哈吐沙	Hattusa
哈吐什里	Hattusili
哈亚沙	Hayasa
寒媞	Henti
汉提里	Hantili
赫梯	Hittite
胡尔拉	Hurla
胡哈查尔玛	Huhazarma
胡卡那	Hukkana
胡里	Hurri
胡里人	Hurrian
胡瓦尔撒纳沙	Huwarsanassa
胡兹亚	Huzziya
霍连姆赫布	Horemhab
基查	Kinza

基鲁海帕	Kilu-hepa
基祖瓦特那	Kizzuwatna
卡达什曼-恩利尔	Kadashman-Enlil
卡达什曼-吐尔固	Kadasman-Turgu
卡叠什	Kadesh
卡尔开美什	Carchemish
卡拉斯马	Kalasma
卡利姆那亚	Kalimunaya
卡玛玛	Kammama
卡什卡	Kashka
卡苏	Kassu
开利亚	Keliya
坎图兹里	Kantuzili
库尔塔利萨	Kurtalissa
库伦达	Kurunta
库潘达-库伦达	Kupanta-Kurunta
库萨拉	Kussara
拉巴尔那	Labarna
拉布	Lab'u
拉美西斯	Ram(e)ses
鲁维	Luwiya
鲁维人	Luwian
马都瓦塔	Madduwatta
马那帕塔尔浑达	Manapa-Tarhunta
马内	Mane
马什胡伊卢瓦	Mashuiluwa
玛都瓦塔	Madduwatta
玛里	Mari

玛沙	Masa
玛沙特修虞克	Maşat Höyük
梅祖拉	Mezzulla
米拉-库瓦里亚	Mira-Kuwaliya
米塔	Mita
米坦尼	Mittanni
穆尔什里	Mursili
穆基什	Mukish
穆利亚拉	Mulliyara
穆瓦塔里	Muwattalli
穆瓦梯	Muwatti
纳兹玛鲁塔什	Nazi-marutash
尼克玛都	Niqmaddu
尼克麦帕	Niqmepa
尼瓦拉	Niwalla
尼雅	Niya
努哈赛	Nuhashshi
努纳塔	Nunnata
帕达提苏	Paddatissu
帕尔胡伊沙	Palhuissa
帕胡拉	Pahhura
帕胡瓦	Pahhuwa
帕扎纳	Pazzanna
皮伽那	Piggana
皮伽亚	Piggaya
皮哈斯杜	Pihasdu
皮胡尼亚	Pihhuniya
皮里亚	Pilliya

皮塞尼	Piseni
皮塔那	Pithana
皮提亚里克	Pittiyarik
皮亚玛拉都	Piyamaradu
皮亚西里	Piyasili
普杜海帕	Puduhepa
普沙鲁玛	PU-Sarruma
齐姆瑞林	Zimri-Lim
阿尔-哈勒巴	Ar-Halba
萨胡鲁努瓦	Sahurunuwa
萨里撒	Sarissa
萨姆苏-迪塔纳	Samsu-Ditana
塞哈河-阿帕维亚	Seha River-Appawiya
塞哈河国	Seha-River Land
沙里-库舒	Sharri-Kushuh
沙姆什-阿达德	Shamshi-Adad
沙提瓦扎	Shattiwaza
沙乌什卡-穆瓦	Shaushga-muwa
舍克勒	shekel
舍纳	Shehna
苏巴尔图人	Subarian
苏鲁达	Suruda
苏那苏拉	Sunassura
苏皮鲁流马	Suppiluliuma
塔巴尔那	Tabarna
塔杜海帕	Tadu-hepa
塔尔伽什那里	Targasnalli
塔尔浑塔沙	Tarhuntasa

塔尔维苏万塔	Talwisuwanta
塔胡尔瓦伊里	Tahurwaili
塔胡尔瓦伊里	Tahurwaili
塔皮伽	Tapigga
塔皮卡	Tapika
太阳女神	Sungoddess
泰蒂	Taidi
泰泰	Tette
泰特	Taite
提格拉特帕拉萨尔	Tiglath-Pileser
提库库瓦	Tikkukkuwa
提马纳	Timana
提皮亚	Tipiya
图库尔提宁努尔塔	Tukulti-Ninurta
图尼颇	Tunip
图尼普伊布瑞	Tunip-ibri
图塔里亚	Tudhaliya
瓦苏卡尼	Wassukkani
维鲁沙	Wilusa
乌尔黑泰苏普	Urhi-Tesup
乌伽里特	Ugarit
乌哈兹提	Uhhaziti
乌拉	Ura
乌萨帕	Usapa
西里西亚	Cilicia
希梅利	Himuili
谢扎尔	Sheizar
叙利亚	Syria

亚姆哈德	Yamhad
亚瑞姆里姆	Yarim-Lim
亚述	Assyria
延西布阿杜	Yansib-Addu
伊巴尔皮艾尔	Ibal-pi-El
阿尔黑塔	Arhita
伊布布	Ibubu
伊达马拉斯	Idamaras
伊尔卡布达穆	Irkab-damu
伊什麦里卡	Ismerika
伊什梅达甘	Ishme-Dagan
伊什普塔赫苏	Isputahsu
伊什提提那	Istitina
伊什吐米什塔	Istumista
伊舒皮塔	Ishupitta
伊苏瓦	Isuwa
赞南扎	Zannanza
扎勒帕	Zalpa
扎勒普瓦	Zalpuwa
扎兹萨	Zazisa
兹尔达亚	Zirtaya
兹坦达	Zidanta

附录四　地　图

1. 青铜时代晚期的安纳托利亚[1]

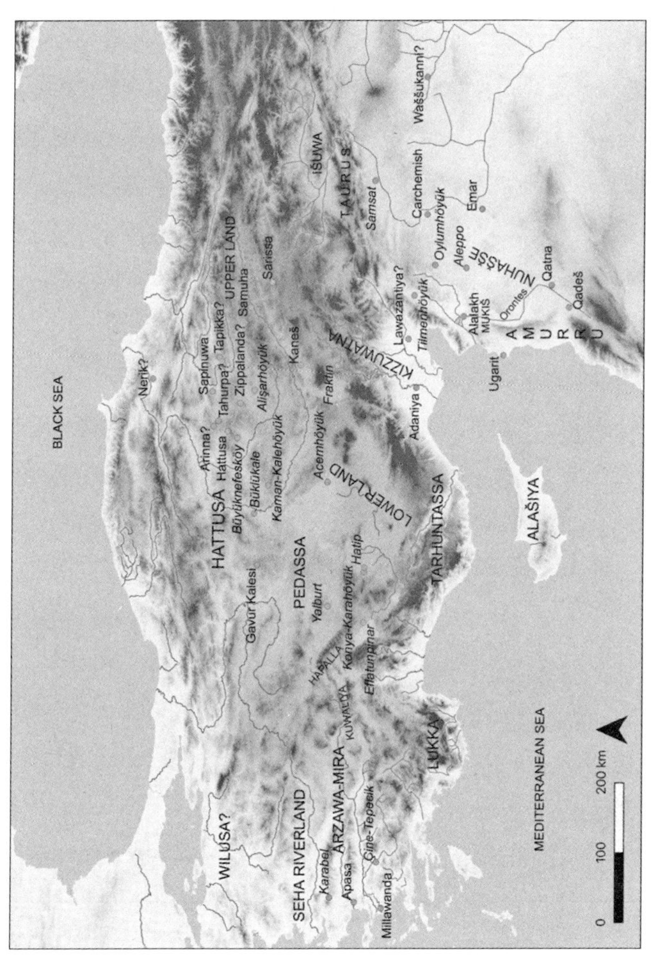

[1] Weeden 2002：531.

2. 赫梯首都哈吐沙城平面示意[1]

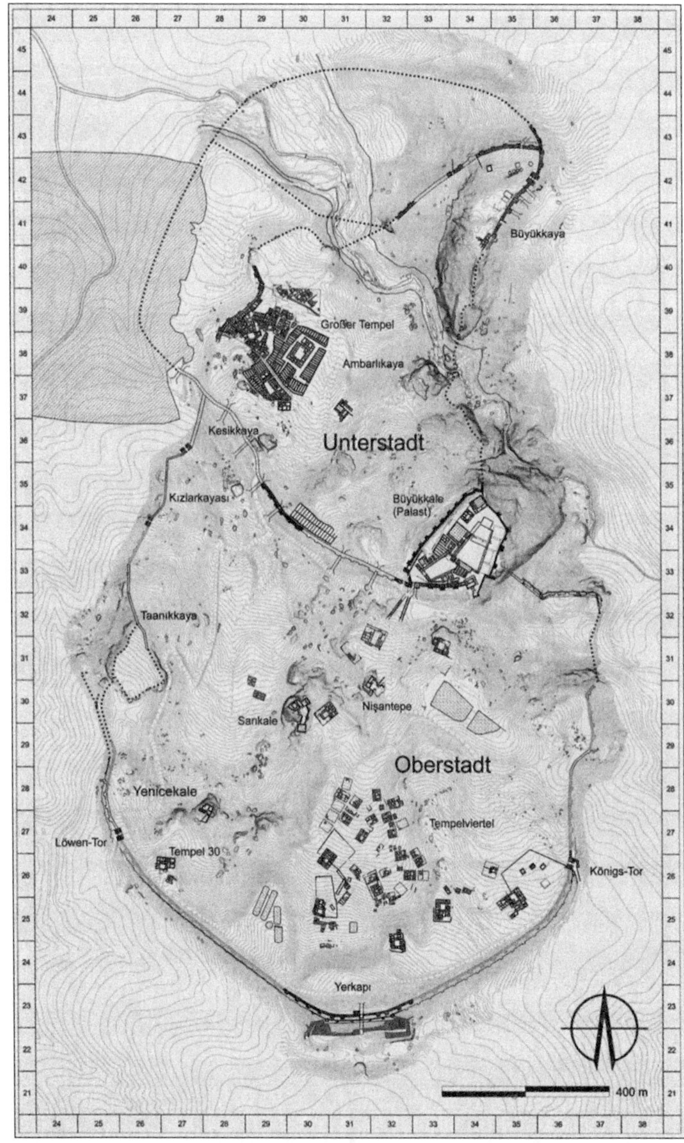

[1] Weeden 2022：533.

3. 青铜时代晚期的叙利亚[1]

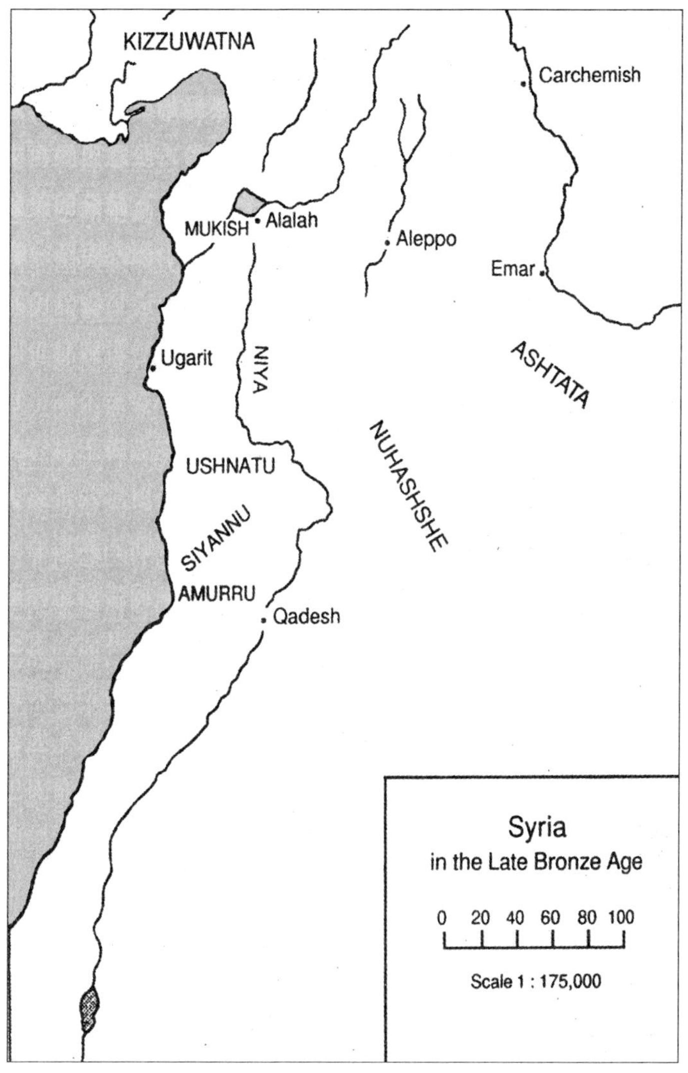

[1] 青铜时代晚期的叙利亚和近东 A 两张地图，参见 Beckman 1999：xii—xiii。

4. 青铜时代晚期的近东 A

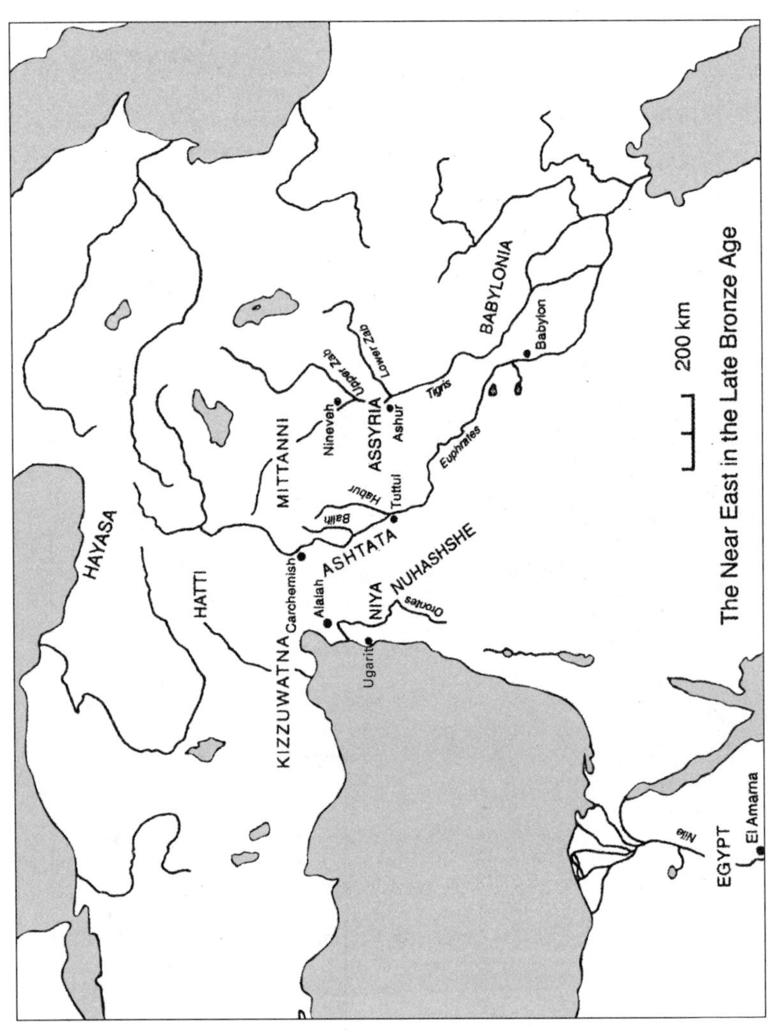

5. 青铜时代晚期的近东 B[1]

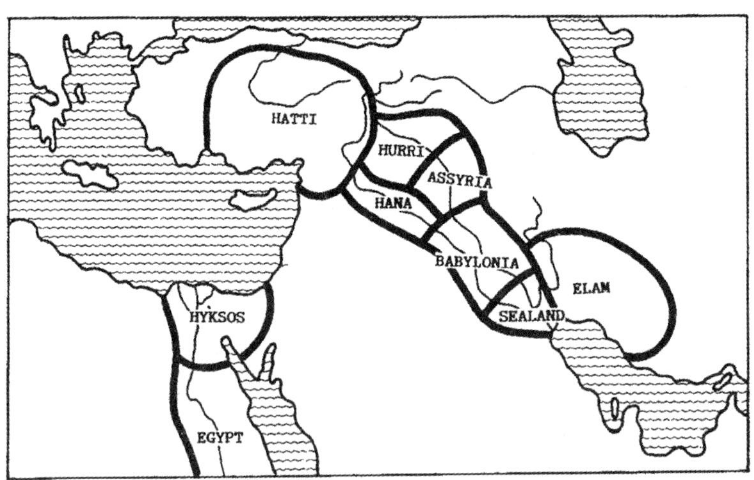

c. 1600 BC

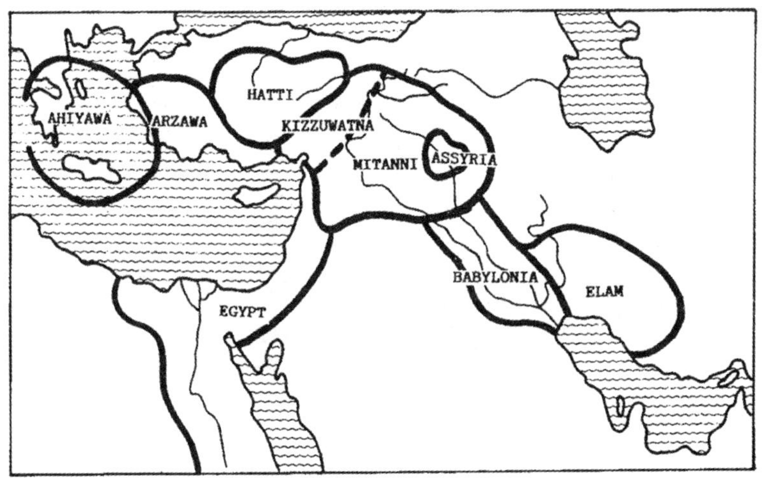

c. 1450 BC

[1] Liverani 2001：xi.

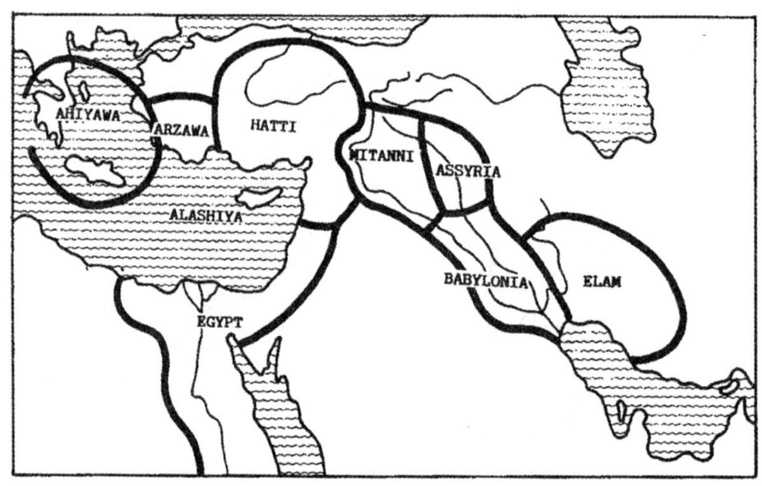

c. 1350 BC

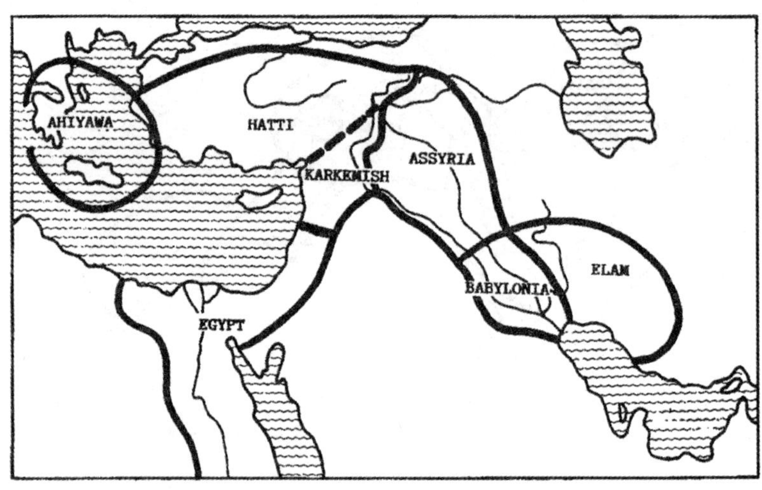

c. 1220 BC

附录五　部分古代文献译文

埃卜拉—阿巴尔萨勒条约（约公元前2300年）[1]

1. 领地划分（第1—105行）

地点A和地点B及其要塞属于埃卜拉国王。卡卜卢勒及其要塞属于埃卜拉国王。扎哈尔、（乌）兹拉杜及其要塞都属于埃卜拉国王。古达达努姆及其要塞属于埃卜拉国王。所有这些要塞中，是埃卜拉国王臣属的，属于埃卜拉国王；是阿巴尔萨勒国王臣属的，属于阿巴尔萨勒国王。

卡尔开美什属于埃卜拉国王。提努及其要塞属于埃卜拉国王。阿尔伽属于埃卜拉国王。 拉达伊努属于埃卜拉国王。达如拉巴属于埃卜拉国王。地点C和地点D属于埃卜拉国王。达扎巴属于埃卜拉国王。卡拉穆属于埃卜拉国王。吉拉达及其要塞属于埃卜拉国王。阿拉舒毕属于埃卜拉国王。拉什属于埃卜拉国王。哈杜属于埃卜拉国王。埃基属于埃卜拉国王。所有这些要塞中，是埃卜拉国王臣属的，属于埃卜拉国王；是阿巴尔萨勒国王臣属的，属于阿巴尔萨勒国王。

2. 具体条款（第106—606行）

任何诅咒国王、诅咒神、诅咒国家的人都必死。如果此人来自阿

[1] 这篇文献中并未提及签约双方任意一方国王的名字，但其中提到的一个叫提尔的高级官员成为断代的线索之一。签署这篇条约的埃卜拉国王很可能是伊格瑞什哈拉布。此外，埃卜拉城被毁的考古学证据，以及同时代两河流域南部的年表，都为本篇文献的断代提供了依据。根据不同的断代方法，这篇文献可能有两个所属年代，其一为公元前2390/2350年之前，其二为公元前2335/2290年之前。取其中值，该文献可断代于公元前2300年左右。参见Kitchen 2012b:6。该条约的拉丁转写和翻译参见Kitchen 2012a:19—30，译文另外参考了刘昌玉 2022:284—290。

巴尔萨勒，埃卜拉将引渡他；如果他来自阿巴尔萨勒，阿巴尔萨勒将会处决他。如果此人来自埃卜拉，阿巴尔萨勒将引渡他；如果他来自埃卜拉，埃卜拉将会处决他。如果他或其他人是十监工之一，只要他言出诅咒，则必须支付50只绵羊作为罚金。如果他是指挥军队攻破要塞的军官，他必须交出他的战利品、攻城槌与攻城车。

如果信使或一支商队到来，他们可以停留20天，并消耗旅途供给；但如果你想让他们停留更长时间，你必须为他们提供额外旅资。

当要塞的指挥官耽误了使者运送他的物资给攻城槌和攻城车的受托人，他必须交付牛和羊（作为赔偿）。至于收到礼物的使者（或商队），当他们返程时，将不会得到旅资。如果你说出来，埃卜拉国王将会听到它；如果你没有为它发声，你就违背了誓言。

阿巴尔萨勒国王在他的国家应当根据他们的请求，为那些过境旅行提供水。如果他没有提供，他将会违背誓言。

如果没有我的命令，体质差的牛在你的国家死了，应以你的国家体质好的牛作为赔偿，以替代确实病死的，甚至死在乌里/瓦里的那些牛。如果一个阿巴尔萨勒人为国王杀死了那些牛（?），你将会违背誓言。

为了适当的价格，你可以相应地交付饲料，但不要交付种子。但如你非要交付种子，你将会违背誓言。

关于埃卜拉交付给阿巴尔萨勒的那些款项，以及阿巴尔萨勒交给埃卜拉的款项，到卢阿图姆那里，不要派专员去，而要派专员去找提尔这个人。如果提尔得了重病，你要派专员直接去见埃卜拉国王。如果他没有去见国王，你将违背誓言。

在边境，某特定的人为了埃卜拉染工们要交付的东西将会被交付。……国家，在门口；相应量的棍棒和相应量的油。

埃卜拉国王对阿巴尔萨勒如是说：没有我的允许，没有任何人可以到我的国家旅行。如果你允许这种旅行，你将会违背誓言。只有我有权许可任何这种旅行。

埃卜拉国王对阿巴尔萨勒如是说：当卡克米乌姆、哈苏万和尼拉尔城寻求在2天或3天内与我结盟时，对于他们派到我的国家的任何人，你都要放他们通行。如果你不这样做，你将违背誓言。

关于你可能听到的(任何)邪恶的话，你都要尽快派遣专员来(禀报我)。如果你还在长途旅行中，那么你就不必这么做。但是如果你确实听到了邪恶的话，却没有派遣专员来禀报，你将会违背誓言。

埃卜拉可以通过水路开展与阿巴尔萨勒的贸易，但是，阿巴尔萨勒不能通过水路开展与埃卜拉的贸易。多亏了阿巴尔萨勒，在一艘大船上，可以找到一个地方；多亏了市场监管员，即使是在一艘小船上，也能找到(一个地方)。关于埃卜拉的商人，阿巴尔萨勒应使他们安全返回；对于阿巴尔萨勒的商人，埃卜拉应使他们安全返回。

对于埃卜拉的神，阿巴尔萨勒也要供奉……每年你必须要供奉一头公牛和一只公羊。如果你没有供奉，你将违背誓言。

在“伊西”月节日期间，如果一个埃卜拉人使用暴力杀死了一个阿巴尔萨勒人，他必须交付50只公羊作为罚金。如果一个阿巴尔萨勒人使用暴力杀死了一个埃卜拉人，他必须交付50只公羊作为罚金。如果他使用暴力，用阿摩利短剑或(和)权杖杀死某人，但如果缺少公牛和公驴作为牺牲，对于净化仪式来说，使用绵羊也是适当的；但是如果也缺少绵羊用于净化仪式，那么可以用鸽子。

如果已经有了一根两个分枝的杨木杆，却有人过量取来十根，他必须交付12只绵羊(作为处罚)。

如果一个阿巴尔萨勒人之子或阿巴尔萨勒人之女是一个埃卜拉人的奴隶，并且这个阿巴尔萨勒人去这个埃卜拉人家里想赎回儿女；如果这个埃卜拉人想要释放被俘的男奴或女奴，(该阿巴尔萨勒人)必须交付50只公羊作为赎金。

如果物资已经到达--个要塞，那么该要塞的管理者应先宣誓，然后才能打开城门。

当在你的国家，阿巴尔萨勒人的一头公牛或公驴在出售给一个埃卜拉人时,该动物攻击了人,阿巴尔萨勒人应将该动物的售价增加20只羊(的价值)。

如果10只(埃卜拉的)绵羊非法失踪,你要为埃卜拉赔偿,或者,你要为(丢失的)供水和油赔偿;如果不这样做,你将违背誓言。

如果在你的国家,有被污染的油或被污染的供水在任何埃卜拉人的家庭中,你必须以优质水和油换回那些被污染的。

关于……我所要求的这些东西,这些村庄必须要提供;如果你们没有提供(这些),你将违背誓言。

如果一个阿巴尔萨勒人打死了另一个阿巴尔萨勒人,他丢弃尸体,抛尸于埃卜拉的边境处,那么他应宣誓……

谁从羊圈里偷窃,在城门口偷窃,以及在要塞偷窃,他将会被处死。

在一个阿巴尔萨勒人的房屋里,一个埃卜拉人可以留下过夜,房屋的主人应该为他安排。如果他抢劫了房屋,他应当归还被盗物品;如果这个埃卜拉人杀死了一个阿巴尔萨勒人,他将支付50只公羊作为罚金。

如果某个男人与一个已婚女人通奸,那么他必须交付一捆彩衣和三头牛作为罚金。如果她是个未婚女孩,一个他所尊重的女孩,那么他将确认他的求婚,这位客人就会娶她。如果这个未婚女孩不是自愿的……

……如果一个商人在现场,受抚养者的父亲应当交付赎金;无论金额是多少……你应全额交付任何的差缺。

埃卜拉国王对阿巴尔萨勒如是说:如果逃亡者或信使被杀,或者他们的骡子被夺走……不得变卖。相应地……银、公牛、绵羊、儿子、女儿或妻子,甚至是成衣,这些相应地不能被变卖。你不应从中获利,(也不应)说:“关于死者的食物和啤酒(丧葬祭品),我要接收(他们的)白银,我要接收(他们的)牛和羊”。

3. 见证与诅咒（第608—623行）

对于所有那些行为有恶意的人，太阳神沙马什、暴风雨神阿达德以及所有神明都是见证者。他们（众神）说出的话将会摧毁作恶者。（作恶者）的使节在旅行时，无人会为他们提供水，也不会有人让其借宿。如果你走在邪恶的路上，那么你将会违背誓言。

赫梯国王塔胡尔瓦伊里与基祖瓦特那国埃海亚国王的条约[1]（CTH 29）

第一段：如果大王们的一个仆人寻求（即追踪）他的主人，进入基祖瓦特那国，大王派人要求送回逃犯（即引渡），并这样说："他追踪我，我将扣留他。"如果此话为真，则人们将把逃犯送回。但是，如逃犯否认，说："我没有追踪他。"此话为谎言，且他们是赫梯可靠的人，正是这些人要求埃海亚国王向众神起誓，且他们已经在诸神面前立誓，则人们将把逃犯送回。

第二段：但是，如埃海亚的一个仆人……派遣，他这样说："但是，如果逃犯……基祖瓦特那的可靠的人……"

第三段：如果大王向埃海亚派遣他的儿子或仆人，埃海亚将不得做恶；如果埃海亚向大王派遣他的儿子或仆人，大王将不得对他做恶。

第四段：如果大王们的一个仆人寻求他的主人的国都，他在赫梯，听说了此事，那么，他将要向大王通报；如果埃海亚的一个仆人……

[1] 文献翻译参见 Otten 1971：66—67；李政 2006：248—249。

第五段：如果大王们的一个移民定居点……

赫梯国王穆尔什里二世与乌伽里特尼克麦帕的条约 (CTH 66)[1]

第一段：太阳王，穆尔什里，伟大的国王，赫梯之王这样说：关于你，尼克麦帕，与你的兄弟们……我任命你为国王，坐在你父亲的王座上，把你父亲的国家还给你，你，尼克麦帕，和你的国家，是我的臣属。如果你，尼克麦帕，从今天直到未来，不保护赫梯之王，你的主人和赫梯国家，你将违背誓言。正如尼克麦帕你将你自己、你的民众、你的妻室、你的儿子们和你的国家视若珍宝，你也应当永远将大王他自己、大王的王子们，以及赫梯大地视若珍宝。在赫梯大王以及大王子子孙孙的时代中，（你应当）遵守条约与和平。现在，尼克麦帕，你来到国王面前！同时，我，国王将发出（指令），“前来面君！”但如果你无法前来，可能有要事拖住了你，那么你并未因此违背誓言。

第二段：你应当以我的朋友为友，以我的敌人为敌。如果赫梯大王与在你的边界附近的米坦尼或埃及或巴比伦或阿尔什国或一切敌国作战，这些敌国是赫梯的敌人，以及所有这些在你的国家附近的、与赫梯国王和平的国家，穆基什、阿勒颇、努哈塞，如这些国家转而与赫梯国王为敌，那么，无论赫梯国王何时发动进攻，如果你没有全心全意率领你的步兵和骑兵支援，如果你没有全力战斗，你将违背誓言。

第三段：如果我派遣一位王子，或一位尊贵的官员同他的步兵和骑兵，他将援助你，尼克麦帕。或者如果我派遣军队进攻另一个国家，你，尼克麦帕不全心全意率领步兵和骑兵与敌人作战，而是行了背叛之事，并这样说：“尽管我发下誓言并受制于条约，但是，无论是

[1] 拉丁转写和翻译参见 Kitchen 2012:483—492；李政 2006:335—341。

敌人打败了他们,还是他们打败了敌人,我并不想知道结果。”如果你向那个敌人发送消息,说:“赫梯的军队现在正在来进攻,提高警惕!”你将违背誓言。

第四段:如果某个其他敌人起而对抗赫梯国王并攻打赫梯,或者如果一场反叛发生,对抗赫梯国王,你,尼克麦帕听说了此事,你必须立即同你的步兵和骑兵来帮助大王。如果尼克麦帕不能来,或者你的儿子或者你的兄弟或他的玛瑞安努(*maryannu*)人员将迅速发兵勤王。

第五段:如果有人反对你,尼克麦帕,某人制造了麻烦,无论他是你的仆人或者其他任何人,你向赫梯国王派遣使者:“来援助我。”国王将来援助你,他将派遣或者一位王子或者一位尊贵的大人率步兵和骑兵,打败敌人。

第六段:我,赫梯国王现在使你,尼克麦帕成为我的附庸。如果我派遣贵族率赫梯的步兵和骑兵进入乌伽里特,进入你的城市,尼克麦帕必须为他们提供饮食。他们将带着兄弟情谊到他面前。你必须保护赫梯国王。如果任何赫梯人反对尼克麦帕,对他作恶,或者试图摧毁他的城市或他的国家,他将违背誓言。

第七段:赫梯大王无论从这些国家放逐了任何人,或者是米坦尼的被放逐者、卡叠什的被放逐者、尼雅的被放逐者,以及努哈塞和穆基什的被放逐者;如果这些人中的任何一个男子或女子逃亡并进入你的国家,你不可这样想:“虽然我受制于条约并立下誓言,但我对此什么也不想知道。让他们留在我的国家。”尼克麦帕应当抓住他们并将其引渡给赫梯国王。

第八段：如果某人唆使你作恶，尼克麦帕，如果他是一个赫梯平民或者乌伽里特平民，你，尼克麦帕没有抓住他，并把他送交给赫梯国王，你将违背誓言。

第九段：生活在赫梯的乌伽里特的无论什么居民，或是一个贵族，或是一个男奴或者一个女奴；如果尼克麦帕试图从赫梯国王处得到他，赫梯国王应移交给他，尼克麦帕应接受他。但是，如果赫梯国王不移交他，他逃跑了，尼克麦帕应当去捉拿他。如果尼克麦帕偷藏了他，他将违背誓言。

第十段：当赫梯国王对一件事情有信心时，你应当执行它。否则，我将告诉你。如果，你，尼克麦帕，没有保守这件事的秘密，你将违背誓言。

第十一段：如果某人前来，进入你的国家，如果你，尼克麦帕对他们说了无益的话，并指引他们去了山区或另一个国家，你将违背誓言。在他们面前说些中肯的话！给他们啤酒和食物。如果某外邦(人们)受到战争的压迫而出走，并来到乌伽里特，愿尼克麦帕抓住他们并将他们移交给赫梯国王。如果你，尼克麦帕没有抓住他们并交给赫梯国王，你将违背誓言。

第十二段：如果一个逃亡者从赫梯逃跑到乌伽里特，尼克麦帕应当抓住他并引渡给赫梯国王。如果没有引渡，尼克麦帕将违背誓言。

第十三段：如果一名逃亡者从乌伽里特逃跑并来到赫梯，赫梯国王不会抓住他并引渡。对赫梯国王来说，不允许引渡逃亡者。如果一名逃亡者从米坦尼或是另一个国家来到乌伽里特，尼克麦帕不许扣留他，而应允许他去赫梯。如果你扣留他，你将违背誓言。

第十四段：尼克麦帕无论想要什么，让他向赫梯国王请求。无论赫梯国王给他什么，愿他接受；无论赫梯国王不给他什么，让他不接受（即不心生抱怨）。

第十五段：正如我已经……尼克麦帕……和他相处甚欢，你，尼克麦帕……如果你不寻求赫梯大王穆尔什里的仁慈；如果他寻求另一个国家的仁慈，如米坦尼或埃及，如果你寻求另一个大王的仁慈，你将违背誓言。愿千神齐聚，愿他们留心见证。

第十六段：上天太阳神，阿瑞娜太阳女神，上天雷雨神，赫梯、舍里、胡里、那尼山、哈兹山的雷雨神，军队雷雨神，阿瑞娜雷雨神，阿勒颇雷雨神，市场雷雨神，兹帕兰达雷雨神，奈瑞克雷雨神，里赫兹那雷雨神，希萨斯哈帕雷雨神，撒赫皮那雷雨神，撒皮努瓦雷雨神，皮提亚里克雷雨神，撒姆哈雷雨神，胡尔玛雷雨神，撒瑞撒雷雨神，乌达雷雨神，援助雷雨神，基祖瓦特那雷雨神，伊什胡皮塔雷雨神，乌伽里特雷雨神。

第十七段：库伦塔，赫梯、兹塔里亚、卡尔兹、哈潘里亚的库伦塔，卡拉赫那库伦塔，平原库伦塔，狩猎袋、埃阿、阿拉图库伦塔。图尔米塔的铁列平，塔维尼亚的铁列平，汉哈那、布奈奈、皮尔瓦和阿斯卡赛帕的铁列平。

第十八段：月神、誓言之主、伊什哈拉、誓言之女王、海帕特、上天之女王、伊什塔尔、乡间伊什塔尔、尼尼微的伊什塔尔、哈塔里那的伊什塔尔、尼那塔、库里塔、战神、赫梯的战神、伊拉亚的战神、阿尔兹亚的战神、雅里和查帕那。

第十九段：胡尔玛的汉提塔苏，撒姆哈的阿帕拉斯，安库瓦的卡塔哈斯，卡塔帕的女王，塔胡尔帕的阿玛玛斯，都那的哈拉拉，胡皮什那的胡瓦撒那，伊施胡皮塔的塔皮苏瓦，兰达的女主人，卡叠什的宁·皮闪·皮闪，兰达、黎巴嫩山、沙里亚那山、皮什爱沙山的库尼亚瓦尼斯，众山神，哈皮如诸神；埃里斯基卡尔。赫梯所有的男神和女神，乌伽里特所有的男神和女神，所有永恒的神明，那拉、那姆沙拉、敏基、图胡斯、阿穆恩基、阿米查都、阿努、阿拉鲁、安图、阿潘图、恩利尔、宁利尔；山脉、河流、泉水；大海、天与地、风和云，愿他们为这份条约和誓言作证。

第二十段：书写在这块泥板上的条约和誓言的所有的话，如果尼克麦帕不遵守条约和誓言中的这些话，那么，愿这些神灵毁灭尼克麦帕以及他本人、他的妻室、他的诸子、他的后代，他的宫殿、他的城市、他的国家和他的财产。

第二十一段：但是，如果尼克麦帕遵守书写在这块泥板上的条约和誓言的这些话，愿这些神灵保护尼克麦帕本人、他的妻室、他的诸子、他的后代、他的牛、他的宫殿、他的城市、他的国家和他的财产。

赫梯国王哈吐什里三世和埃及法老拉美西斯二世的条约[1]

（阿卡德语楔形文字版本，约公元前 1259 年）

第一部分　国王头衔和序言

第一段：为了在他们之间建立永久的伟大和平和伟大的兄弟情谊，拉美西斯二世，阿蒙神所宠爱的伟大国王，埃及之王，与哈吐什里三世，伟大的国王，赫梯国王，他的兄弟，为了埃及和赫梯，在一份银

[1] 本条约的阿卡德语和中埃及语版本的拉丁转写和翻译参见 Kitchen 2012a:573—594。译文另外参考了 Beckman 1999:91—95；李政 2006a:387—397。

板上签订了条约。

第二段：拉美西斯二世，阿蒙神宠爱的伟大国王，埃及之王，所有土地的英雄，伟大的国王、埃及之王、英雄塞提一世之子，伟大的国王、埃及之王、英雄拉美西斯一世之孙，对哈吐什里三世，伟大的国王、赫梯之王、英雄，伟大的国王、赫梯之王、英雄穆尔什里二世之子，伟大的国王、赫梯之王、英雄苏皮鲁流马一世之孙，说。

第二部分　历史回顾

第三段：为了在埃及与赫梯之间建立永久的良好的和平和良好的兄弟情谊，我现在已经在我们之间建立了永久良好的兄弟情谊和良好的和平。就伟大的国王，埃及国王和伟大的国王赫梯国王的关系而言，从时间之始，神明就不允许他们之间发动战争，因为和约永久有效。拉美西斯，阿蒙神的挚爱，伟大的埃及之国王，他这样做是为了重新建立与赫梯的关系，这是太阳神和台苏普为埃及创造的古老关系，因此，他将永远不会允许他们之间产生敌意。

第三部分　具体条款

第四段：拉美西斯，阿蒙的宠儿，大王，埃及之王，在这一天与赫梯的大王哈吐什里，他的兄弟，通过一块银牌上的条约，建立了这种关系，以便在他们之间建立永久的和平和兄弟关系。他是我的兄弟，我是他的兄弟。他与我和睦，我与他永远和睦。我们将创造我们的兄弟情谊与和平，这将比从前埃及与赫梯的兄弟情义与和平更好。

第五段：拉美西斯，大王，埃及之王与赫梯大王哈吐什里和睦相处，兄弟情谊融洽。阿蒙神的宠儿、大王、埃及之王拉美西斯，他的儿子们将与大王、赫梯之王哈吐什里的儿子们永远和睦。他们将继续保持我们的兄弟关系与和平关系，这样埃及将与赫梯和平相处，他们将永远像我们一样成为兄弟。

第六段：拉美西斯，阿蒙的挚爱，大王，埃及之王，他将来不会为了从赫梯夺取任何东西而对赫梯发动敌对行动。哈吐什里，大王，赫梯之王，将来不会为了从埃及夺取任何东西而对埃及发动敌对行动。太阳神和风暴神为埃及和赫梯制定的永恒规则提供了和平和兄弟情谊，并禁止他们之间的敌对行为。拉美西斯，阿蒙的挚爱，大王，埃及之王，为了从今天起实现和平而接受了它。埃及将永远与赫梯和睦相处并结为兄弟。

第七段：如果其他某人，一个敌人，来攻击赫梯，赫梯国王哈吐什里这样对我说："到我这里来，帮助我对抗他"，那么阿蒙的宠儿、大王、埃及之王拉美西斯必须派遣他的步兵和战车兵，他们将击败他的敌人，并为赫梯复仇。

第八段：如果赫梯大王哈吐什里对自己的臣民感到愤怒，他们得罪了他，他因此致信埃及大王拉美西斯，那么阿蒙的挚爱拉美西斯必须派遣他的步兵和战车兵，他们将消灭所有令他愤怒的人。

第九段：如果其他某人，一个敌人，来攻击埃及，你的兄弟、埃及之王、阿蒙所爱的拉美西斯，将致信他的兄弟、赫梯之王哈吐什里："来帮助我对抗他吧"，赫梯国王哈吐什里将派遣他的步兵和战车兵，击败我的敌人。

第十段：如果埃及国王、阿蒙所爱的拉美西斯对自己的臣民感到愤怒，而他们对他犯了罪，我因此致信他的兄弟、赫梯大王哈吐什里。那么他的兄弟、赫梯之王哈吐什里将派遣他的步兵和战车兵，他们将消灭所有令我愤怒的人。

第十一段：赫梯之王哈吐什里之子，在他的父亲、赫梯之王哈吐什里百年之后，确应继位为赫梯之王。如果赫梯人对他犯了罪，那么阿蒙所爱的拉美西斯必须派遣步兵和战车兵来帮助他，向他们寻仇。

第十二段：如果一个贵族逃离赫梯，或者如果从赫梯国王的土地上的一座城市来到埃及国王、阿蒙所爱的拉美西斯那里，那么埃及大王、阿蒙所爱的拉美西斯必须抓住他们，并将他们送到赫梯大王、他们的主、哈吐什里的手中。

第十三段：如果有一个人来了，或者有两个陌生人来到阿蒙所爱的拉美西斯那里，想向他称臣，那么阿蒙所宠爱的拉美西斯必须抓住他们，把他们送到赫梯之王哈吐什里那里。

第十四段：如果一个贵族逃离埃及，来到阿穆如，或者如果从一个城市来到阿穆如的国王那里，那么阿穆如国的国王本特西纳将捉住他们，并将他们送到赫梯国王那里。赫梯大王哈吐什里将把他们移交给埃及大王、阿蒙所爱的拉美西斯。

第十五段：如果有一个人逃跑，或者有两个陌生人逃离埃及国王的领地，不向他称臣，那么赫梯大王哈吐什里将把他们交给他的兄弟，不允许他们居留在赫梯。

第十六段：如果一个贵族逃离赫梯，或者两个人不向赫梯国王称臣，而逃离赫梯大王的王国，不向他称臣。然后，阿蒙所爱的拉美西斯会抓住他们，把他们移交给他的兄弟、赫梯大王哈吐什里，他不允许他们居留在埃及。

第十七段：如果有一个贵族逃离埃及，如果有两个人来到赫梯，那么赫梯大王哈吐什里会抓住他们，把他们移交给他的兄弟、阿蒙所爱的埃及大王拉美西斯。

第十八段：如果有一个人从赫梯逃走，或者两个人，或者三个人来到他的兄弟、阿蒙的挚爱，埃及大王拉美西斯的面前，那么阿蒙的宠爱、埃及大王拉美西斯必须抓住他们，把他们移交给他的兄弟哈吐什里，因为他们是兄弟。但他们不应因自己的罪行受到惩罚。他们不可被撕裂舌头和眼睛。他们不可被切下耳朵和双脚。他们自己的家庭和妻儿不可被毁灭。

第十九段：如果一个人逃到埃及大王拉美西斯的土地上，或者如果两个人或三个人来到我的兄弟、赫梯大王哈吐什里那里，那么，我的兄弟、赫梯大王哈吐什里会抓住他们，把他们送到阿蒙神的宠爱、埃及大王拉美西斯那里，因为埃及大王拉美西斯与哈吐什里是兄弟。但他们不应因自己的罪行受到惩罚。他们不可被撕裂舌头和眼睛，也不可被切下耳朵和双脚。他们的家庭和妻儿不应被毁灭。

第二十段：如果有一个大人物逃离赫梯，如果有一座城市，他从赫梯逃到埃及，如果有一个人逃离赫梯，或者有两个人从赫梯逃到埃及，那么拉美西斯还是要把他们移交给他的兄弟。看哪，赫梯的子孙和埃及的子孙将和睦相处。如果有人逃离埃及前往赫梯，赫梯大王哈吐什里仍将把他们移交给他的兄弟。看哪，赫梯大王哈吐什里和阿蒙神的宠爱、你的兄弟、埃及大王拉美西斯在和平之中。

第五部分　见证者：第二十一段内容缺失

第六部分　诅咒和祝福

第二十二段　对赫梯的诅咒和祝福

如果哈吐什里和赫梯的子孙不遵守与赫梯的众男神和女神签订的这项条约，埃及众男神和女神将摧毁哈吐什里的后代和赫梯的子孙。

但是，如果哈吐什里和赫梯的子孙遵守这项条约，那么，誓言诸神将保护他们，照亮他的面容。

第二十三段：对埃及的诅咒和祝福

如果阿蒙神的宠爱拉美西斯和埃及的子孙不遵守这项条约，埃及的众男神和女神和赫梯的众男神和女神将毁灭阿蒙神的宠爱拉美西斯的后代和埃及的子孙。

但是，如果阿蒙的宠爱拉美西斯和埃及的子孙遵守这项条约，那么，誓言诸神将保护他们，照亮他们的面孔。

如果他遵守在这块银板上的这些话，那么，赫梯伟大的众神和埃及伟大的众神将使他活着，并为他、他的房屋、土地和仆人带来和平。如果他不遵守在这块银板上的这些话，那么，赫梯伟大的众神和埃及伟大的众神将毁灭他、他的土地和仆人。

最后一部分是保存状况很差的两个印文：阿蒙神的宠爱拉美西斯之印、太阳神……之印。

埃及法老拉美西斯二世与赫梯国王哈吐什里三世的和平条约

（中埃及语象形文字版本，有新埃及语痕迹和少量借用自阿卡德语的外交术语）

引导语：在他统治的第二十一年，生长季（冬季）第一个月第二十一天，上下埃及之王乌塞尔-马拉-塞太普恩拉、拉神之子拉美西斯二世，被赐予永恒的生命，他是阿蒙-拉、霍拉赫提、他的南墙的普塔、安赫塔维（两土地的生命）之主、穆特、阿舍如、善与仁慈的孔苏等众神的宠儿；像他的父亲拉-霍拉赫提一样出现在世人的荷鲁斯王座上，直到永远。

就在这一天，陛下正在培-拉美西的城区，做着他喜欢的事：他的父亲阿蒙-雷-霍拉赫提-阿图姆，两土地和赫利奥波里斯之主；（那是属于）拉美西斯二世的阿蒙、（那是属于）拉美西斯二世的普塔和实力强大的塞特，努特之子，因为他们让他永享赛德节与和平岁月，所有的平原和山地国家都永远地跪在他的脚下。

来了王家特使兼战车指挥官内特维莫斯；王家特使[X]；赫梯的使者，以及[……]提利特苏布；赫梯第二特使拉莫斯；卡尔开美什的使者亚普西利，手持一块银板，这是赫梯的伟大统治者哈吐什里三世送给法老（长寿、繁荣、健康）以祈求和平的，法老是上下埃及之王乌西马拉·塞特普恩拉（Usimare Setepenre），是拉神之子拉美西斯二世，被赐予永恒的生命，像他的父亲拉神一样日复一日，永生不灭。

赫梯的伟大统治者哈吐什里三世通过其特使提利特苏布和拉莫斯之手，向法老（长寿、繁荣、健康）递交银板副本，以请求和平。法老是上下埃及之王乌西马拉·塞特普恩拉陛下，拉神之子拉美西斯二世、统治者中的公牛，他在任意土地上随他的心意设定自己的边界。

第一部分　国王头衔/序言

第一段：这份条约，是伟大的赫梯统治者、英雄哈吐什里三世，为伟大的埃及统治者，英雄拉美西斯二世，为了在我们彼此之间带来永久的和平和良好的兄弟情谊而制定的。哈吐什里三世是伟大的赫梯统治者、英雄穆尔什里二世之子，是伟大的赫梯统治者，英雄苏皮鲁流马一世之孙。拉美西斯二世是埃及伟大的统治者、英雄塞提一世之子，伟大的埃及统治者、英雄拉美西斯一世之孙。

第二部分　历史回顾

第三段：自古以来，直至永远，关于埃及伟大的统治者和赫梯伟大的统治者的关系，神明不允许在他们之中出现敌意，故立此和约。但是，在我的兄弟，赫梯伟大的统治者穆瓦塔里二世时期，他与埃及伟大的统治者拉美西斯二世作战。但现如今，从即日起，看哪：赫梯伟大的统治者哈吐什里三世，制定了一项条约，以确认培拉和苏泰赫神为埃及和赫梯两国确定的关系，永远避免敌意在二者中出现。

第三部分　具体条款

第四段：永久和平

看哪，伟大的赫梯之主，哈吐什里三世，与伟大的埃及之主签订了条约，为的是从今往后直到永远，把好的和平和兄弟情谊带给我们。他与我亲如兄弟、和睦相处；我与他亦如是，直到永远。现在，当我的兄弟、伟大的赫梯之主穆瓦塔里驾崩后，哈吐什里三世作为伟大的赫梯之主，坐在他父亲的王位上。看哪，现在，我与伟大的埃及之主拉美西斯二世，达成了和平和兄弟情谊，这比这片土地上以往的和平与兄弟情谊都更好。

第五段：看哪，作为伟大的赫梯之主，我与拉美西斯二世达成和平并保持兄弟情谊。伟大的赫梯之主的子子孙孙都必须与伟大的埃及之主拉美西斯二世的子子孙孙亲如兄弟，和睦相处，他们将遵守我们(埃及与赫梯)之间的兄弟情谊与和平，直到永远。我们将永不敌视对方。

第六段：互相尊重领地/续约

伟大的赫梯之主永远不能进犯、夺取埃及的任何领地；伟大的埃及之主永远不能进犯、夺取任何赫梯的领地。关于在伟大的赫梯之主苏皮鲁流马一世时代业已存在的条约，同样在我的兄弟、伟大的赫梯之主穆瓦塔里二世时代存在，我一直恪守条约。看哪，拉美西斯二世，伟大的埃及之主，同样遵守它，遵守他与我们共同达成的和平，从最初直到永远。我们共同遵守它，我们应当保持这种稳固的关系。

第七段：针对第三方的共同防御联盟

如果有其他某敌方进攻伟大的埃及之主拉美西斯二世的领地，且他告诉了伟大的赫梯之主："随我一同对抗他"，伟大的赫梯之主应当与他一道行动，击杀他（法老）的敌人。但是，如果伟大的赫梯之主不愿（亲自）这样做，他应当派遣自己的步兵和骑兵，他们应击杀他（法老）的敌人。

第八段：或者，如果伟大的埃及之主拉美西斯二世对他的下属不满，他们又对他犯下一些罪行，他打算杀死他们，伟大的赫梯统治者应当与他一道行动，摧毁那些令法老震怒的人。

第九段：如果另外的敌人进犯伟大的赫梯之主，伟大的埃及之主拉美西斯二世应当与他一道行动，击杀他（赫梯国王）的敌人。如果伟大的埃及之主拉美西斯二世愿意前来，他应当前往，并回应赫梯。但是，如果拉美西斯二世不愿（亲自）前往，他应当派遣他的步兵和骑兵，作为对赫梯的回应。

第十段：在内部叛乱时互助

如果伟大的赫梯之主的仆人背叛了他，伟大的埃及之主拉美西斯二世听说了此事，他应当摧毁令他们都感到震怒的人。

第十一段：保护赫梯王位继承

赫梯和埃及应当永远睦邻友好，甚至在我们的生命之后。否则，哈吐什里三世说："在我百年之后，伟大的埃及之主、永生的拉美西斯二世，应当采取行动；有人会来到赫梯，让我的儿子成为他们的主，防止他们让另一个人成为他们的主。"如果他们对他犯了罪，不承认他是他们的主，那么，伟大的埃及之主拉美西斯二世，绝不应当保持沉默，他将到来，摧毁赫梯。他将为伟大的赫梯之主作出回应。同样的，对于赫梯来说，关于埃及……

第十二段：从赫梯向埃及引渡逃亡者

如果一个埃及贵族逃至伟大的赫梯之主的土地，或伟大的埃及之主拉美西斯二世治下其他的民众的城镇，他们来到伟大的赫梯之主御前，伟大的赫梯之主将不会接收他们，伟大的赫梯之主将把他们引渡给他们的主人、伟大的埃及之主拉美西斯二世。

第十三段：或者，如果一个人或两个人从埃及……逃亡，来到赫梯，服务于另一个人，他们将不能留在赫梯，他们应当被引渡给伟大的埃及之主拉美西斯二世。

第十四至十七段：从埃及向赫梯引渡逃亡者

或者：如果一个贵族从赫梯逃往伟大的埃及之主拉美西斯二世的国度，或者与此类似的一个城镇，或一个区，或别的属于赫梯国家的土地，他们应当去找埃及伟大的统治者拉美西斯二世。然后，伟大的埃及之主拉美西斯二世不会接纳他们。伟大的埃及之主拉美西斯二世，将会把他们引渡给伟大的赫梯之主，他们不会被滞留在那里（逃亡所在地）。

第十八段：同样，如果一个人或两个人……逃亡，他们来到埃及，侍奉另外的人，伟大的埃及之主拉美西斯二世不应当允许他们滞留，而是应当把他们引渡给伟大的赫梯之主。

第十九至二十段：见下文，在祝福语之后；埃及书吏将它的位置弄错了。

第五部分　见证者

第二十一段：伟大的赫梯之主与伟大的埃及之主拉美西斯二世将条约条款写在这块银板上，上千个赫梯的男神和女神，上千个埃及的男神和女神将会保护这些条款，他们作为见证者，听到了这些条款。他们是：天空之主太阳神培拉，阿瑞娜城的太阳神，天空之主暴风雨神苏泰赫，赫梯暴风雨神，阿瑞娜城的暴风雨神，兹帕兰达城的暴风雨神，帕提亚瑞刻城的暴风雨神，希萨斯帕城的暴风雨神，萨雷撒城的暴风雨神，阿勒颇城的暴风雨神，利赫兹那城的暴风雨神，胡尔马城的暴风雨神，奈瑞克城的暴风雨神，萨皮努瓦城的暴风雨神。……萨城的暴风雨神，萨希皮那城的暴风雨神，赫梯的安塔雷特，兹特哈瑞亚之神，卡尔兹斯之神，哈勒潘塔利亚斯之神，卡拉赫那城之女神，草原女神，尼尼微女神，辛……之女神，奈那提之神，库利提之神，希巴特之女神，天空之女王。

众神，誓言之主；女神，大地的女主人，誓言的女主人；女主人伊斯哈拉；赫梯的群山与江河，基祖瓦特那的众神。

阿蒙，培拉，苏泰赫；众男神和女神；埃及的群山与河流；天空和大地；伟大的海；风和云。

第六部分　诅咒与赐福

第二十二段：如果任何人不遵守为赫梯和埃及写在这块银板上的条款，赫梯和埃及的万千诸神将摧毁他的房屋、疆土和臣属。

第二十三段：如果任何赫梯或埃及人没有忽视这些写在这块银板上的条款，遵守它们，赫梯和埃及的万千诸神将护佑他健康长寿，他的家庭、土地和臣属平安顺遂。

（补充）第三部分　具体条款：补遗

第十九段：关于逃亡者的引渡

如果一个人从埃及逃离，或两个人、三个人，他们来到伟大的赫梯之主的国度，伟大的赫梯之主应当捉住他们，并将他们引渡给伟大的埃及之主拉美西斯二世。关于任何被引渡给伟大的埃及之主拉美西斯二世的人，不要让他的罪行对他不利，他的家、他的妻儿不应被毁灭，他不应被杀；他的眼、耳、嘴或脚不应被伤害，不应对他进行任何犯罪。

第二十段：同样，如果一个人或两个或三个人从赫梯逃离，来到伟大的埃及统治者拉美西斯二世的国度，伟大的埃及统治者拉美西斯二世将捉住他们，并将他们引渡给伟大的赫梯之主；但伟大的赫梯之主不应对他们犯罪，他的房屋和妻儿不应被毁灭，他不应被杀；他的耳、眼、嘴或脚不应被伤害，不应对他进行任何犯罪。

第十部分　残篇：对印章的描述

第二十四段：在《银板条约》正面的中间：赫梯暴风雨神苏泰赫

的浮雕，他正拥抱着伟大的赫梯之主，四周环绕着铭文：天空之主暴风雨神之印；伟大的赫梯之主、英雄哈吐什里三世所制条约之印，他是伟大的赫梯之主、英雄穆尔什里二世之子。

浮雕周围的铭文：天空之主暴风雨神之印。

背面居中：一位赫梯女神拥抱着赫梯的女主人，四周的铭文：国土之主、阿瑞娜城的太阳神（培拉）之印；赫梯的女主人普杜海帕之印，她是基祖瓦特那的女儿、阿瑞娜城的女祭司、大地的女主人、女神的仆人。

浮雕周围的铭文：所有土地之主、阿瑞娜城的太阳神之印。

阿玛尔那书信(EA 1)：埃及法老阿蒙霍特普三世致巴比伦国王卡达什曼恩利尔二世的信（主题：埃及法老对巴比伦王抱怨的回应）[1]

1—6 致卡达什曼恩利尔，对巴比伦（卡拉杜尼亚什）国王，我的兄弟！如下是尼布穆瑞亚，[2]大王、埃及之王、你的兄弟的话：我一切都好，愿你一切安好。愿你的房屋，你的妻室，你的诸王子，你的高官，你的良马和战车，以及你国境内的一切，均无比安好！

7—9 我一切都好，我的房子，我的妻室，我的诸王子，我的高官，我的良马，我的战车和我的军队，一切都很好，在我的国土内，一切都很好。

10—17 现在我得知你打发人来告诉我说："你要我的女儿作你的妻子，我父亲当初给你的我的妹妹也在你那里，但现在没有人见过她，无论她是活着，还是死了。"这是你在泥板上告诉我的，这是你的

[1] 拉丁转写和翻译参见 Moran 1992：1—5；Schniedewind 2015：58—65。
[2] 即 Nibmuarea，这是埃及法老阿蒙霍特普三世王位名 Nebmaatra 的阿卡德语的一种写法。

话。你什么时候派来过认识你妹妹的贵族，可以和她交谈，认出她来，让他和她交谈？

18—21 你派来的人无足轻重。一个是扎卡拉的……另一个是……国的牧驴人。这些人中没有一个是认识她，并与你父亲亲近、能辨认出她的人。

22—25 此外，至于那些回到你身边，并说她不是你妹妹的使者，在这两个人当中，没有一个人认识她，并可以告诉你她很好，她还活着。他手里有什么东西是为了送给她母亲的吗？

26—36 至于你在信中说："当你的妻室聚集在一起，站在你面前时，你对我的使者说：'看哪，站在你们面前的是你们的女主人。'而我的使者却不认识她，难道是我的妹妹像她吗？"现在你写信说，"我的使者没有认出她"，你还说，"那么谁认出了她？"你为什么不派你的贵族来，他会告诉你真相，告诉你你的妹妹在这里生活得很幸福？然后你可以相信那个进来看她的房子和她与国王关系的人。

37—46 当你写道："我的使节看到的也许是某个卑微的人的女儿，或者是卡什卡人的女儿，或者是米坦尼的女儿，又或者是乌伽里特的女儿。谁能相信她和她一样？这个人没有开口说话。任何事都不能相信他们。"这是你的话。如果你的妹妹死了，他们为什么要隐瞒她的死讯，我们为什么要找另一个出面(代替你的妹妹)……伟大的阿蒙神肯定知道你妹妹还活着！

47—49 我已经封她的姐妹为王太后，作为一座宫殿的女主人……一个……的新娘……

50—53 ……关于我所有的妃嫔……埃及诸王……在埃及。关于你在信中所说,“关于我那些嫁给邻国君主的女儿们……”[1]

54—61“如果我的使者去那里,他们会和他们交谈,他们会给我一份礼物。就是这样……”这是你的话。也许与你为邻的国王是富有而强大的;你的女儿们从他们那里得到了一些东西,他们把它送给你,但是她有什么,和我在一起的你的妹妹?但一旦她得到了什么,她就会把它寄给你。你把女儿送给邻居(用来)获得衣服,这合适吗?[2]

62—77 至于你引用的我父亲的话,别管它了!不要说他的话!此外,“在我们之间建立友好的兄弟情谊”;这是你的话。现在,我们是兄弟,我和你,我们都是兄弟,但我对你的使者感到愤怒,因为他们对你说:“我们去埃及的人没有得到任何东西。”那些来到我这里的人,难道两个人中有一个人没有带走银、金、油、衣服,难道一切都没有比从另一个国家得来的好吗?难道他没有对那派遣他来的人(指巴比伦王)说假话吗。使节们第一次去见你父亲时,他们的嘴就在说假话。他们第二次去,则是对你撒谎。所以我自己说:“如果我给他们一些东西,或者如果我不给他们,他们也会说假话。”于是我就下定了决心;我没有给他们更多。

[1] 这封书信的前半部分内容涉及青铜时代晚期近东各国王室联姻的问题。联姻是加强两国关系的重要方式,但其中有很多双方各自在意的细节可以反映不同文化传统对于声望和地位的诉求。这封阿玛尔那书信中,表面上是埃及法老对巴比伦王关心自己远嫁至埃及宫廷中的妹妹的情况的回应,实际上,与其说巴比伦王关心的是自己的妹妹,不如说他关心的是如果巴比伦公主不能在法老的后宫地位显赫,则可能意味着巴比伦王自己在埃及法老看来不够重要。这种在无形中被贬低声望和地位是巴比伦王不愿看到的。外国公主嫁入埃及后通常在法老的后宫中存在感很低,有其具体的历史原因:其一,外国公主被视为贡品的一部分,埃及国王试图通过这一点来展示自己的强大和凌驾于外国君主之上的地位;其二,埃及公主的权势来自她自身的财产和继承自母亲的宗教地位,如“阿蒙神的女祭司”职位等,但外国公主除来自母国的嫁妆外,在埃及并无田产,再加上语言不通、宗教不同,不太可能获得埃及国家宗教机构的重要职权。

[2] 阿蒙霍特普三世对卡达什曼恩利尔试图通过将女儿的婚嫁当作买卖,以“卖”女儿来换取奢侈品(衣物或黄金等)的讽刺可谓辛辣。

78—88 正如你所写的,"你对我的使节们说,'你们的主人没有士兵么？他给我的那个女孩并不漂亮!'"这是你的话。不是这样的!你的使节们用这种方式对你说假话！有或没有战士,我是知道的。有何必要问他你有没有军队,有没有马匹？不必如此！不要听你派来的两个信使的话,他们满嘴谎言！也许他们害怕你,所以他们撒谎是为了逃避你的惩罚？

89—95 如你所说:"他把我的战车放在这个城市统治者的战车中,你没有单独检阅它们！你在这样的人群面前羞辱了它们,你没有分别检阅它们。"战车确实在这里;我国的马确实在这里！所有拉战车的马都必须供应!

96—98 当你派人……送到我手上一个容器,用来膏女孩的头,你送给我一份纯油礼物。

阿玛尔那书信(EA 16):亚述国王致埃及法老的信（主题：亚述登上国际舞台）[1]

1—4 致奈普胡瑞亚,伟大的国王、埃及之王、我的兄弟[2],下面是阿舒尔乌巴里特、亚述之王、伟大的国王、你的兄弟的话。

5 愿你的宫廷和国家一切都好。

6—8 当我看到你的使节时,我非常高兴。当然,你的信使将与我同住,我非常关心他们。

[1] 转写和翻译参见 Moran 1992:38—41；Schniedewind 2015:130—133。
[2] 与此处的国王名字写法最为接近的是埃及十八王朝的法老埃赫那吞的王位名 Neferkheperu Ra。也有学者持不同意见，如认为此处应读为 Kheperkheperu Ra，对应为埃赫那吞之后的一位年迈法老阿伊（Ay），参见 Moran 1992:39。

9—12 我送给你的是一辆为我制作的精美的王家战车，为我配备的两匹白马[1]，一辆没有装备的战车，还有一枚真正的青金石圆柱印章，作为问候你的礼物。

13—18 这就是伟大国王的礼物吗？在你的国家，黄金是泥土。人们可以很容易获得它。你为什么这么吝啬？我正在建造一座新宫殿。根据它的装饰的需要，请送来尽可能多的黄金。

19—21 当我的祖先阿舒尔纳丁阿赫致信埃及，他们送给他 20 塔兰特黄金。

22—25 当米坦尼国王致信在埃及的你的父亲时，他（埃及法老）送给了他 20 塔兰特黄金。

26—31 现在，我与米坦尼国王地位平等[2]，但是你送给我……黄金，这甚至不够支付我的使节的往返旅资。

32—34 如果你的目的是建立友谊，那么请送给我许多黄金。这是你的宫廷。写信给我，这样你所需要的就会得到了。

35—36 我们是相距遥远的国度。让我们的使节们继续往来。

37—42 你的使者迟迟不来见你，他们的向导苏图人也死了。直到我能派（他们）去，他们能得到（新的）苏图导游，我暂留了他们。愿

[1] 此处“为我制作、配备”意味着为亚述国王本人制备的最高等级的物品，以此表明亚述对送给埃及国王的礼物的重视程度。

[2] 中亚述时期，米坦尼曾长期是亚述的宗主国，直到赫梯与亚述分别从西和东两个方向削弱、瓜分了米坦尼。亚述不仅获得了独立，甚至开始将残存的东部米坦尼收入麾下。但亚述崛起，被近东其他大国所接受并承认的这一进程需要时间，这封书信即是亚述试图平等地加入近东大国俱乐部，向老牌帝国埃及进行的一次投石问路和地位宣示。

我的使节们不要耽搁前来。

43—45 至于使节们，为什么他们总是站在外面，这样他们就会死在外面？如果他们站在外面对国王有利，那么就让他们站在外边。(站在)外面，让他们死吧！无论是否对国王有利，他们为什么要死在外面？至于我们不断派遣的使节，应当加倍，他们应当让使节们活着。在外面，他们是在杀害他们(指使节们)。[1]

阿玛尔那书信(EA 19)：米坦尼国王图什拉塔致埃及法老阿蒙霍特普三世的信 (主题：友爱与黄金)[2]

1—8 你(书吏)对大王、埃及之王、我的兄弟、我的女婿、爱我的人和我爱的人尼布瑞亚[3]说：下面是伟大的国王、你的岳父、爱你的人、米坦尼之王、你的兄弟图什拉塔的话。我一切都好，愿你一切安好。愿你的宫室、我的姐妹、你其他的妃嫔、你的王子、你的战车、你的良马、你的战士、你的国家以及其他你的一切都十分安好。

9—16 从你们祖先的时候起，他们就甚爱我的祖先。此外，你做得更多，总是对我的父亲表现出更多的爱。现在，因为我们继续彼此友爱，你对我的友爱比对我父亲增加了十倍。愿众神赐予(友爱)。愿我主泰苏普和阿蒙赐予永久的繁荣，像现在我们彼此的友爱一样。

---

[1] 此处涉及阿玛尔那时期的一件著名外交纠纷。埃赫那吞的宗教改革在内容上独尊阿吞崇拜，因此，理论上崇拜太阳圆盘阿吞神的方式与崇拜之前的神明有所不同，不再需要甚至应当刻意去掉可能的遮蔽物，以便于直接接触到阿吞神发出的赐予众生生命力的阳光。埃及地处热带，外国使节在受到埃及国王接见时如果直接暴晒在日光下，由于水土不服和过于炎热，出现令亚述国王非常气愤的使节被晒伤甚至晒死的情况，是非常可能的。尤其是如果埃赫那吞对不同国家的使节并非一视同仁，这可能导致亚述国王认为埃及没有接受亚述作为平等大国的地位，因而更加恼怒。

[2] 转写和翻译参见 Moran 1992：43—46；Schniedewind 2015：141—147。

[3] 即 Nimmureya，这是埃及法老阿蒙霍特普三世王位名 Nebmaatra 的阿卡德语的另一种写法。

17—24 当我的兄弟派遣他的使节马内说："送来你的女儿，她将是我的妻子和埃及的女主人。"我没有让我的兄弟失望，我立即回复："当然！"我把我兄弟要求的人给马内看，他见到了她。当他看到她，赞不绝口。我将平安地把她送到我兄弟的国家。愿沙乌什卡和阿蒙使她成为我兄弟喜欢的形象。

25—29 凯利亚，我的信使，为我带来了我兄弟的话，当我听到它们，它们是如此甜美，我非常乐于听到它们，我说："在我们之间确实如此：我们互相友爱。"现在，借助于这些话，让我们对彼此的友爱直到永远。

30—33 当我写信给我的兄弟，我说："让我们彼此非常友爱，愿友谊在我们之间长存。"我还对我的兄弟说："愿我的兄弟待我的好十倍于待我父亲的好。"

34—38 我还向我的兄弟索要很多黄金，说："愿我的兄弟给我的黄金比给我父亲的黄金还要多，把黄金送给我。"你送了很多黄金给我的父亲。你送给了他大金罐和金壶。你送给他金砖，好像它们只是铜的等价物。[1]

39—42 当我派遣凯利亚到我的兄弟那里，我要求很多黄金，说："愿我的兄弟待我十倍好于他待我的父亲，愿他送给我很多未加工的黄金。"

43—48 愿我的兄弟送给我远多于送给我父亲的(黄金)。因此，我这样对我的兄弟说："我很想为我的祖父建一座陵墓。"我还说："根据一个令人满意的答案，我将开始制作相关用具。"我还说："我的兄

[1] 意指埃及的黄金是如此之多，法老将黄金送人就像送人价值很低、稀松平常的铜一样毫不在意。

弟送给我黄金时,愿他同时送出作为聘礼的黄金。”

49—53 现在,我的兄弟送出了黄金。我说:“无论黄金是少或不少,不是只有一点,而是很多。无论如何,它是制成品。但尽管如此,我仍非常乐于收到它,无论我的兄弟送给我什么,我都对此感到非常开心。”

54—58 现在,我给我的兄弟写信,愿我的兄弟对我的友爱胜过对我父亲的友爱。因此,我向我的兄弟要求黄金。我向我的兄弟要求黄金是为了两个目的:其一,是为了建陵墓;其二,是为了聘礼。

59—70 愿我的兄弟送给我的大量黄金是未加工过的,愿我的兄弟送给我的黄金远多于他送给我父亲的。在我兄弟的国家,黄金像尘土一样多。愿众神确保这一点,就像现在在我兄弟的国家黄金极多一样,他将使其十倍于现在的数量。愿我要求的黄金不会成为我兄弟痛苦的来源,愿我的兄弟不会使我痛苦。愿我的兄弟为我送来大量未加工过的黄金。无论我的兄弟在他的宫廷需要什么,让他写信给我,从我这里拿取。我将送给我的兄弟十倍数量于他向我开口要的。(我的)这个国家(也)是我兄弟的国家,(我的)这个宫廷(也)是我兄弟的宫廷。

71—79 因此,我派出我的信使凯利亚去我的兄弟那里,愿我的兄弟不会扣留他。愿他让他立即出发,以便他早日返回,为我带来我的兄弟的问候,我一定会非常欢喜。愿我可以永远都能听到我兄弟的问候。愿我主泰苏普和阿蒙确保这些我们将永远写下的话实现它们的目的,只要它们还存在,它们就会像现在的状态一样永远如此。就像我们现在彼此友爱一样,确切的像现在这样,愿我们永远彼此友爱。

80—85 为此,我为我的兄弟送上问候的礼物:1 只黄金高脚酒杯,它的把手上镶嵌着纯正的青金石;1 串马宁努(*maninnu*)项链,有垂饰,20 块纯正的青金石,19 块黄金,中心是用黄金镶嵌的纯正的天青石。1 串马宁努项链,有垂饰,42 块胡拉鲁(*hulalu*)石,40 块阿尔扎鲁(*arzallu*)石形状的黄金,它的中心是用黄金镶嵌的纯正的胡拉鲁石;10 套良马;10 辆木制战车以及全套装备;30 个男女(奴仆)。

赫梯王后普杜海帕致埃及国王拉美西斯二世的信 (KUB 21.38)[1]

伟大的王后,赫梯王后普杜海帕说:"致拉美西斯、伟大的国王、埃及之王、我的兄弟":

1—6 关于我的兄弟给我的信中所涉及的如下事实:"当你的信使到来时,他们带回了礼物,我很高兴。"当我听到这件事,我同样高兴。你兄弟的妻子[2]一生幸福。愿我兄弟的那个人[3]同样一生幸福!请为我送来……愿它们镶嵌有青金石!另外,我的国土一切安好。愿你的国家同样一切安好!我已向我的兄弟送出我的问候和我的饰品。对我来说一切都很好。愿我的兄弟也一切都好!

7—14 关于你,我的兄弟在信中提到的事情:"我的姐妹写信给我:'我将给你一个女儿。'但你扣留了她。现在你甚至冲我发火!为什么你不把她送给我?"我将送给你我的女儿和嫁妆。你不会不赞成这份嫁妆的;你将会喜欢它。但是此时我无法把她给你……正如你,我的兄弟所知道的赫梯宫廷,我难道不知道赫梯宫廷迁往塔尔浑塔沙了吗?乌尔黑泰苏普把迁都后剩下的东西给了伟大的神。因为乌

[1] 文本转写和翻译参见 Hoffner 2009:281—290。

[2] 普杜海帕是赫梯国王哈吐什里三世的王后。此时赫梯与埃及已缔结和平和约(即《银板条约》),两国国王成为兄弟,故此处普杜海帕自称为是埃及国王的兄弟、赫梯国王哈吐什里三世之妻。

[3] 根据上文内容,此处应指埃及国王拉美西斯二世的王后。

尔黑泰苏普在那里，问问他是不是这样。[1]我应当把我将要送给我兄弟的天地之女儿与谁比较呢？[2]我难道应当把她与巴比伦之女儿，祖拉比之女儿，或亚述之女儿比较吗？虽然我不能将她与她们放在一起比较，直到现在，她……

15—16 我的兄弟一无所有吗？如果太阳神之子、暴风雨神之子和海神一无所有，你才会一无所有！但是，我的兄弟，你却想以我为代价致富！这一行为有辱你的名声和尊贵地位！

17—24 关于我在信中告诉我兄弟的事情："我应当为我的女儿准备什么平民俘虏、牛羊作为嫁妆？在我的国家，我甚至没有大麦。在信使到达你那里的当下，愿我的兄弟派遣一个骑手来我这里。让他们带着文件去我的国土上的领主们那里，让他们带走他们管辖的平民俘虏、牛羊并招待他们。"我本人已派出信使，送出泥板给他们（我本地的臣属）……但是你的骑手没有及时回来，我的信使也没有来。于是我打发祖祖、战车兵和太监去，但他被耽搁了。在皮哈斯杜到达的时刻，已经是冬天了，我就没有再转移平民俘虏。我的兄弟，问问你的使者这是不是这样。这件事不是……

25—33 关于你，我的兄弟在给我的信中提到的事情："不要再扣留你的女儿了！"……她难道没有得到我的批准吗？我会为我自己留住女儿吗？相反，我也希望她现在已经抵达了（埃及）。当我自己为她……离开，……如果我没有在任何时候真诚地把我的女儿交给你，

[1] 此处暗示了与哈吐什里三世争位失败后被废黜的赫梯前国王穆尔什里三世（即乌尔黑泰苏普）现已逃至埃及宫廷，而且赫梯方面知晓此事。但从这一封信此处的内容看来，哈吐什里三世此时似乎已经放弃引渡穆尔什里三世回国并将其重新置于自己控制之下的打算了。毕竟，他的目的也仅仅是令穆尔什里三世失去复辟的号召力，而不一定置其于死地，否则在政变成功后就不会仅对穆尔什里三世采取放逐而非处死的处置方式。

[2] 此处的天地之女儿，有学者认为天与地应指赫梯国王哈吐什里三世与王后普杜海帕。参见 Heinhold-Krahmer 2007:201。

我就不会答应送给你平民俘虏、牛羊。但是现在不行了……新娘和她一行人将会在基祖瓦特那度过冬天……愿陛下哈吐什里为我而活！如果她折返……但是持杯者之首阿拉利米来了，你的骑手也来了。让送亲队伍中的一些人占有一座城镇，其他人……

34—43 关于你，我的兄弟写信给我所提到的事实："我写信给我的姐妹说，扣留女儿是不正确的……"什么时候我们才能看到呢？命令……！愿众神为我将扣留变为加速，以便于我不会延迟！愿我加速！但我的兄弟没有真心接受我作为姐妹的地位和我的尊贵身份，说道："……做那些做不到的事！"……我没有吗？写……当我更改它时？但因为我对你很友好，我为什么要改变它？

44—46 如果我仓促送出了女儿给我的兄弟，或者如果我没有给我的兄弟或他的姐妹适当的礼物，我的兄弟又会怎么说？他可能说："愿他们送给我的女人可以得到一些支持，愿对她也是慷慨的！那么这将是高贵的行为。"

47—52 巴比伦的女儿和阿穆如的女儿是我，王后，亲自得到的，她们难道不是我在赫梯民众面前值得骄傲的吗？是我做成了此事。我把一个伟大国王的每个女儿，尽管是外国人，都当作儿媳。如果以后她的母国的父王的信使前来在光辉中见到我的儿媳，或者她的一个兄弟或姐妹来见她，他们难道不会赞美我吗？赫梯国家没有我可以用的女人了吗？我这样做难道不是出于名声考虑吗？

53—56 我的兄弟完全没有妻室吗？难道我的兄弟不是出于对兄弟情谊、我的姐妹情谊和我们的尊严的考虑而做出这些安排(即婚姻安排)吗？当他安排妥当的时候，它们确实是按照巴比伦王的安排设置的。他不是也娶了伟大的国王、赫梯国王的女儿吗？如果你说"巴比伦国王不是一个伟大的国王”，那么我的兄弟不知道巴比伦的等级。

57—65 这是我个人的保护神做的。当阿瑞娜的太阳女神与暴风雨神赫巴特和沙乌什卡一起让我成为王后时，她和你兄弟一起加入了我的行列，我生了儿子和女儿们，因此赫梯人经常谈论我的经历和生养能力。你，我的兄弟，知道这一点。此外，当我进入王室时，我在宫廷中发现的公主也在我的照顾下分娩。我抚养他们（即他们的孩子），我也抚养那些我发现已经出生的人。我让他们成为军事长官——愿我的个人保护神……！愿众神同样赋予我将送给我兄弟的女儿王后的经验和生养能力！我，王后，这样说道：“她的兄弟们会为她担心的。”如果这是我的兄弟不能接受的，我会做什么让我兄弟不高兴的事吗？

背面 1—6 关于你，我的兄弟在给我的信中提到的事情：“当你把女儿交给我时，请写信告诉我你可能在想什么，你可能想写信给我。”这条消息正是人们对我兄弟的期望！既然王后要来阿穆如，我会在你附近，从那里我会写信给我的兄弟，无论王后在考虑什么事情。我的兄弟，你不会反对他们的；你会赞成的。当女儿来到我兄弟的怀抱时，王后的这些事情就解决了。

7—17 关于你，我的兄弟，写信给我如下：“我的姐妹写信给我：‘当信使们去拜访巴比伦送给埃及的女儿时，他们被拒之门外！’”巴比伦国王的信使恩利尔贝尔尼塞告诉了我此事。[1]因为我听到了他

[1] 赫梯王后故意提起之前嫁入埃及宫廷的他国公主的遭遇，是为了给自己的女儿日后在埃及宫廷谋取更为有利的地位。她所提及的这一事件有可能早已传遍各国宫廷，是埃及法老自十八王朝的阿蒙霍特普三世即已获得的“好色”恶名在十九王朝的延续。文献中新王国时期的埃及国王非常渴望迎娶外国公主，对近东地区的大国国王来说，这是缔结兄弟之盟的方式之一，但对埃及国王来说，这些外国公主们与外国送给埃及的贡品并无两样。她们抵达埃及的宫廷后很快消失于文献的记载，与近东其他大国间公主出嫁后通常成为迎娶她的国王的正妻且其子将继承王位的尊荣地位相差甚远。与其说是埃及国王出于“好色”的原因娶了多位外国公主，不如说这是埃及君主向近东其他国家展示自己“超级大国”地位的一种令对方极其不快的方式。

的消息,我不应该写信给我兄弟询问此事吗?但现在我的兄弟已经向我表达了他的反对,我不会再这样做了。我不会再对我兄弟做任何令他不快的事。如果我不知道什么,我可能会对我的兄弟做这种令人不快的事。但因为我已经知道了,我肯定不会做任何令我兄弟不快的事。现在我知道埃及和赫梯将成为一个国家。即使对埃及……不是一项条约,王后也知道出于对我尊严的考虑,你将如何缔结这项条约。把我安置在这个地方的神并没有拒绝我任何东西。他/她没有拒绝我的幸福。作为女婿,你将娶我女儿为妻。

18—22 而我的女儿……给一个重要的……写信……这些对我……我的孩子们……我的(破损严重)

图书在版编目(CIP)数据

青铜时代晚期的东地中海世界:以赫梯国家的引渡为中心/王欢著.—上海:上海书店出版社,2022.12
ISBN 978-7-5458-2250-2

Ⅰ.①青… Ⅱ.①王… Ⅲ.①赫梯-引渡-研究 Ⅳ.①D819

中国版本图书馆 CIP 数据核字(2022)第 235050 号

责任编辑 范 晶
装帧设计 郦书径

青铜时代晚期的东地中海世界——以赫梯国家的引渡为中心
王 欢 著

出 版 上海书店出版社
(201101 上海市闵行区号景路 159 弄 C 座)
发 行 上海人民出版社发行中心
印 刷 常熟市文化印刷有限公司
开 本 640×965 1/16
印 张 18.5
字 数 255,000
版 次 2022 年 12 月第 1 版
印 次 2022 年 12 月第 1 次印刷
ISBN 978-7-5458-2250-2/D·71
定 价 78.00 元